中東・イスラーム世界への30の扉

西尾哲夫
東長　靖【編著】

ミネルヴァ書房

はじめに

（1）アラビアンナイトとテロ

アリババと四〇人の盗賊、アラジンと魔法のランプ、シンドバッドの冒険……。中東・イスラーム世界と聞いてアラビアンナイトを思い出す人も少なくないだろう。エキゾチックで、わくわくする世界。他方、テロや戦争を思い浮かべる人もたくさんいるに違いない。残念なことに、これは私が学生だった四〇年ほど前から、ほとんど変わっていない。平和を愛する私たち日本人からすると、眉をひそめたくなる世界。前者のイメージはポジティブ、後者のイメージはネガティブである。

私たちはおそらく本能的に、自分と違うものを排除しようとする傾向をもつ。ベールをかぶり、全身を真っ黒な衣装で覆った女性の姿をみるとき、これをごく自然なこととして受け入れる日本人は、今でも少ないだろう。ここに女性差別を感じる人も少なくないことと思う。

他方、普段の自分たちの生活世界の中にないものを外国にみて、ただ単純に珍しいものに興味をもつという人も多いだろう。テレビの「世界　ふしぎ発見！」が長寿番組であり続けるゆえんである。実際、この番組をみると、私のように海外体験の多い者でも知らないことが様々にある。異質なものへの好奇心も、人類に共通のものだろう。

ネガティブな排除、ポジティブな好奇心、そのいずれにも共通するのは、「私たちとは異質」な世界という感じ方である。もっと素朴に言えば、「変なの〜」という感覚である。

（2）異文化を知ることの意味

しかし、それぞれの文化には、それなりの固有のロジックがある。例えば、上に挙げた女性のベールは、地中海世界で古くから広く採用されてきた慣習であるが、そのロジックは元来女性保護のためであったと考えられる。不躾な男性の視線から女性を守るのが、本来ベールがもっていた意味だと考えることができるのである。このように、ベールを男女差別と捉えず、女性保護と捉えるならば、それは私たちにも理解可能なロジックとなるのではないだろうか。ちなみに、女性専用車両が導入されたのは、イスラーム世界の方が、日本よりずいぶん早かった。こういった固有のロジック、文化的伝統に注意を払うとき、異文化は異質で理解できないものから、「なるほど」という気づきの対象へと姿を変えるだろう。

さて、異文化を知ることは、私たちに二重の相対化を迫ってくる。まずは、自文化の相対化・常識の相対化である。これは、海外旅行をしてみれば、すぐに実感することだろう。今まで自分があたりまえだと思っていたことが、実は世界のどこでも常識なのではなく、多様なあり方の一つなのだと気づかされるのである。食事に例をとれば、東南アジアでは、ぱさぱさのご飯がでてくる。これは、同じ皿に添えられたおかずと混ぜ合わせて食べることを前提にしているからであり、日本のようなもちもちしたご飯でこのような食べ方をすれば、べちゃべちゃになってしまう。南アジアをはじめとする多くの世界では、箸を使わず手を使って食事をするし、ヨーロッパではフォークやナイフを用いる。同じ箸を使っていても、日本ではそれを水平に食卓の上に置くのに対して、中国や韓国では垂直に置くのが礼儀である。もちもちのご飯を、箸を使って食べ、その箸は横向きに置く、というのは、けっして世界中の常識ではない。

アジア・アフリカ諸国に目をやれば、西洋主体の知が世界中の常識でないことにも気づかされる。これが第二の相対化である。例えば、政教分離は西洋の生み出した知恵であり、西洋文化を内在化させてきた日本では、だれも疑わない常識であるが、イスラーム世界には政教は一致するべきだとする考え方が存在する。これを単純に、近代化できていない世界の遅れた考えと切り捨てるのではなく、そこに別種のロジックがあるのではないかと疑ってみることが必要ではないだろうか。また、共産主義国家のほとんどが崩壊した現在、資本主義が世界の常識だと思いがちであるが、これとは別のロジックを有するイスラーム金融が、シェアを拡大しつつある。しかも、イスラーム世界のみならず、非イスラーム世界にも、このイスラーム金融システムは広がりをみせているのである。

地域研究は異文化をもつ地域を研究する学問であり、様々な既存のディシプリンを駆使して、その地域を明らかにしようとする。それは、当該地域で起こっている様々な事象・現象の解析を元としつつ、それらを複合的に考察して、地域性（地域の固有性）を描き出そうとする。本書では、中東・イスラーム世界の三〇のトピックを取り上げ、最新の知見を提供するとともに、その背後にある地域性を追求している。

（3）地域から地球へ

二一世紀に入り、私たちは自然・社会環境と言語メディア環境における地球規模の変動の中に生きている。中東・イスラーム世界で起きているできごとを、その地域に特殊なものとしてのみ理解するのではなく、世界全体に共通する問題として捉え直すこともまた、私たちには求められている。資源、環境ガバナンス、情報環境、コミュニケーション、障害者、女性・子ども・若者、経済的弱者やマイノリティ、難民などといった問題群がその例である。

こういった地球規模の問題群に対して、私たち個人はどう考え、何をなしうるだろうか。この問いに本書は、中東・イスラーム世界という地域を糸口として挑もうとする。この世界に住む人々を、異質な存在ではなく、同じ人類として同じ問いに立ち向かっている存在と考えよう。異文化を知ることは二重の相対化につながると述べたが、いったんこのような相対化（それはセグメント化でもある）を経た上で、共通のより大きなコンテクスト・問題群に向き合いたいと思う。

ただし、同じ人類という場合に重要なのは、お互いの差異を認め合うことである。私たちは、唯一の価値（例えば西洋近代的な価値）だけを追求するのではなく、多元的価値を共に創り出したいと思う。このような、より普遍的・根源的な問題意識をもって、本書の各章を読み、そこからヒントを探り出していただければ幸いである。

（4）三〇の扉を開けて

本書は、人間文化研究機構（ＮＩＨＵ）現代中東地域研究プロジェクト「地球規模の変動下における中東の人間と文化――多元的価値共創社会をめざして」（国立民族学博物館・東京外国語大学・上智大学・京都大学・秋田大学によるネットワーク型基幹研究プロジェクト。二〇一六〜二二年）の中で生まれた。プロジェクトを遂行するうちに私たちは、日本の読書人・知識人・次代を担う若者たちに向けて、現代中東・イスラーム世界で問題になっている問題群を取り上げ、問題を提起したいと考えるに至った。

本書では、中東・イスラーム世界を理解するために選んだ三〇のトピックを、五部に分けて配置した。第Ⅰ部「歴史の扉――日本と中東の往還」は、日本と中東が縁遠い存在でなく、実は身近なつながりを持ってきたことを示し、全体の導入部とする。第Ⅱ部「宗教・社会の扉――つながりと公共圏」はヒトとモノのつながりとしての中東・イスラーム的な公共圏について考える。第Ⅲ部「経済・産業の扉――石油の先にあるもの」は、石油資源をはじめとする産業と、ハラールやイスラーム金融に代表される経済について解説する。第Ⅳ部「政治の扉——現代中東・イスラーム世界を知るために」は現代中東政治をターゲットにし、政党政治からイスラーム過激派までの幅広い政治的立場やアプローチを紹介した上で、将来への見通しを述べる。第Ⅴ部「文化・精神の扉——イスラームからみる現代社会」は、日本でも喫緊の今日的課題となっている問題群のいくつかについて、中東・イスラーム世界でのあり方を論じて、オルタナティヴな見方を提示しようとしている。

各部はそれぞれ中東・イスラーム世界の別の側面を扱っており、各章はより特定の個別のトピックを扱っている。したがって、どこから読んでいただいてもよいし、興味のあるところだけ拾い読みしていただいてもよい。そこからは、単に中東・イスラーム世界の情報だけではなく、日本とは異なる別の視点をも得ることができるだろう。さらに、これらの視点を糸口にして、地球規模の問題群にまで思いを馳せていただきたいと思う。地域を通して地球を考えることの意味は、終章でもう一度考えてみたい。

五つの棟に配された三〇の扉。この三〇の扉を開けて、中東そのものを知ると同時に、中東を手がかりにして、一方では自分自身を問い直し、他方では地球・世界を考え直してみよう。アリババのように「開けゴマ」と唱えながら。

東長　靖

中東・イスラーム世界への30の扉

目次

はじめに

第Ⅲ部　経済・産業の扉——石油の先にあるもの　143

＊本書における現地語表記については、大塚和夫ほか編『岩波イスラーム辞典』（岩波書店、二〇〇二年）を基準としたが、各章・各コラムの独自性を尊重し、無理な統一は行わなかった。

中東
4, 7, 10, 11, 16, 18, 19, 20, 21, 22, 23, 24, 26, 27, 29, 30
カザフスタン
ウズベキスタン
キルギス
ニスタン
タジキスタン
アフガニスタン
パキスタン
AE
オマーン
湾岸諸国
15, 17
モルディブ
バングラデシュ
日本
1～6
ブルネイ
マレーシア
インドネシア
東南アジア
8, 17, 18, 25, 28

ム世界地図

ヨーロッパ
9, 11
アゼルバイジャン
ボスニア・ヘルツェゴビナ
アルバニア
トルコ
トル
チュニジア
レバノン
シリア
イラク
パレスチナ
ヨルダン
バハレーン
カタル
北アフリカ
5, 9, 11, 12, 14
モロッコ
アルジェリア
リビア
エジプト
西サハラ
サウジアラビア
モーリタニア
マリ
ニジェール
チャド
スーダン
イエメン
セネガル
ガンビア
ブルキナファソ
ギニア
シエラレオネ
南スーダン
ソマリ
ジブチ
サハラ以南アフリカ
13
コモロ
＊全人口にムスリムの占める割合
およそ80％以上
およそ80～50％
＊太枠内が中東地域
＊数字は関連の深い章番号

第Ⅰ部　歴史の扉

――日本と中東の往還――

1 近代日本の中東発見――扉を開いた幕末・明治の先人たち

黒田賢治

日本が中東とどのように関わってきたのかは、日本で中東を知る上で欠かせないトピックであろう。本章では、一つの重要な転換期である幕末から明治時代に遡って、日本の中東への関わりに限定しながら紐解いていきたい。

（1）志士たちによる中東発見、中東の大地に立つ

幕末から明治という時代は日本と中東との関係でそれまでにない大きな変化があった。それは、双方が実際に互いの地に足を踏み入れたことである。

一説には飛鳥時代や奈良時代から中東出身者が現在の日本を訪れていたといわれている。また中国大陸での中東地域出身者との交流が記録としても確認されてきた。しかし日本と中東との関係は、江戸時代末期までは基本的にはモノを通じて築かれてきた。モノは、シルクロードや海路を通り中国を経由するか、あるいは戦国時代の南蛮交易や江戸時代の長崎・平戸に限定されながらも行われた貿易のように、ヨーロッパ諸国を経由してやってきた。そして、中東地域についての知識も、これらの国々を経て到来してきた。実際に中東の地に生身の人間が足を踏み入れた幕末から明治という時代は、日本と中東が第三者を介することなく出会う初めての時代だったのだ。

江戸時代、徳川幕府によって鎖国政策がとられ、限られた場所で、限られた国との交流が行われたが、ペリーの黒船来航以降徐々に変化を迎えていった。いくつかの外国船舶の入港地が漸次広げられ、日本と世界を

つなぐ扉は徐々に開かれていった。もちろん開国が必ずしも日本にとって有益な影響を及ぼしたとは限らないことは周知の通りである。植民地にされかねない危険性も隣り合わせだった。そのような状況で、幕府も含め諸藩は新たな知識や技術に対して貪欲でもあった。公式・非公式を問わず、幕府および各藩から若い志士たちが西洋を目指した。中東の地を踏むことになったのも、その過程であった。

最初に中東の地を踏んだのは、福沢諭吉も通詞（通訳）として加わった一八六二（文久二）年の文久遣欧使節団一行であった。一行は英国政府のフリゲート艦で品川を出発し、英国のインド洋支配の要として海軍基地がおかれていたアデン港（現イエメン）を経てエジプトのスエズ港に至り、陸路でカイロを通って地中海に面したアレクサンドリアまで旅をした。

文久遣欧使節団派遣から明治維新までのわずか六年にも満たない間に、一説には三〇〇人を超える日本人がヨーロッパへと渡航した。いわゆる長州五傑のように喜望峰を経由した者もいるが、多くは文久遣欧使節団と同じ経路で欧州を目指した。その中でも、一八六三（文久三）年に派遣された横浜鎖港談判使節団一行の記録は、最も読者にとってなじみ深いのではないだろうか。

この使節団は、条約によって開港していた横浜港の閉鎖と再鎖国化を望む朝廷の強い意向を受け、幕府から遣わされた列強との交渉団であった。この時の交渉は失敗に終わったが、使節団一行は日本と中東との関係において歴史に名を刻み続けてきた。日本史の教科書や資料集にも載っている「侍とスフィンクス」の写真である。一行はスエズから陸路でポートサイード港への途上、エジプトのギザの三大ピラミッドやスフィンクスを訪れたのだ。

フランスのレセップスらによって一八六九年にスエズ運河が開かれる以前、西洋各地へ赴くには、多くの場合、インド洋からアデン港を経て紅海を通り、スエズ港から陸路で地中海のポートサイード港へと渡り、そこから再び船旅に出ていた。アデン港に一時的に上陸する場合もあったが、中東社会の様子を目の当たりにするのは、スエズ港からの陸路であった。その陸路の旅は、ヨーロッパの技術力を最初に体験する機会でもあった。海を渡った侍たちは植民地下のエジプトで蒸気機関車をはじめとした英国の高度な技術力を目の当たりにし、それらを賛美した記録を残している。

中東地域が西洋の高度な技術力を示す場であったことは、スエズ運河が開通した明治初期においても同じだった。岩倉具視を特命全権大使とし、木戸孝允をはじめ大久保利通、伊藤博文ら政府首脳を団員とした岩倉使節団もまた、植民地治下の中東社会に強い関心を寄せていたことが記されている。

一行は一八七一年一一月〜一八七三年九月にかけて、友好と不平等条約撤廃のための準備交渉と西洋各国の視察を行った。地球を東回りに太平洋から米国へと渡り、大西洋を抜け西洋各国を訪れた。その帰路、一行はポートサイード港を通り、開通したスエズ運河を通って帰国している。書記官として随行した久米邦武によって編集された使節団の記録『米欧回覧実記』では、スエズ運河の意義・重要性とそれを建設したレセップスの偉業が讃えられている。確かに久米のいう通り、スエズ運河の掘削事業は人類のモビリティに大きな変化をもたらした。実際にスエズ運河の開通以降、紅海を通るルートは欧州航路としてますます定着した。そして明治期の日本人が目にした中東の一風景として、渡欧者の記録の中に蓄積されていったのだ。

こうした西欧の技術力に対する賛美とは対照的に、西欧に支配される当時のエジプト社会や現地住民への批判は厳しいものであった。土地の人々の倫理観の欠如への嘆きは特に厳しいものがあり、福沢諭吉らも記している。倫理観の欠如への批判は、幕末・明治初期に限らず、その後の明治期の日本人の旅行記にもみられる。そして、それらの批判の矛先は、時に現地人のイスラーム信仰に向けて行われることもあった。

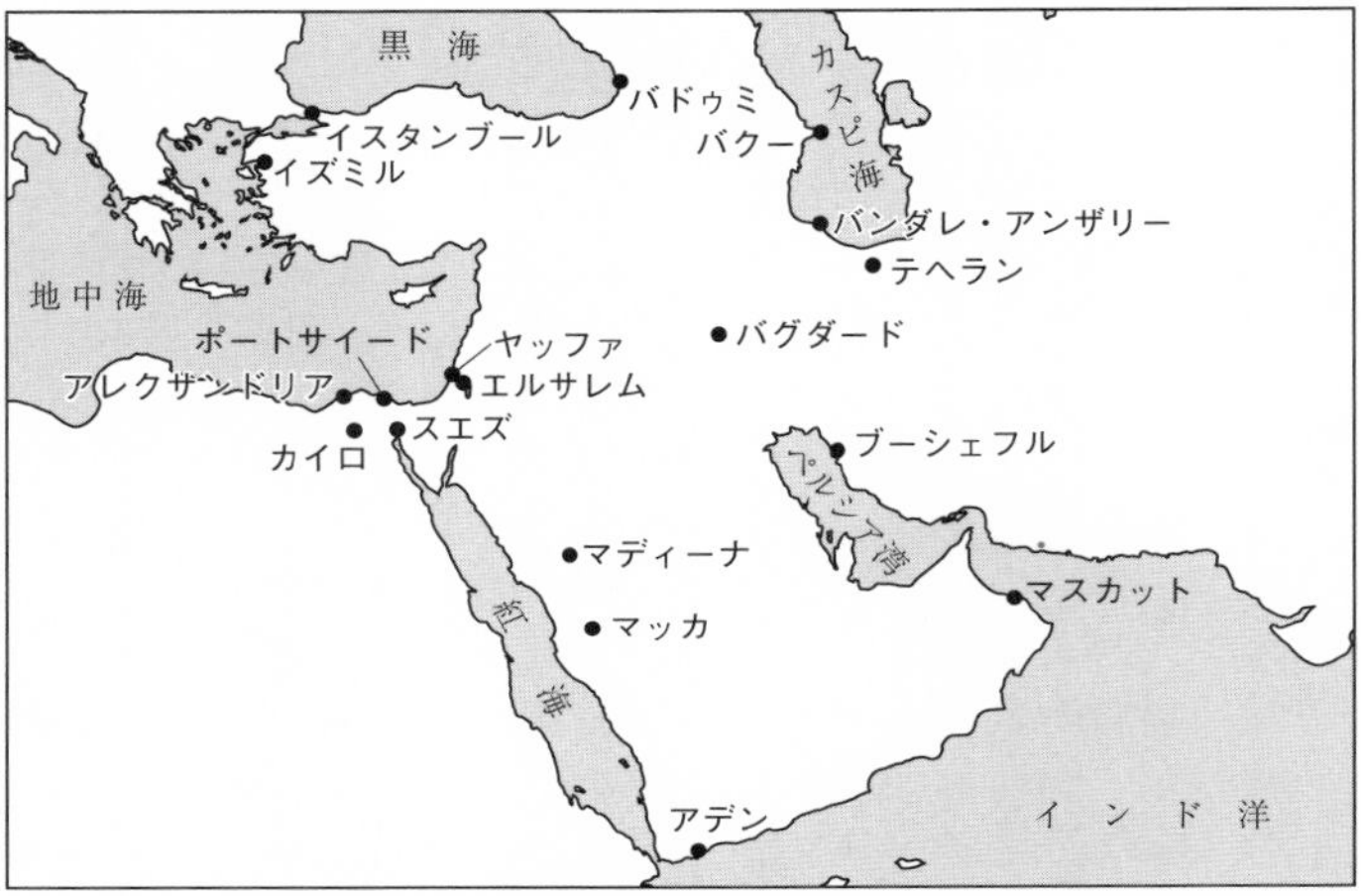

図１　本章における中東地域の関係地図（筆者作成）

（2）中東の二大国オスマン帝国とカージャール朝との邂逅

話を岩倉使節団に戻そう。実は一行が中東に残した足跡はスエズ運河の記録だけではない。書記官として随員していた福地源一郎が当時の中東の大国オスマン帝国の都イスタンブールに赴いたのだ。

福地は一八七三年四～五月にかけ、岩倉の命を受け派遣された。岩倉が英国との交渉による助言から、段階的に不平等条約を解消する方向に進めようとしたためであった。そこで先例調査として、原告あるいは被告の一方が外国人である場合に双方の国の裁判官が裁判を行う混合裁判所と呼ばれる制度を福地に調べさせた。福地はイスタンブールで、エジプトで混合裁判所制度を主導したヌーバール・パシャの指導を受けて調査にあたった。この福地の同地への派遣は、日本とトルコの人的交流の最初期にあたり、日本人がトルコの地を踏む最初の出来事であった。

ただしその時トルコに赴いたのは福地だけではない。浄土真宗本願寺派の僧侶、島地黙雷も同じくイスタンブールとイズミル港を訪問している。島地はヨーロッパの宗教事情の調査のために、岩倉使節団の出発から約四カ月後に左院の使節団と渡欧し、パリを拠点にしながら岩倉使節団の随員とも交流をもった。長州藩出身の島地は、かねてより交流のあった同じ長州藩出身の木戸孝允から日本への帰路にインド渡航の便宜を図られ、福地と行動をともにした。

島地が残した渡航日誌『航西日策』には、イスタンブールでガラタ塔に登り、アヤ・ソフィア、スレイマニーイェ・モスクやスルタンアフメド・モスクをはじめとしたモスクを訪れたことが記されている。そしてスミルナ(イズミル)港を通り、地中海を一度縦断してエジプトのアレクサンドリアへと至り、そこからロシア船でヤッファに上陸し、陸路でキリスト教、ユダヤ教、イスラームの三宗教の聖地エルサレムを訪問した。エルサレムでは、聖墳墓教会や岩のドーム、嘆きの壁やダビデ廟やアルメニア正教会を訪れたほか、ベツレヘムの降誕教会なども訪れた。その後アレクサンドリアに戻り、当時すでにお決まりの観光地となっていたカイロ、ピラミッド、スフィンクスを訪れ、スエズ運河を通り帰国の途についた。

福地と島地のあとにも、一八七五年には寺島宗則外相が、その翌年には在英公使館員であった中井弘がイスタンブールを訪れ、一八七八年には軍艦「清輝」の乗組員たちも同地を訪れた。一八八一年には、後述する吉田正春一行も、使節団として派遣されたイランからカスピ海を抜け、黒海を下ってイスタンブールを訪れている。しかしアナトリア半島の内陸部を探索するものはなかなか現れず、一八九九年の台湾総督府の家永豊吉による『西亜細亜旅行記』がその最初の記録となった。一八九〇年には、今日の日本とトルコの浅からぬ縁を生み出したエルトゥールル号遭難事件が和歌山県の串本町沖でおこった。なおトルコとの正式な国交は、一九二四年にオスマン帝国に代わった新生トルコ共和国との間で結ばれた。

一九二〇年代の正式な国交樹立に先駆けて明治初期から接近が図られたのはオスマン帝国だけではなく、現在のイランを治めたカージャール朝も同じである。ロシア帝国の脅威に悩まされ続けていたオスマン帝国もカージャール朝も、日本との利害の一致を見越して接近してきたのだ。そして皮肉にもそのロシアで、一八七八年に当時の駐ロシア公使の榎本武揚がカージャール朝の皇帝ナーセロッディーン・シャーらと会見し、皇帝から両国間の通商条約締結と使節団の派遣が提案された。これを受け翌年に井上馨外務卿が使節団の派遣を決定し、外務省御用掛であった吉田正春を正使に、陸軍の古川宣誉大尉を副使とした使節団が派遣された。また貿易の可能性を探るために、大倉組副社長の横山孫一郎ら商人五名を同行させた。イランで喫茶が定着していることを受けて、紅茶や緑茶、漆器や磁器のサンプルを彼らにもたせたようだ。

一八八〇年に吉田ら一行は航海演習に出かける海軍の軍艦「比叡」に乗りこんだ。しかし吉田らは香港で古川や大倉組の土田政次郎と別れ、先に郵船に乗り、オマーンのマスカットを経て一足先に港湾都市ブーシェフルに到着した。吉田は、そこから汽船でチグリス・ユーフラテス川を遡上し、現在のイラクのバスラを通りバグダードを訪れ、再びブーシェフルに戻った。そして古川らと再び合流し、一路テヘランを目指し、ペルシアを縦断した。吉田ら一行の旅は、先人たちが中東の地を船や汽車で快適に旅したのとは異なっていた。馬とラバに跨がって峠を越え、沙漠を旅し、時に喉の渇きや暑さと闘わなければならなかった。

こうして吉田ら一行は、テヘランまで辿り着き、ナーセロッディーン・シャーに謁見を果たし、国書を与えられた。そしてバンダレ・アンゼリーからバクーへカスピ海を渡り、現在のジョージアのバトゥミからイスタンブールへ黒海を下り、オスマン帝国皇帝とも謁見を果たした。なお、吉田らが持参した日本製品については当時のペルシア人からはそれほど興味をもたれなかったようであり、通商条約締結も棚上げとなった。このあと桂太郎内閣の一九〇三年にも外務大臣であった小村壽太郎から修好通商条約の締結の提案もあったが、一九〇六年からのイラン立憲革命の混乱から実現しなかった。結局イラン／ペルシアとの正式な外交関係は、カージャール朝に代わったパフラヴィー朝との間で「日本国・ペルシア国間通商暫定取極」が取り交わされ、テヘランに公使館が開設される一九二九（昭和四）年まで持ち越されることになった。

（3）航海演習と探検／諜報活動、冒険の中東

明治期に中東を訪れた日本の政府関係者は、西洋への途上・帰路に立ち寄った政治家や官僚、またオスマン帝国やカージャール朝に派遣された使節団だけではない。軍部やその関係者も数多くいた。軍部と一言でいっても、陸軍と海軍では訪問の仕方や目的も異なっていた。大まかにいうと海軍の場合は操船訓練のために行われた航海演習の一環として、陸軍の場合は各国の内情視察を目的として訪れた。おそらく人数としては、前者が後者よりも多いだろう。

海軍の航海演習の一環で最初に中東の地を訪れたのは、一八七八年一月～一八七九年四月にかけて欧州への航海演習を行っていた、井上良馨《よしか》中佐を艦長とする軍艦「清輝」の乗組員一五九名である。一行はアデン港を経て、スエズ運河の各都市を訪れた。そして欧州各地へ寄港したのち、イスタンブールを訪れ、艦長の井上を含む四名が皇帝と面会を果たした。また一八八〇年四～八月にかけて演習に出かけた軍艦「比叡」の乗組員らが、オマーンのマスカットやイランのブーシェフルを訪れている。「比叡」とは、ペルシアに向けて派遣された吉田正春使節団が最初に乗船した軍艦である。同艦に乗船した本宿宅命《もとしゅくたくめい》大尉は航海の様子について、榎本武明など当時の政府高官や財界人、皇族らからなる一種のサロンであった「東京地学協会」の月例会で報告を行っている。

他方、陸軍は内情視察をかねて中東の地を訪れた。その代表は福島安正大佐であろう。福島は、一八九二年にすでにドイツから東シベリアまで実情調査をかねて一人馬を操る冒険旅行を行っていたが、一八九五～九六年にかけてヨーロッパとアジアで再び実情調査をかねた単騎旅行を行った。このうち中東地域としては、今日

のエジプト、トルコ、イスラエル、レバノン、オマーン、バハレーン、イラン、イラクを訪れている。福島の旅の行程は、大まかに二つに分かれる。まずエジプト、トルコ、イスラエル、レバノンを訪れた行程であり、次にオマーン、バハレーン、イラン、イラクを訪れた行程である。

前者の行程では、エジプト各地を旅したあと、海路でヤッファ港、ベイルート港、イズミル港を経てイスタンブールを訪れている。そこからギリシアを経て地中海を渡りエジプトを過ぎ、一度ミャンマーのヤンゴンまで旅をしている。トルコはわずかイスタンブールを訪れるだけであったが、エジプトではスエズから上陸し、カイロを訪れただけでなく、ナイル紀行としてナイル川に沿って上エジプトを探検している。もちろん陸軍の命を受けながら旅をする福島は、カイロでもイスタンブールでも現地および各国の武官と交流をもちながら情報収集活動を行っている。

後者の行程ではヤンゴンからコルカタに渡り、インド北部からアフガニスタン国境の現在のパキスタンのチャマンを訪れたあと南下し、海路でオマーンのマスカット港を経てブーシェフルに上陸した。そしてイラン、イラク、中央アジアのトルクメニスタン、ウズベキスタン、アゼルバイジャン、ジョージアそしてロシア領のダゲスタン共和国を旅した。

福島のように大冒険を行った軍人はさすがに珍しいものの、情報収集のために中東地域を訪れた陸軍の軍人は多くいる。例えば先に述べた吉田正春使節団の副使であり、「比叡」に乗船した古川宣誉《のぶよし》もペルシアの内情を細かく記している。彼は日誌とともに報告書として『波斯《ペルシャ》紀行』(一八九一年刊行)を陸軍参謀本部に提出したが、これらの文書は、当時は極秘扱いにされた。もっとも古川によるペルシアの内情報告の部分については、先述した「東京地学協会」の月例会で報告が行われており、当時の政府中枢や財界人らに共有されていた。アルジェリアについても、フランスに留学していた陸軍の原田輝太郎大尉が一八八八年一～四月まで同地を訪問し、同じく協会の月例会で報告している。

陸軍による各国の実情把握という諜報活動をかねながら中東を訪れた者もいた。例えば一九〇九年にタタール人活動家アブデュルレシト・イブラヒムに随行しイスラームの聖地マッカ（メッカ）を巡礼した最初の日本人、山岡光太郎《みつたろう》である。山岡は、イブラヒムとインドのムンバイで合流し、同地でイスラームを学んだ後、紅海のジェッダ港から上陸した。彼はマッカ、マディーナ（メディナ）を巡礼した後、アラビア半島を縦断しシリアなど内陸部についても記録を残した。この旅は、山岡の宗教的な動機ではなく、軍属であった山岡への内情視察命令によるものである。そしてそれを命じたのは、あの陸軍参謀本部の福岡安正だったのだ。

軍部などの内情視察報告に加え、明治期に中東地域を訪れた政治家や学者による旅行記もある程度の数が残されている。地理学者、鈴木眞静《ましず》は米国留学の帰路に黒海を遡上してコーカサス地方を横断し、カスピ海を渡ってテヘランを経由し、ヒンドゥクシュ山脈を旅しており、その様子を『地学雑誌』（一九一〇～一九一一年）にて報告している。また、明治末にシベリア鉄道から南下し、イランを周遊した大場景秋などの記録も残されている。彼らは平民ではあるものの、いわゆる社会的エリートであった。

では一般の平民に中東への旅行者がいなかったかというとそうではない。例えば、中村直吉や中村春吉が挙げられる。なお同じ中村姓であるが両者に血縁関係はない。

中村直吉は、カンパで集めた一〇〇円（今日の価値で一五万円）を資金に、五大陸を旅してまわった。しかし当時でもこれだけの資金で五大陸を周遊できるわけではなかった。中村の旅は、船舶の乗船など移動手段については交渉で融通をはかり、宿泊についても在地の住人や名士、あるいは縁者を頼って外国の領事や商人の世話になるという無銭旅行であった。

中村春吉も同じく無銭旅行者であり、しかも自転車での世界旅行であった。彼はスエズからカイロ、そして地中海のポートサイードを八日間かけて旅をした。後に春吉の旅行を冒険小説作家であった押川春浪が編纂して『中村春吉自転車世界無銭旅行』として出版している。しかし、おそらく日本人として初めて中東を自転車で旅した詳細については記録が残されていない。エジプトのどこをどのように自転車で駆け抜けたのか、自転車好きの筆者としては気になるところである。

他方、中村直吉による中東の旅はその道程が克明に綴られている。彼は二度にわたって中東を旅した。一度目は、アジア大陸からヨーロッパ大陸への旅の途上であり、ペルシアからカスピ海を渡りバクーを抜け、オスマン帝国の都イスタンブールに至った。二度目は、アフリカ大陸からヨーロッパ大陸へと向かう途上、南アフリカからソマリランドを通り、アデンを経てスエズとポートサイードを通り、アルジェリアの第二の都市オランと、アルジェと勘違いをしたアルゼーウ（おそらくアルズー）を旅した。

ところで、この無銭旅行が興味深いのは、中村直吉が彼に先立って旅をした日本人が築いた関係を、時に利用しながら旅をしてまわっているというところである。例えば、今日のイランの都市イスファハーンを旅した際には、同地で福島安正を世話した英国領事に厄介になったことが記されている。ただしボロを纏ったままで太守である皇太子と面会したことも記されており、福島が築いた名誉は守られたのだろうか。

こうした冒険家たちのほかにも、窪田四郎のように企業から派遣されたものや、あるいは山田寅之助らのように中東で一旗揚げようと起業を試みて渡航したものも、明治の終わりにかけて徐々に増えていく。日本にとって中東地域が国家の上層部だけでなく、徐々に一般の大衆にも開かれていったのである。

幕末に日本が直接中東に触れるようになった時代、中東は西洋の植民地下にあり、いわば西洋の入口であった。西洋列強の高度な技術力と日本の植民地化の危惧のなか現地社会に厳しい眼差しも向けられた。スエズ運河の開通により、明治期になっても中東は日本にとって西洋の入口であり続けたが、日本政府は戦略的に中東諸国との接近も図るようになった。こうして始まった中東との関係は、やがて政治、経済、文化と様々な分野に広がって展開していくことになる。その関わり方は、本章でみたように時代や立場によって異なっており、固定的で単一的ではなく、流動的であり複層的である。

参考文献

小松久男『イブラヒム、日本への旅――ロシア・オスマン帝国・日本』刀水書房、二〇〇八年。

杉田英明『日本人の中東発見――逆遠近法のなかの比較文化史』東京大学出版会、一九九五年。

三沢伸生「19世紀末のイスタンブルにおける日本軍の情報活動――福島安正『亜欧日記』の史料的価値」『東洋大学社会学部紀要』第五五巻第二号、二〇一八年。

Kuroda, Kenji, "Pioneering Iranian Studies in Meiji Japan: Between Modern Academia and International Strategy", *Iranian Studies*, Vol. 50, No. 5, 2017.

2

近代日本と資源外交――ミイラ取りから石油まで

保坂修司

(1) ミイラ取りがミイラになる

日本が中東から輸入した最初の「地下資源」は古代エジプトのミイラである。一六四五年、徳川家光は長崎出島のオランダ商館経由でミイラを受けとった。ただし、このミイラは薬として輸入されたものである。一七世紀末には江戸でミイラ・ブームが起き、大名から庶民までこぞってミイラを服用したとされる。「ミイラ取りがミイラになる」という諺はそのころ日本でできたものである。

ミイラはアラビア語でムーミヤーと呼ばれ、英語マミーやフランス語モミなど、保存処理された人間の遺体を意味する単語の語源となっている。薬のムーミヤーは、実はギリシア・ローマ時代には石油（ビチューメン）を指しており、イスラーム時代にも継承されて、アラビア語でムーミヤーと呼ばれるようになった。当時は中東でもムーミヤーは貴重品だったので、古代エジプトのミイラの中にある油状物質が代用品となり、それがヨーロッパに輸入され万能薬として定着したといわれている。

日本が本物の石油を輸入するのは幕末である。横浜の外国人が持ち込んだ石油ランプ用の灯油が最初とされる。当時の灯油はほとんどが米国産であった。中東の石油など日本人がまだ見向きもしなかった時代である。

(2) 欧米に独占された中東の石油

二〇世紀は「石油の世紀」「石油の時代」と呼ばれる。しかし、実際に近代的な意味での石油産業ができるのは一九世紀半ばの米国であり、ロックフェラーのスタンダード石油が石油産業の覇者として君臨する。英国・オランダのロイヤル・ダッチ・シェル、英国政府が大株主のアングロ・ペルシア石油会社などが世界の石油の生産と市場を支配した。内燃機関の発明と自動車や飛行機の普及で石油の需要は急増、第一次世界大戦でその重要性が決定的になると、国際石油会社は新たな産地を求め中東に目を向けるようになった。

中東の石油は古くから知られていた。旧約聖書では瀝青《れきせい》は船の防水や建築用に用いられている。ギリシア・ローマ時代からイスラーム時代には中東産の石油が万能薬とされたのは前述の通りだ。イラクでは道路の舗装や防水に用いられ、バグダードには「瀝青大門」や「瀝青職人通り」という地名があり、公衆浴場も壁や床をアスファルトで塗り固めていた。

中東とロシアを結ぶ地域、コーカサスのバクーの石油も古くから知られていた。アッバース朝カリフ、マンスールはバグダード建設のためバクーの石油に税金をかけたとされる。一〇世紀の歴史家のマスウーディーはバクーを石油の町「ナッファータ」と呼び、バクーには地面から火を噴きだしているところがあって、その火は消えることなく、遠くても夜目にはっきりとみることができたと述べている。

一九世紀後半にはカージャール朝ペルシアと英国、ロシアなどの間で石油利権をめぐる権謀術数が繰り返された。英国のウィリアム・ノックス・ダーシーが一九〇一年にイランの約四分の三をカバーする地で石油利権を獲得、一九〇八年にイラン西部で大きな油田を掘り当てた。翌年、アングロ・ペルシア石油会社が創設された。今日のＢＰである。

中東のアラブ側では、列強がオスマン帝国内での油田開発のためトルコ石油会社を設立した。同社は元来英独企業が中心であったが、第一次世界大戦を経てオスマン帝国が崩壊すると、サイクス・ピコ協定やサンレモ石油合意で敗戦国ドイツの企業を排除し、戦勝国フランスと米国の企業を含めた。旧オスマン帝国内の油田は事実上欧米列強によって分割されたのである。

トルコ石油会社は一九二九年、資本参加した全社が旧「オスマン領内」で独自に石油権益を求めるのを禁じた。同協定は、対象領域が地図上赤線で囲われたことから通称「赤線協定」とも呼ばれる。赤線内には、今日の国名でいうとトルコ共和国のほか、イラク、シリア、レバノン、イスラエル、パレスチナ、ヨルダン、サウジアラビア、バハレーン、カタル、アラブ首長国連邦（UAE）、オマーン、イエメン（クウェートは除外）があった。参加各社は赤線内で石油利権の共同所有と共同操業を義務づけられた。

（3）明治以降の日本の石油政策

明治維新以降、日本は急速に近代化を進めたが、その原動力の一つは石油であった。当時の石油の主な用途は照明で、石油ランプに用いられた。国内の石油生産は限定されたので、やがて輸入に頼るようになる。その後、石油ランプはガス灯や電灯に取って代わられるが、世界的には二〇世紀初頭に自動車の量産が始まり、石油の需要に拍車がかかった。飛行機や戦車が発明され、軍艦の燃料も石炭から石油へと変わった（流体革命）。第一次世界大戦で石油の重要性が共有されるようになると、石油確保は欧米列強、日本にとって単に経済上のみならず政治外交上も最優先課題となった。

日本では新潟や秋田で石油の開発が進められた。日本石油（現ENEOS株式会社）のような大企業も新潟を起源とする。技術的進歩で生産量は増加したが、明治末期から大正期には多くの石油会社が石油（原油）を輸入し精製して国内販売する業態に転換した。国産原油の大半を担った日本石油も例外ではない。スタンダード石油やロイヤル・ダッチ・シェルは一九世紀末に横浜の支店で石油製品の販売を開始し、国内企業と米英二社（日本での販売はそれぞれスタンバック社とライジングサン社）との日本市場での競争が激化した。

国内市場での競争を勝ち抜くためにも、日本の石油会社は国内で精製・販売するべく、ますます多くの原油を輸入しなければならなくなる。明治から昭和まで日本が輸入する石油の大半は米国産で、ロシア（のちソ連）産などが加わった。政府も海軍を中心に一九二〇年頃から海外産石油の輸入促進と情報収集の重要性を強調するようになった。東京帝国大学等に石油関連講座が開設されたのもこの頃で、産官学が足並みをそろえた。

単に輸入だけではなく、石油利権を獲得する動きも出てくる。サンレモ石油合意に関連して、日本政府も米国同様、機会均等の原則のもとトルコ石油会社の石油利権を獲得する権利を有すると考えていたが、英国などを刺激することは躊躇し、交渉役の外交官には、英国に配慮しながら日本の権利も主張するよう訓令している。

第二次世界大戦前は北サハリン、台湾、英領ボルネオ（現マレーシア）、オランダ領ボルネオ（現インドネシア）、メキシコなどで油田開発を試みるが、一九二〇年代まで中東での石油開発は手探り状態であった。

（4）イランからの石油輸入

日本は、一九二〇年頃から中東からの石油輸入に目を向けるようになる。日本が初めて中東の石油を輸入したのは、一九二一年であった。鈴木商店が、秋田の油田を開発していた帝国石油の経営を引き継ぎ、アングロ・ペルシア石油会社からイランの石油を輸入した。帝国石油はイラン石油の輸送のためのタンカー建造や製油所建設など、積極的にイラン石油との関係を強めたが、これが恒常的な輸入につながったかははっきりしない。鈴木商店石油部門の神戸石油商会はのちに昭和シェルに受け継がれる（昭和シェルは二〇一九年に出光興産と合併）。

重要なのは、この時期に日本はまだイランと国交を樹立しておらず、石油輸入は国交樹立に先行したことである。石油輸入はイラン政府とではなく、英国企業アングロ・ペルシアとの契約で、国交がなくても特に不便はなかったからだ。なお、イランから輸入した石油五万トンの半分は「海軍燃料の重油原料として納入」されたことからも、日本の石油輸入が軍主導であったことがわかる。

（5）アラブの石油への関心

前述の日本が関心をもった中東の石油利権というのは、実はイラクの油田を指していた。一九二〇年代以降、石油を念頭においた中東の産油国視察が目立つ。外交官の縫田栄四朗《ぬいたえいしろう》（一九二三年）や笠間杲雄《かさまあきお》（一九二八〜三二年）、地質学者の金原信泰《かねはらのぶやす》（一九二三〜二四年）、地理学者の志賀重昂《しがしげたか》（一九二四年）、養殖真珠の御木本幸吉の右腕だった加藤虎之助（一九二九年）、イラン研究者の足利惇氏《あしかがあつうじ》（一九三四年）、画家の磯田蓉工《いそだようこう》（一九四一年）など、いずれもイランやイラクを訪問し滞在記等を残した。縫田栄四朗、笠間杲雄、志賀重昂、金原信泰は石油施設を見学し、石油への強い関心を示している。

志賀は石油を「黄金なり」として、豊富な石油を埋蔵するイラクが世界列強にとって川中島や関ケ原になりうると主張し、中東石油の重要性を強調した。金原は地質調査所所長になり、日本地質学会会長を務め地質学の視点から石油に関する論考を残している。こうした調査がサンレモ合意での日本政府の立場と連動していたかは検討する価値がある。

中東での石油発見はイランが最初であったが、エジプト（一九〇八年）とモロッコ（一九二三年）が続いた。両国の油田は、ペルシア湾のアラビア半島側で発見される巨大油田と比較して圧倒的に小さく、国際石油会社には魅力的ではなかった。一九二七年にイラク北部キルクーク近くで発見された油田は巨大で、掘り当てた際の噴出は四〇メートル以上の高さに上ったという。

一九二九年にトルコ石油会社はイラク石油会社（ＩＰＣ）と改称したが、世界恐慌の影響で石油需要が低下したこともあり、イラク国内での石油開発は進まなかった。一九三一年に正式に英国から独立したイラク政府は業を煮やし、ＩＰＣと競わせて石油開発を促進すべく、チグリス川の西、北緯三三度線の範囲の石油利権を英国石油開発会社（ＢＯＤＣ）に付与した。しかし、ＢＯＤＣはかなり前から資金難に陥っていた。一九三二年には在ロンドン日本大使館経由で同社の石油利権譲渡を日本に打診してきたのはそのためである。

この話は外務省から、石油政策で中心的役割を果たしていた海軍省に持ち込まれ、柳原博光の担当となった。柳原は燃料廠《ねんりょうしょう》製油部長として海軍の石油政策の中核におり、商工省でも燃料第二部長を務めたほか帝国石油副総裁に就任し、日本の戦前・戦後のエネルギー政策立案のキーパーソンといえる。回想録『石油随想』（一九五二年）によれば、海軍省は「中東の油田に対して日本が投資し、また権利を得るということは、石油の国際性に鑑みて非常に興味があり、また将来各方面の発展にも有望である」と考え、商工省鉱山局、海軍省軍需局、外務省欧米局・通商局で株式購入の議論を開始した。のちに民間から日本石油、小倉石油（一九四一年に日本石油と合併）、三井物産、三菱商事等が議論に加わった。

この事実から、海軍をはじめ日本政府がイラクの石油利権確保に大きな関心をもっていたのは間違いない。実際には政府はＢＯＤＣ株式取得で積極的に動かず、むしろ民間に任せた。民間側からみれば、政府の低利子融資も期待できず、イラク自体やイラクの油田の情報も不足していたため、英国への回答が先延ばしになっているうちに、話そのものが立ち消えになってしまった。ＢＯＤＣも立ち行かなくなりＩＰＣに併合されてしまう。イラクの石油利権取得は失敗したが、一九三五年に日本はイラクから石油を購入した。これは、筆者が資料で確認できたかぎり、イラクからの最初の石油輸入となった。

日本は当時中東諸国と密接な通商関係を構築しており、一九三〇年代には山下汽船や日本郵船がペルシア湾への定期便を就航させていた。イラクや現在の湾岸諸国で日本は常に貿易額で上位に位置していたのである。湾岸地域では第一次世界大戦前まで宗主国の英国の経済的プレゼンスが圧倒的だったが、一九二〇年代中頃から日本が躍進しだした。イラクでは一九三〇年代半ばに輸入に占める日本の比率は二〇％を超え、繊維製品は市場の八割近くが日本製で占められた。

一方で日本がイラクや湾岸諸国から輸入するものはほとんどなく、圧倒的な貿易不均衡のため、イラク政府は日本に厳しい経済制裁を科し、各地で日本製品排斥運動が起こった。在トルコ日本大使館がイラクとの交渉を行うも制裁解除の交渉は進捗しなかった。そのためバグダードに公使館の開設を計画するが、実際に開設されたのは一九三九年であった。

中東での在外公館設置は、一九一九年のポートサイードの領事館設置を嚆矢とする。一九二九年に公使館が設置されたイランも含め、ペルシア湾岸地域が在外公館設置で遅れていたのは、ポートサイードが日本・欧州航路の経由地であったためである。一九二六年に領事館が設置されたアレキサンドリアも同様に位置づけられる。首都カイロに公使館が設置されたのが一九三六年であったことを考えても、日本にとって石油よりも通商の問題の方がはるかに重要であった。

(6) バハレーン石油の購入

日本が初めてアラブ諸国から石油を輸入したのは、イラクが最初ではない。一九三四年、日本石油は浅野物産（のち丸紅に合併）を通してバハレーンから二万五〇〇〇バレルを購入した。同国での石油発見が一九三二年、湾岸アラブ諸国で最初の発見であった。今日、日本は石油の九割近くを湾岸アラブ諸国から輸入しているが、バハレーンの事例は湾岸諸国から日本への最初の石油輸出でもあった。

一九三四年は日本で石油業法が制定された年でもある。同法は石油業界に対する国家統制強化、外国石油資本の抑止、国内業者保護等を目的とし、石油製品の割当制と備蓄義務を特徴とする。当時としては異例な六カ月の備蓄を義務づけたため、石油会社は輸入を拡大しなければならず、バハレーンのような未知の国にまで食指を伸ばす要因となった。

日本石油によると、バハレーンからの輸入は「(米国)太平洋岸依存のわが国の原油輸入形態を大きく変える画期的な出来事として注目された」。しかし当時バハレーンで石油開発をしていたバハレーン石油会社は、スタンダード石油カリフォルニア(ソーカル、現在のシェブロン)の所有(登記はカナダ)であったので、「供給源分散という点では限られた意味」しかなかった。

日本がバハレーンから石油を輸入するに際して、イラン政府はバハレーンがイラン領で、バハレーン石油を通した石油輸入は認めないと、日本政府や浅野物産に抗議した。浅野物産は知らなかったで押し通したが、外務省は抗議を受けて慌ててイランの主張の法的根拠や歴史的根拠を調べはじめている。

バハレーンは地場産業の天然真珠が制度疲労を起こし、一九三〇年代には世界恐慌や日本の養殖真珠の進出もあって経済が危機的状況にあった。その危機を救ったのが石油である。バハレーンの歳入は、日本が最初に石油を輸入した翌年の一九三五年から増大、石油収入の比率も上昇し、財政の柱であった関税収入や天然真珠許可料を凌駕するようになった。日本の養殖真珠はペルシア湾の天然真珠産業を衰退させた一因とされるが、戦後の日本が湾岸諸国の石油に依存するようになったのは歴史の皮肉である。だが、バハレーンから日本への石油輸出は、むしろバハレーンにとって歴史的に重要な意味をもっていたといえる。

一九三〇年代、日本では一種の中東/イスラーム・ブームが起きた。一九三五年と三八年には神戸と東京にモスクが建設された。東京モスク開堂には、軍部やアジア主義を標榜する組織が深く関与していた。一九三八年に回教圏攷究所が設立され、二年後に大阪外国語学校(のちの大阪外国語大学、現在の大阪大学外国語学部)にアラビア語科が正式に誕生した。中東やイスラームに関する本格的研究が日本で始まるのもこの時期である。

前嶋信次や井筒俊彦といった、戦後の中東・イスラーム研究を牽引した研究者が活動を開始できたのも、このような学術的下地があったからであろう。ペルシア語では、米国でイラン研究を修めた荒木茂（宮本百合子の最初の夫）が一九二〇年に米国留学から帰国している。また、オマル・ハイヤームのルバーイーヤートの翻訳で知られる外交官の小川亮作が、イランに赴任したのが一九三一年である。

一九三〇年代に現れた山根キクの『光りは東方より――〔史実〕キリスト、釈迦、モーゼ、モセス〔ママ〕は日本に来住し、日本で死んでゐる』（原著タイトルのモセスはモアスの誤記。一九三七年）や酒井勝軍らの「日ユ同祖論」（日本人の祖先がユダヤ人だとする説）など、日本と中東を結びつけるトンデモ説の背後に、中東ブームがあった可能性もある。こうしたことを背景に、世界のイスラーム教徒がアジアの盟主として日本を尊敬しているとか、日本に期待しているといった言説が盛んになったことは間違いない。当時外務省きってのイスラーム通といわれた笠間杲雄は、日本をそういうふうに見ているイスラーム教徒などほとんどいないと指摘、浮ついたブームに警鐘を鳴らしたが、真摯に耳を傾ける人は少なかった。

（7）サウジアラビアとの石油利権交渉

日中戦争の泥沼化とともに、米国などによる対日経済制裁も強化された。中国での戦争遂行にも石油は必需品であったが、米英の石油会社からの購入はますます困難になっていった。

そのようなか東京モスク開堂式に出席したサウジアラビアのハーフェズ・ワフバ駐英公使が外務省関係者に、サウジアラビアが日本に石油利権を付与する用意があると伝えた。そのため日本政府はサウジアラビアとの利権交渉へと動く。そして、一九三九年三月、横山正幸エジプト駐剳《ちゅうさつ》公使をトップに商工省の技師・三土《みつち》知芳、外務省のアラビスト・中野英治郎をサウジアラビアに派遣した。横山使節は無事アブドゥルアジーズ国王と会見できたが、相手側の要求が高すぎて日本としては受け入れられず、しかも交渉内容が欧米諸国に筒抜けだったため、交渉は不調に終わった。

これには在サウジアラビア公館や中東の政治経済の専門家が不在だったのが影響したといえる。この直前、国会でもサウジアラビアと国交がないことを指摘され、外務省は近く実地調査を行うと答えており、これが横山使節のサウジアラビア訪問の表向きの理由となっている。交渉は失敗したが、日本政府は中東の石油利権交渉を当事国と直接行うことになり、単なる石油の輸入や民間任せから一歩踏み込んだことになる。しかし、この交渉失敗で、日本が中東の石油利権を入手する可能性は失われた。一九四〇年、日本はサウジアラビアからおそらく初めて石油を輸入しているが、これも単発に終わった。

（8）第二次世界大戦と石油

日本は一九四〇年に東南アジアに侵攻、石油利権交渉が行き詰まっていたオランダ領インドシナの油田（南方石油）を制圧するも、米国の石油全面禁輸が発動され、真珠湾攻撃へと突き進む。海軍省の柳原博光によれば、山本五十六海軍総司令官は、戦争継続は一年半が限度だと近衛首相に進言したという。

戦争も末期に近づいた一九四四年五月、軍需省は「決戦と石油」と題する小論で、「近代戦においては、石油なくしては一回の戦闘も戦ふことは出来ないのであつて、石油の補給が続かない軍団は、どんなに装備が優秀であつても、敵の軍門に降らざるを得ないのです」と述べ、石油の重要性を強調した（内閣情報局発行『週報』第三九七号）。「石油の一滴は血の一滴」という古びたスローガンのもと南方石油の活用や人造石油の開発などの石油政策が進められたが、どれ一つとして成功しなかった。

英国の保護下にあった湾岸諸国も日本との通商関係を断絶させてしまい、中東から石油を購入する可能性も潰えてしまった。一九四二年にイランが日本と断交、同年イラクも日本と断交し宣戦布告した。一九四五年三月一日にイランとサウジアラビアも日本に宣戦布告した。ベイルート領事館、カサブランカ領事館、エジプト内の在外公館も相次いで閉鎖または撤退の憂き目にあった。一九四五年二月にはトルコも対日宣戦布告を行った。日本軍もインド洋に進出し、伊号第二十七潜水艦が一九四三年六月にオマーン湾でノルウェーの貨物船「ダープ」を、一九四四年二月にインド洋上で英国の軍隊輸送船となっていたエジプトの客船「ヘディーブ・イスマーイール」を撃沈した。

戦前の日本の石油をめぐる中東との関係は、軍部の暴走や中東への理解の欠如もあり、ことごとく水泡に帰した。しかし何よりも残念なのは、たとえ失敗であっても、こうした中東に関わる経験や知識が、戦後の新しい世代にほとんど伝えられなかったことである。中東の石油に関する経験も、中東に関する学術的研究も、軍国主義への反省とともに忌避され放棄されてしまった。戦後、日本は中東との新たな関係を文字どおりゼロから築かねばならなかったのである。

参考文献

中嶋猪久生『石油と日本――苦難と挫折の資源外交史』新潮社、二〇一五年。

保坂修司「薬ミイラ再考」吉村作治先生古稀記念論文集編集委員会『永遠に生きる――吉村作治先生古稀記念論文集』中央公論美術出版、二〇一三年。

保坂修司「日本と湾岸の石油――バーレーン石油輸入八〇周年」『中東協力センターニュース』三九（一二）、二〇一四年。

保坂修司「石油の歴史――日本と中東」『イスラム科学研究』（一〇）、二〇一四年。

ダニエル・ヤーギン（日高義樹・持田直武訳）『石油の世紀――支配者たちの興亡』日本放送出版協会、一九九一年。

3 戦前日本の中東表象――福沢諭吉から大東亜共栄圏まで

三沢伸生

（1）中東という表象の揺らぎ

中東（Middle East）という地域名称は、一九〇二年にアメリカの情報将校アルフレッド・セイヤー・マハンが創出したことがよく知られている。しかしマハンが提示した中東と第二次世界大戦後に国際連合が正式採用した中東とは全く別物である。当初、ヨーロッパ列強諸国が近東（Near East）と呼称し、己が植民地政策推進の対象を呼称するために用いていたオスマン帝国を中心とした地域に対して、マハンはオスマン帝国の領域外であったアフガニスタン・イランに対してロシアが南下政策を推進していることを警鐘するために、この地域を近東に隣接する中東と命名したのだった。こうして中近東（Near and Middle East）という名称も、近東と中東を併せた地域名称として用いられた始めた。そして一九二二年にオスマン帝国の滅亡により近東が消滅し、一九二三年にトルコ共和国が新設されると、地域名称の組み換えが行われた。すなわちイギリス・フランスを中心にヨーロッパ諸国はトルコ共和国が手放したアラブ地域を植民地とし、そこに住まう人々の意識からかけ離れたままに中東の地域概念が大きく変形されて今日まで続く範囲を示す名称となった。

戦後にこうした外部の都合で設定された地域名称の反省から、アジアを東西南北に区分して、中東を「西アジア」と呼称することも始まったが、この名称も自己認識から生まれたものではなく、私たちが用いる東アジアという概念とは異なり、現地において常用・共有されている地域概念ではない。

その一方で、アラビア語の「ダール・イスラーム」（直訳では「イスラームの家」、意訳して「イスラーム世界」）

という概念は、民族・言語の枠を越えてイスラーム教徒たちに共有される概念である。この概念は明確な地理区分を伴わず伸縮自在であり、地域名称として範囲を固定することはできないが、他者呼称でなく自己認識が反映されたものであるという点が重要である。

この動きの中にあって明治維新から第二次世界大戦の敗戦に至るまでの日本における中東に関わる表象を時系列に沿って概観する。

（2）明治維新後の書物・教育による意識形成

幕末に開国し、明治維新以降は新政府がさらなる積極外交に転じて、政・官・軍界の多くの要人たちがヨーロッパ諸国を訪れ始めた。こうした人たちは紅海を経て地中海に入るため、直接にイスラーム世界に接することとなった。しかし彼らは、例えば、埃及（エジプト）の金字塔（ピラミッド）や駱駝（ラクダ）といった国別の名所や名産の関心をもつに留まり、より広域の地域概念・表象をもつまでには至っていなかった。

こうした背景には江戸時代に海外から流入して知識人・要人の間に限定的に共有されていた世界認識の影響が強い。具体的には幕末期の海外事情書物や萬国地図（世界地図）は、ヨーロッパの世界認識によって普遍化された五大洲（五大陸）の地理区分が伝えられ、欧羅巴（ヨーロッパ）・亜細亜（アジア）・阿弗利加（アフリカ）という地域概念が日本人の間にも形成されていた。この世界認識においてはイスラーム世界を一体として扱うことがないばかりか、同時代のイスラーム世界最大国家たるオスマン帝国が、バルカン半島部分の「土耳其（トルコ）」、アナトリアとそれ以東の「亜細亜土耳其（アジア・トルコ）」、エジプト以西の「阿弗利加（アフリカ）属州」という形で一国でありながら三分割されて表象され、日本人もその認識を変更することなく踏襲した。この認識はその後長らく戦中期まで継続し、日本の諸省庁の公文書にも用いられ続けた。

この五大洲という世界認識は、明治維新以降も受け継がれ、公刊された啓蒙書により社会全般に発信された。一八六九年に福沢諭吉が著した『世界国尽』はその中でも非常に流布したものであった。幕末の一八六二年に文久遣欧使節団の一員であった福沢は、紅海を経て地中海に入る際にエジプトで様々な現地経験を有していたものの、机上で学んできた世界認識を独自に組み替えて執筆することはなかった。また一八七二年の学制の発布から一八八六年に学校令の施行へと義務教育が整備される中で、公教育において上記の世界認識は広く日本全体に共有されることとなった。

一方、学校教育と並行して、ヨーロッパ言語訳からの重訳による『アラビアンナイト』の刊行が日本の中東表象に与えた影響が大きい。特に一八七八年から分冊形態で刊行が開始された井上勤の訳による『全世界一大奇書』は異国情緒あふれる数葉の挿絵効果もあいまって多数の読者を獲得することに成功した。こうしてヨーロッパで構築された認識・表象が翻訳され、書物と教育により流布し、構築されていったのだった。

(3) 直接的な交渉・接触の開始

維新直後から何人かの要人が、いま中東と呼ばれる地域に足を踏み入れた。一八七三年にパリ滞在中の岩倉使節団からイスタンブールに派遣された福地源一郎を皮切りに散発的な接触はあったが、一八八〇年代以降、日本は本格的にこの地域との直接的な交渉・接触を開始しはじめた。その草分け的事例として、通商協定の可能性を模索すべく商況調査のため、一八八〇年に井上馨外務卿により外務省御用掛の吉田正春、参謀本部より陸軍工兵大尉の古川宣誉らが選ばれ組織された使節団が有名である。この使節団はカージャール朝およびオスマン帝国に派遣され両国の君主との謁見を果たした。しかしその復命報告書題目に示されるように波斯(ペルシャ)という国家の調査が主眼で、イスラーム教徒の世界を総体的に認識・表象することはなかった。日本人独自の経験として貴重な事例であるが、日本の認識を変更するものではなかった。

それでも陸軍はこの使節派遣を契機に対ロシア戦略の観点から興味を抱き始めた。以後、政府・官僚とは別に軍は独自の接触を試みる。一八八六年に日本を発ってヨーロッパ諸国を歴訪した小松宮彰仁親王は、その最後の一八八七年にオスマン帝国のイスタンブールを訪問した。妃殿下を伴っての歴訪は皇室外交としての役割を担っていたが、同時に戊辰戦争で活躍し、陸軍中将の任にあった小松宮は各国の軍事施設を見学、帰国後に軍事情勢の報告書『欧国軍事見聞録』を纏めている。さらに陸軍は情報工作として名高い福島安正が現地入りして詳細な情報収集を行った。福島は参謀本部の小松宮親王への報告形式で浩瀚なる『亜欧日記』を著した。小松宮親王も福島もその題名からわかるように、いま中東と呼称される特定の名称で認識することなく、従来の五大陸に準じた認識の枠内に収まっている。さらに同じ一八九六年に寺内正毅少将がイスタンブールを訪問し、オスマン帝国君主との謁見を果たした。福島・寺内の訪問により、陸軍は対ロシア戦略上における中東の重要性を認識して情報活動を進めていくこととなる。

海軍では、初の国産軍艦である清輝がヨーロッパ各国に歴訪した際、一八七八年にイスタンブールに寄港し、艦長の井上良馨大佐は日本人として初めてオスマン帝国の君主に謁見を果たした。一八九七年には島村速雄大佐が希土戦争の観戦にイスタンブールへ派遣され、また一八九〇年に日本を訪問したオスマン帝国軍艦エルトゥールル号が帰途に海難に陥り、約五〇〇名の死者を出した大惨事となり、その生存者六九名を練習航海として軍艦の比叡・金剛に便乗させて、オスマン帝国まで送還した。

軍と比較して、前述の一八八〇年に派遣された使節団以降、政治家・官僚による直接交渉は散発的・緩慢なものであった。例えば内閣顧問の黒田清隆が一八八六年、農商務大臣の谷干城が一八八六年、内務省警保局長の清浦奎吾が一八九一年にイスタンブールを訪問し、君主との謁見を果たしたが、個別訪問であって政界・官界が統一した政策を推進していたわけではない。結局、日本はオスマン帝国が滅亡するまで同国と外交関係を構築することはなかった。むしろ谷に同行した秘書の柴四朗（東海散士）がこの際の経験をもとに著した『佳人之奇遇』というベストセラー小説の方が、副産物ながら日本に植民地化に抵抗するエジプトの実情を断片的に知らしめた点で特筆される。しかしその影響も長続きせず、その後の日英同盟に象徴されるように、日本はヨーロッパ追随の基本方針をとりながらエジプトの惨状について関心を失っていく。

このころ大多数の日本人の間で、上記のエルトゥールル号事件により、この地域への関心が全国規模で一時的に高まった。海難当初、新聞各紙が様々な報道をする中で、オスマン帝国がイスラーム教の国であるため、生存者たちが酒を飲まない、豚肉を食べないといったことが微細に報じられた。それは同時に明治維新後の公教育の浸透があっても、社会全体にいま中東と呼ばれる地域に対する関心・認識が欠如していて、イスラーム教の基礎知識すら共有されていなかったことを示すものである。

（4）日清・日露戦争の頃

日清戦争の勝利に続いて日露戦争に辛勝した日本は一躍世界の耳目を集める存在となった。同時に二度の戦勝は日本の指導者のみならず、社会全体に自負心を植えつけ、日本の世界認識に変化の兆しが現れることとなった。

その徴候の一つが、一九〇三年に大阪で開催された第五回内国勧業博覧会に際しての人類学事件である。同博覧会の正門前に設けられた人類館は、実際の人間の日常生活をみせる展示として内外の批判と反発を招いた企画となった。支那人をめぐる清国の反発、日本国内のアイヌと琉球人についての批判はよく知られるが、実はこの中にトルコ人一名も展示対象とされていた。その詳細は不明であるが、すべての国を揃えているわけではない中でトルコ人が選ばれている点は興味深い。こうした企画は日本独自のものではなく、すでにヨーロッパの万国博覧会で行われていた「人間動物園」の企画を模したものであり、ヨーロッパと同等の万国博覧会を開催したいという追随意識の結果であった。新世紀を迎えてなお日本独自の地域表象はみられなかった。一九〇二年の日英同盟締結に象徴されるように、西洋諸国と同化し、その表象を受容することが官民挙げての目標であった。

一方、日露戦争の勝利を契機に多くのイスラーム教徒たちが日本へ関心を抱くようになった。中でも一九〇九年に日本を訪れて数カ月間滞在したシベリア出身のタタール人イスラーム教徒のアブデュルレシト・イブラヒムの存在がよく知られている。このイブラヒムの滞日を奇貨として、福島安正に連なる陸軍情報将校の大原武慶とその配下の山岡光太郎、アジア主義活動家の中野常太郎（天心）らが彼の離日前に東京において亜細亜義会を結成した。しかし同会の主眼はイブラヒムが夢描いた日本とイスラーム世界の関係構築ではなく、日本のアジア主義推進におけるイスラーム教徒の利用に過ぎなかった。一九一一年の武昌蜂起に伴い同会が中国に拠点を移すと、中東との関係は完全に放棄された。後の戦間・戦中期において日本のアジア主義者たちは、日本を中核に独自の地域概念を構築したが、亜細亜義会はその萌芽的な存在であったものの、結局はいまの中東と呼ばれる地域を独自に表象することはなかった。

（5）第一次世界大戦ののち

オスマン帝国がドイツとの関係から第一次世界大戦に参戦し敗退すると、一九一八年にイギリス・フランスを中心とする連合国は、オスマン帝国との間にムドロス休戦協定を結んで、イスタンブールに進駐し、近東すなわちオスマン帝国の分割に着手していった。その成果が一九二〇年に締結されたセーブル条約である。この条約はオスマン帝国が批准せずに発効することなく幻に終わったものの、一九二一年にイギリスは対外政策の要たる植民地省（Colonial Office）内に「中東局（Middle East Department）」を設けて、はやくもオスマン帝国占領に続く近東分割以後の状況を想定して、マハンが提唱した「中東」概念の再構築に着手し始めた。この直後から、次第に日本の新聞・雑誌といった民間メディアや公文書においても「中東」という表現が採用され始めた。こうした日本における変更は、もちろん自主的に地域の認識を改めた結果ではなく、イギリスを中心とした欧米諸国における変更に追随したものに過ぎない。しかし変更理由の認識が浅いがゆえに、日本において長らく、近東・中近東・中東の表象概念が明確に区別されることなく混在し続けることとなる。このうち近東については第二次世界大戦後になると使用例が稀有になってきたものの、中近東は存続し続けており、中近東と中東は今に至るまで併用され続けている。例えば、一九七三年の石油危機を契機に設立された中東協力センター、一九七五年に出光興産により設立された中近東文化センターといった具合である。

この基本方針はムスタファ・ケマル（後のアタチュルク）の登場によって、オスマン帝国内に祖国解放戦争が始まっても堅持された。一九二三年イギリスとフランスを中心とする連合国は、戦闘を回避すべくケマル率いるアンカラ臨時政府との間に、新たなる講和会議であるローザンヌ会議を開催し、幻に終わったセーブル条約に代わるローザンヌ条約を締結した。発効したこの条約によってアンカラ臨時政府は、現在のトルコ共和国領土にほぼ相当する領土の奪還・承認を得ることに成功し、それ以外の旧オスマン帝国領土の権利を放棄する。他方、イギリス・フランスはシリア・イラクなどのアラブ地域における植民地の保全に成功した。一九二三年一〇月に連合国はイスタンブールから撤退し、同月末にトルコ共和国が建国された。この条約の結果、現在に連なる中東諸国家体制の原形ができあがったのである。

第一次世界大戦中、イギリスとフランスの要請によりドイツの潜水艦Uボートの攻撃から連合国の民間船を護衛するために、日本は第二特務艦隊を地中海に派遣した。戦後、日本は戦勝国として地中海世界に強い関心を示しだした。イギリスやフランスの警戒心をよそに、一九一九年にポートサイード総領事館、一九二五年にイスタンブール大使館、一九二六年にアレキサンドリア総領事館、一九三六年にカイロ公使館と在外公館を設け、一九二六年にイスタンブールにおいて小幡酉吉大使の招集により地中海諸国の公館代表者を集める近東貿易会議が内々に開催された。また一九二九年にはカイロとイスタンブールに貿易促進のための日本商品館が開設された。近東から中東への表象移行過程において、日本は貿易を中心にこの地域に強い関心を抱きだしたが、一九二九年に始まる世界恐慌のあおりを受けて、貿易振興策は頓挫し、一九三〇年代半ばには日本商品館は閉鎖・撤退し、この地域への関心は急速に萎んでいくこととなった。

（6）戦間期における独自の表象：回教圏と欧阿近東

しかし中東との貿易振興策が失敗に帰す一方で、唐突に日本国内において「回教圏」という、宗教名を冠した現在の中東に相当する表象が出現する。

一九三四年に大久保幸次と小林元は、共著により、『現代回教圏』を出版した。同書において、両名は冒頭から「回教圏は異国趣味の花園ではない」と宣して記述を始めている。以後、とりわけ大久保は自らの著作に「回教圏」を多用し、さらに一九三八年には大久保を中心に回教圏攷究所（のち一九四〇年に回教圏研究所に改称）が設立され、機関誌『回教圏』が創刊された。同年五月一三日付で公にされた大久保の筆になる『回教圏攷究所設立趣旨』には「回教圏」という命名理由は示されていない。攷究所は一九三三年に大久保らによって設立された「イスラム学会」を母体としており、どうしてカタカナ表記のイスラムに代えて「回教」という表現、さらに地域概念に組み込んで「回教圏」が採用されたのかについては明確ではない。元来、ドイツ研究を専門として、ドイツのトルコ研究に興味を抱いて転進した大久保がヨーロッパで大勢を占めていた中東という表象を熟知していたはずにもかかわらず、独自の表象に至ったことは注目に値する。

この時代は日本のアジア主義に基づくイスラーム教徒接近策が動き出していた。攷究所設立と同じ五月に東京回教堂（東京モスク）が開堂し、やや遅れて九月に大日本回教協会が軍部の強い影響下に組織され、機関誌『回教世界』が創刊された。やはり一九三八年に外務省調査部より月刊誌『回教事情』が創刊された。一九三八年に回教という名称を冠しながら、官民揃って「回教政策」が顕現し、「回教」という表象が強化されたのだった。

大日本回教協会は、機関誌は回教世界と題しながら、『回教圏早わかり』や『時局下の回教圏』を出版、また一九三九年一一月に上野・松坂屋を会場にして「回教圏展覧会」を東京イスラム教団と共同して開催するなど、「回教圏」という表象の宣伝・流布に尽力した。

こうした中一九三九年にまずヨーロッパを主戦場に第二次世界大戦が勃発し、一九四一年に日本とアメリカの交戦により、アジア・太平洋域に世界大戦が拡大した。日本は当初、北進策に基づき、中国における回教工作を進め、やがて南進策に転ずると、インドネシア・マレーシアを中心とした東南アジアの対イスラーム教徒工作を進めた。両工作において、中東との関係はあまり考慮されなかった。確かに東京回教堂に隣接する東京回教学校内に設けられた東京回教印刷所においてアラビア文字表記のタタール語雑誌『ヤホン・モフビリ』（直後に『ヤニ・ヤホン・モフビリ』に改題）の刊行、東京回教学校の生徒たちを国内グラフ誌に登場させたり、イブラヒムを主人公とする宣伝映画の製作などの事例があるが、すべてにおいて自己本位で他者理解に疎い認識が露呈している。

いま一つ、戦間期の終わりにブロック経済に屈することなく、世界恐慌以前のように中東・地中海世界との間の貿易復興を目指して、一九三六年に日本綿糸布欧阿近東輸出組合が結成されると、一九三九年には日本欧阿近東輸出入組合聯合会が組織され、機関誌『欧阿近東』の刊行が始まった。回教圏とは別に、輸出入のために新たなる地域名称を設けて統合的に表象する試みであった。この阿はアジアではなくアフリカ（阿弗利加）を指す。しかし消えたはずの近東を用いているように命名の根拠は混沌としており、回教圏に代わる表象とはなりえなかった。実際、この名称は経済界の一部にしか浸透せず、政・官・軍には呼応した動きはみられないまま、民間に広く流布することはなかった。やがて開戦した第二次世界大戦によって、この貿易振興活動は急速に下火となり、消滅・忘却されていった。短期間で広まった回教圏の名称とは全く対照的に日本社会の支持を獲得する地域認識・表象とはならなかった。

しかし回教圏と欧阿近東というどちらも戦間期に日本が創造した表象は、戦後直後に消滅する。一九四五年、敗戦によってＧＨＱの占領統治が始まると、大東亜共栄圏構想に関わるとして回教政策は解体され、回教圏という表象も一斉に日本社会から消え去り、さらに戦後経済復興の中で欧阿近東という表象が復活することはなかった。一九五一年にサンフランシスコ平和条約により占領から脱した日本は、過去を忘却したかのように、中東（ならびに中近東）の表象のもとに、経済復興の要たる石油輸入政策を重点とする関係構築に動き出した。

参考文献

臼杵陽『大川周明――イスラームと天皇のはざまで』青土社、二〇一〇年。
杉田英明『日本人の中東発見――逆遠近法のなかの比較文化史』東京大学出版会、一九九五年。
三沢伸生「明治維新以降の日本とイスラーム世界の関係」『歴史と地理』七三二、二〇二〇年。

コラム1　翻訳『コーラン経』から「日本色のイスラーム」まで

小布施祈恵子

日本人のイスラーム観は世相を映す鏡である。イスラームの聖典クルアーン（コーラン）の最初の日本語訳は一九二〇（大正九）年に発行された『コーラン経』（坂本健一訳、英語からの重訳）だが、日本が欧米に対抗して大陸進出を目指していた当時、知識人の間では預言者ムハンマドに対する関心が高まっていた。例えば一九〇五（明治三八）年には曹洞宗の学僧でのちに駒澤大学の初代学長となった忽滑谷快天《ぬかりやかいてん》が『怪傑マホメット』を出版している。坂本もイスラーム学者ではなかったが、『コーラン経』に前後して二冊のムハンマド伝を上梓している。これらのムハンマド論には、ヨーロッパで長く批判の的であったムハンマドの政治・軍事的活動に対する肯定的評価およびアジア人としてのムスリムへの同胞意識が読み取れる。

一九三〇年代に入って日本の帝国主義政策が進むにつれ、日本人のイスラーム観にはアジアの主導者としての自己認識が明らかになってくる。このような「アジア主義」の論客としては大川周明が有名だが、日本人が全世界のムスリムの指導者となって欧米に対抗すべきだという主張は初期の日本人改宗者にもみられる。また改宗者たちはアッラーを天照大神や天之御中主神と同一視し、当時の国家神道のイデオロギーとイスラームの信仰の間に矛盾がないことを強調した。例えばキリスト教から改宗し晩年イスラーム布教に取り組んだ有賀文八郎は、イスラームの「道徳箇条」に「天皇皇后両陛下並に皇族御一同を尊敬すべき事」を盛り込み、実践についても神社で行うように「両手を合せてお祈りすることが最も宜しい」と述べている。またイスラームは「戦いを厭わず死を惜まぬ宗教」であり「自然我が国、建国以来の精神に合致する」としている。ここにも当時の軍国主義の影響が色濃く表れている。

イスラームに関する国策は終戦によって廃止されたが、日本人のイスラーム観は一九四五年以降もそれぞれの時代の社会・政治的状況に影響を受けている。例えばイスラームへの関心は一九七〇年代の石油危機の際に高まり、中東産油国との交渉促進のために改宗する人も出た。今はほとんど知られていないが、一九七〇年代後半～八〇年代にかけて活動した日本イスラム教団も中東・イスラーム世界との連帯をベースに資金繰りをしていた。この教団はイスラーム諸国の要人を招いて大規模な祝典を催し、集団改宗式を行って日本におけるイスラームの広まりを内外にアピールしていたが、実際の信者数は明らかではない。ただアルコールや豚肉の摂取を避けることについてはできる範囲で漸次的に実践すればよいとしており、日本人が入信するにあたってのハードルは高くなかったようである。

ここで興味深いのは、例えばアルコールに関する規則に対して前出の有賀も「酒は飲まざるを宜しとす。但し多年の習慣上害なき人は此限りにあらず」としていたことである。さらに有賀は家族の法要や墓参りも継続すべきだと主張していた。このようにイスラームを日本の文化習慣にあわせて実践しようとする姿勢は多くの改宗者

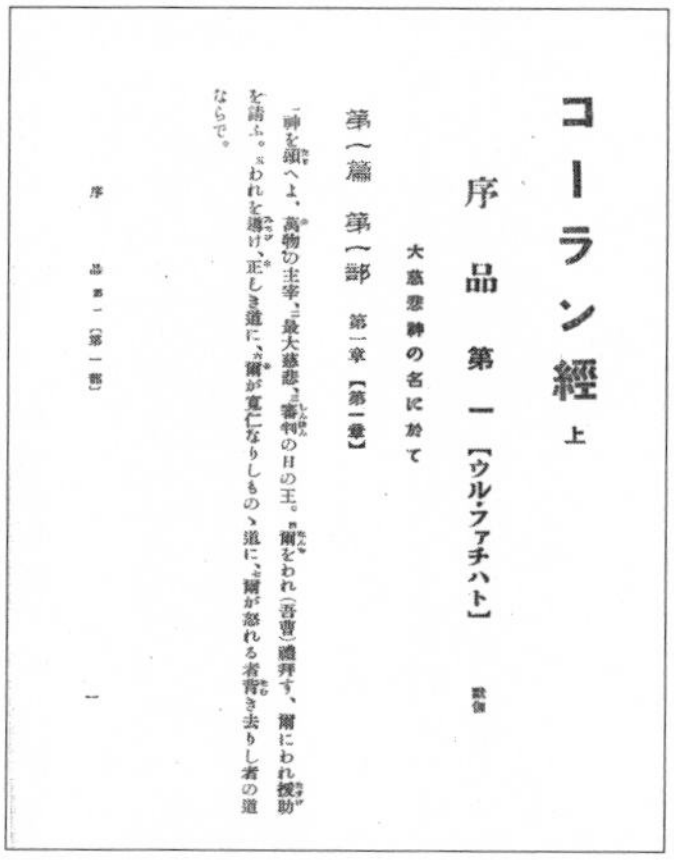
コーラン經　上

序品第一【ウル・ファチハト】

大慈悲神の名に於て

第一篇　第一部　第一章【第一章】

一神を頌へよ、二萬物の主宰、三最大慈悲、四審判の日の王。五爾をわれ（吾曹）禮拜す、爾にわれ援助を請ふ。六われを導け、正しき道に、七爾が寛仁なりしものゝ道に、爾が怒れる者背き去りし者の道ならで。

序品第一【第一部】　一

図1　坂本健一訳『コーラン経・上』（世界聖典全集刊行会，1920年）より第一章「アル＝ファーティハ」

によって共有されている。ただ問題は何をどこまであわせるかだ。有賀や日本イスラム教団の方針に対しても、日本人ムスリムの間で賛否両論がある。日本の改宗ムスリムの指導者的存在である前野直樹は日本イスラム教団の教義解釈を「我流」であると批判し、伝統的イスラーム学の解釈の許す範囲で日本の文脈を活かしたイスラーム実践を試みている。シャリーアに反しない限り日本の文化慣習を続けて実践するという立場で、前野はこれを「日本色のイスラーム」と呼んでいる。例えばお辞儀は礼拝中の動きに似ているので避けるべきであるとするムスリムがいるが、これは相手を礼拝しているわけではないので問題はないとする。

二一世紀初頭の日本に生きるムスリムたちは、イスラーム過激派組織の活動による風評被害に悩み、イスラームが平和の教えであることを社会に伝えようと苦心している。これは戦時中に有賀が「死をも厭わない」ムスリムの姿勢を布教上のセールスポイントにしようとしたのと対照的である。日本にルーツをもつムスリムたちが変わりゆく社会の中でどのように自分たちの信仰を守り、「日本色のイスラーム」を展開していくのか、興味は尽きない。

4 迷子のバラの物語——近現代日本の陶磁器輸出と中東

椿原敦子

（1）中部地方の陶磁器産業の発展

中部地方で陶磁器の量産が行われるようになった一九世紀後半より、名古屋には陶磁器の職人や商人が集まった。周辺には美濃と瀬戸という伝統的な陶磁器生産地があったが、いずれも焼成前の素地《きじ》に絵付けを行う下絵付の技法を用いていた。日本の輸出用陶磁器は赤絵を描いて二次焼成を行う上絵付が中心であり、上絵付の技術をもつ伊万里焼、京焼、九谷焼の職人が名古屋に招かれ、名古屋市は上絵付加工を行って輸出する「加工完成業者」の一大集積地となった。

小規模な生産者を中心とする美濃・瀬戸の伝統的陶磁器生産は、名古屋を中心とする近代的な広域分業体制へと組み込まれながら維持された。美濃や瀬戸は、最終的な絵付けを施す前の一次焼成を行った素地を名古屋の加工完成業者に納入する役割を担うようになる。一九〇〇年には国鉄中央線が、一九〇五年には瀬戸自動鉄道が開通したことで美濃・瀬戸地方からの素地の出荷が容易になった。一九〇八年には名古屋港が開港し、それまで名古屋で加工した製品は横浜や神戸から積み出されていたが、生産から出荷までを名古屋周辺地域で行うことができるようになった。ちなみに、例外的に、素地製造から焼成までを一貫して行っていたのが、現在のノリタケの前身である貿易会社の森村組が設立した日本陶器（一九〇四年設立）であった。日本陶器は絵付け職人の集約やディナーセットに欠かせない大皿の製造、洋食器の意匠開発などを行い、アメリカを主力市場とする名古屋の陶磁器輸出の牽引役となった。

本章では、明治期以降の日本の輸出向け陶磁器産業、中でも中部地方における洋食器生産に焦点を当て、中東への輸出が業界にとってどのような位置づけにあったのかを明らかにし、また中東における日本製品の位置づけについても検討を行う。

（2）中東への輸出小史

明治後期から大正期にかけての中東の主な陶磁器の輸出先はトルコ、エジプトであった。大蔵省関税局の輸出統計にはトルコが一八八三年より、エジプトが一八九八年より計上されている。しかし同時期のアメリカへの輸出額に比べれば両国への輸出額ははるかに少ない。昭和になると、中南米、アフリカに加え、中東への販路開拓が盛んに行われるようになった。日本から中東への輸出品の大半は綿布を中心とする繊維製品であり、陶磁器の占める割合は相対的に低かったが、英領インドを経由した輸出も含めると相当な量の日本製陶磁器が流通しており、中でも食器などの日用品が多かった。一九三七年時点でカルカッタ港からはイラクのバスラ、オマーンのマスカット、バハレーン、サウジアラビアへの航路が就航していた。また、欧州航路の中継点であった英領アデンを経由した周辺国への陶磁器輸出も行われていた（日本綿糸布欧阿近東輸出組合編　一九三七）。

名古屋市役所は「名古屋新販路輸出協会」を組織し、一九三五年には名古屋陶磁器輸出組合主事の島貫武雄を含む市場調査員三名を中東に派遣。イラク、イラン、シリア、トルコ、パレスチナなどを訪問した。この調査の報告書『近東埃及市場調査』（一九三七年）では、日本の陶磁器は中東市場に相当量出回っているものの、総じて現地では廉価で粗悪という印象が付いて回ると報告されている。イラクでは一九三五年の上半期の食器・装飾用陶磁器の輸入額のうち六八・二％を日本が占め第一位であり、第二位の英国と大差をつけ、エジプトでも一九三五年陶磁器の輸入額では日本が第一位を占めていた。イランでは一九三三〜三四年はソ連が最も多く全体の四九・三％であったが、第二位は日本で三〇・八％であった。各国の輸入陶磁器市場に大きなシェアを占めていた日本製品ではあったが、安価で小型の製品がほとんどを占め、ディナーセットなどの高級品はヨーロッパ製品が中心であった。

新しい市場の開拓と並行し、一九三一（昭和六）年には素地生産価格や業者間の関係の安定化を図るために、日本陶磁器工業組合連合会（日陶連）が設立された。設立当初は、輸出向けの素地の生産量を過去の実績に基づいて生産者に割り当て、買い上げと共同販売を行うことで過当競争や価格の乱高下を防いでいた（三井 一九七九：一五二）。陶磁器業界の自主的な統制はその後、国策での生産・輸出統制へと変化していった。一九四一年には貿易統制令が公布され、国家の管理下でのみ輸出が行われるようになり、一九四五年には貿易は完全に停止した（小出編 二〇二〇：七六）。

第二次世界大戦後の輸出陶磁器の復興は、米進駐軍向けに売られる土産物用のディナーウェアから始まった。一九四七年から制限付きの民間貿易が再開され、一九五二年のサンフランシスコ平和条約発効までは裏印に「Made in Occupied Japan」と記した陶磁器製品が輸出された。戦後直後の主要輸出先はアメリカのほか、インドネシアを中心とする東南アジア諸国であった。高級ディナーウェア向けの素地と、日常食器向けの素地の生産者を分ける戦前の生産統制が、戦後には輸出製品の品質と価格管理のために実質的に引き継がれた。これにより、アメリカ向けの高価な製品は名古屋の大企業が、東南アジア向けの安価な製品は美濃・瀬戸の窯元と名古屋の加工完成業者が手掛けるといったように、生産者ごとに輸出先が異なる傾向が顕著になった。

中東には高級ディナーウェアと安価な日用食器の両方が輸出されたが、政情が不安定であることに加え、政府による輸入制限や手形の買い取り停止など中東向けの生産・貿易を行う業者には様々なリスクがあった。主な市場はイラン、イラク、エジプトなどだったが、輸入制限が行われる場合にはドバイやクウェート、レバノンなどから最終的にそれらの国へと流入したという（近藤 二〇一〇：八）。

（3）中東市場向けの製品

戦前からの中東向けに特化した製品に、業界でアデンカップまたはカワカップと呼ばれる把手のない小さいカップがある。アデンの名が付くようにかつては英領アデンに荷揚げされ、近隣諸国に出荷された。また、アラビア語でコーヒーを指すカフワが転じたものとみられるカワの名が付くように、コーヒーの飲用に使われた。戦前にはイギリス・エジプト領スーダンにも輸出されていたが、重量税の関係から薄手のものに限られていた。ほかにナッピ皿と呼ばれる直径一〇センチほどの浅い椀皿が生産されていた。ナッピ皿は戦前から戦後にかけてはイラン・イラク向けの主要な輸出品で、花と女性の転写をあしらった柄が主流であることから美人皿、濃紺の彩色を施していることからルリ皿とも呼ばれた（日本輸出陶磁器史編纂委員会編 一九六七）。

一九五〇年代～六〇年代にかけてはマロン土瓶と呼ばれる、深紅に金線をあしらったティーポットが中東向けに生産された。中央には大きな転写が張られるが、輸出先に合わせて異なる絵柄で製造された。ほかにポットではルリブドウという濃紺のブドウ柄に金線を施したものも中東に多く輸出されたが、どの国に対しても一様に同じものを出せばよいというわけではなかった。ポットの形状が少しずつ違うのである。加工完成業者として中東向け製品を製造していた名古屋の丸壽陶器の加藤春雄社長によれば、アフガニスタン向けには樽と呼ばれる丸いもの、イラン向けにはやや角ばったものを出していたという。加藤社長はまた、日本製のポットは注ぎ口と把手が下の方から伸びており、同じような柄でも他国産のものと判別がつくと指摘する。

総じて、輸出向け陶磁器は「他の市場に振り替えがきかない」ことが多いと関係者はいう。アメリカにはアメリカの、インドネシアにはインドネシアの、柄や形状に関する好みがある。世界的な流通網が整備され、仕向地の需要に合わせた生産が行われるようになると、こうした傾向はますます強まっていった。

一九六〇年代半ばより中東向け製品の生産を開始した岐阜県土岐市のヤマト商事の加藤正弘社長は「重要なのは、現地の適切な〈キャパシティ〉に合わせること」だと述べる。ヨーロッパ製品がシェアを占めていた中東市場に日本の陶器メーカーが参入できたのは、安価で質が良いとの評価を得たからだけではなかった。加藤社長は現地の生活に適した大きさや容量の製品を作ることがとりわけ重要だったと強調する。

日常的に使用する食器は、飲食されるものに見合った大きさが必要なのである。ヤマト商事の初期の製品にはイラク向けのナッピ皿があったが、イラン向けに作られていたナルバキー（ペルシア語テヘラン方言でナルベキー）と呼ばれる紅茶グラス用のソーサーとは深さや大きさが異なる。イランのある世代には、砂糖を口に含み、紅茶をグラスからナルバキーに注いで飲むというやり方が一般的であった。そのためナルバキーは、注いで飲みやすいように中央は深く、外縁に向かって真っすぐに伸びているものが多い。

ナッピ皿やナルバキーのような製品はひとたび特定の形状や意匠に人気が出ると、同じものを求めて注文が殺到した。美濃地域、特に岐阜県土岐市にはこれらの製品の素地から上絵付までを手掛ける零細メーカーが多数存在していた。一度に大量に発注され、需要が満たされると急に取引が途絶えるため、生産者の状況は安定しなかった。イランの日常生活に欠かせないものとなったナルバキーは、生産者の間では寝る間もなく作るという意味で「ねこなし皿」、単価が安く作っても採算が合わないため「びんぼう皿」などと呼ばれていた。しかしヤマト商事の加藤社長はナルバキーのことを、財を成す重要な製品として「お大尽皿」と呼んでいたという。

中東地域の経済的発展を見越して、加藤社長は一九六六年に二カ月にわたり中東各地を視察し、イランなどとの取引を開始し、以後一九七八年の革命期まで毎年イランを訪問した。イラン経済が発展し、購買力をもつ中間層が現れると、ヤマト商事は大量生産品の一・五〜二倍の価格になる金彩の入った高級ナルバキーも製造した。

中東には、安価な日用食器から高級なディナーセットまで幅広い製品が時を同じくして輸出されていた。ディナーセットは、結婚の際に身内から贈られる品物として盛んに購入された。北米向けの場合は一二人用で九三ピースを基本としたが、中東向けはサイズの異なる皿やポット、塩コショウ入れなどの品目を付加しており、ピース数が多かった。サウジアラビアは九五ピース、エジプトは一三〇ピースを超えており、イランは六人用八三ピースを一単位として一二〜二四人分が一度に購入された。中東向けのディナーセットは、極めて大量の陶磁器から構成される一つの「財」として取引されていたのである。

需要の拡大に伴い、中東諸国でも近代的な窯炉を備えた工場での陶磁器生産が行われるようになった。日本企業はこうした動きにも、合弁会社の設立や技術指導を行うことで関与していた。日本陶器と三菱商事は、一九七〇年にイラン鉱工業開発銀行と現地民間企業と共にイランのラシュトにパールス・チャイナ社（Pars China）を設立している。イランやトルコ、エジプトではヨーロッパ製のプラントが導入されていたが、原料や燃料、気候がヨーロッパと異なるため稼働そのものに困難を抱える場合も多かった。岐阜県美濃地方の工業窯炉製造会社である高砂工業はこうしたプラントの診断や改良を中東各地で行い、一九七三年には自社でのタイル製造の技術を活かしてイランのガズヴィーンに合弁会社アルボーズセラミック（Alborz Ceramic）を設立した。

一九七〇年代半ばからは、中東への関心は陶磁器輸出業界全体へと広がり、日本陶磁器輸出組合は一九七八年一〇月には中近東市場調査団を派遣した。調査団はイランとの取引を盛んに行っている貿易会社の代表者から構成された。アラブ首長国連邦（ＵＡＥ）、エジプト、クウェート、イランを訪れ、現地の関係者との意見交換を行ったほか、陶磁器工場や市場を視察した（近藤 二〇一〇：一〇）。イランのアバダーンで調査団を出迎えたのはバシーク氏というバイヤーであった。バシーク氏はアバダーンにあったリヤーヒーという貿易会社から、モハンマドプール氏とエブラーヒーム氏という他のバイヤーとともに独立し、三人はともに一九六〇年代より日本との取引を開始した。イランのバイヤーたちもしばしば名古屋を訪れ、貿易会社の担当者とともに美濃・瀬戸のメーカーを回り、また各地を観光した。

変動為替相場制への移行後、円高が進行する中でもイランへの陶磁器輸出は一九七〇年代を通じて増加の一途を辿り、イランへの陶磁器製食器類の輸出額は一九八〇年にピークを迎え一二億五〇〇〇万円となった。業界で「袋物」と呼ばれる装飾用の立体の置物に関しては、イランへの輸出は一九七七年がピークとなり、一九八二年からは輸出額がゼロとなっている。中東調査団の帰国直後の一九七八年一一月～翌一九七九年四月までは革命の混乱で輸出が中断し、大量の在庫を抱えて倒産したメーカーもあった。その後輸出は再開したが、一九八〇年九月よりイラン・イラク戦争が始まり、輸出手形の買い取り停止が起きるなど、しばしば支払いは滞るようになった。

混乱の中、日本陶磁器輸出組合は第二次中近東市場調査団を派遣した。日本の関係省庁・機関も渡航中止を勧告する中、組合はあえて貿易会社の代表取締役等の六名から構成される代表団をイランとイラクに派遣した。一九八一年から停止したイランの輸入ライセンスの発給再開への陳情と、イラクの軽工業品輸入公団の陶磁器買い付けの継続を求めるためである（近藤 二〇一〇：一二）。しかしながら、戦争の長期化と安価な中国製品の登場により両国への輸出は漸減した。そして一九八五年のプラザ合意後、急激な円高が進行したことで日本の陶磁器輸出は停滞し、貿易会社や加工完成業者の廃業が相次いだ。近年でもＵＡＥなど中東の新興市場への陶磁器輸出は続いているが、陶磁器を通じた中東と日本の関係は一九八〇年代前半に一つの区切りを迎えたといえる。

（4）イランの「迷子のバラ」

テヘランの骨董屋や骨董市には、戦前から一九七〇年代頃までの日本製の食器や壺などが売られており、イランの家庭生活にいかに日本製の陶磁器が浸透していたかを垣間見ることができる。中でもひときわ目をひくのは、小ぶりなバラ模様を周囲にあしらった大きさや形の異なる皿が積み上げられている様子である。日本メーカーの裏印やイランのバイヤーの裏印のほか、裏印がないもの、中国製と記されているものなど、同じ形状でも製造元は多様で、よくみれば若干模様の形や色が異なっている。イランだけでなく中東一帯で流通していたとみられるが、最大の消費国はイランだった。

かつてイランの多くの家庭では異なる形状で、同じバラ模様の食器が大量に保有されていた。ディナーウェアが多ピースからなる「財」として婚礼の際の贈答品になったのとは対照的に、バラ模様の皿はセットとして売られていなかった。皿やカップ&ソーサー、ポットなどあらゆる製品がほぼ同じ柄で作られており、人々は家計や家族の状況に応じて必要な分だけを買いそろえることができたのである。

イランでは単に「バラ（gol-e sorkhi）」と呼べばこのバラ模様の食器を指すほど一般的なデザインである。日本の陶磁器業界ではＫＰＭローズの名で呼ばれていた。ＫＰＭはドイツの陶磁器メーカーの頭文字と同じである。戦後日本の陶磁器がヨーロッパの市場でシェアを占めるようになるにつれ、日本製品によるヨーロッパ製品の意匠の模倣が大きな問題となった。特にイギリス、ドイツからは模倣に対する抗議が日陶連や日本陶磁器輸出組合にたびたび寄せられ、ＫＰＭローズについてもドイツのＫＰＭ社からその名を用いることに抗議があった。両機関は一九五六年に日本陶磁器意匠センターを設立して自主規制を行い、一九六七年からは輸出入取引法に基づき、同センターがすべての製品について意匠および裏印の認証を行うことを義務づけた。こうした事情からＫＰＭローズは業界内の非公式の呼び名としてのみ用いられていた。

ＫＰＭローズの食器を生産していたメーカー各社は、この意匠は業界に古くからあったもので、転写を購入して製造していたという。一九五六年五月七日の『総合通信　陶業版』に掲載された海外貿易振興会によるイラン現地報告によれば、日本製品が家庭やレストランなど至る所で使用され、「デザインはドイツの売込んだ花もようが圧倒的」であったという。その「花もよう」の生産地は定かでないが、戦前にもＫＰＭ印が押されたバラ模様の皿が流通していたことが『近東埃及市場調査』（一九三七年）で報告されている。この報告の中でも、「因みに彼斯〔ペルシャのこと〕人は花を愛する国民性を有し、就中バラは殆んど盲目的に愛好する様に見受けた。又色彩は藍青色を最も好む」（六六頁）と述べられている。より消費者に好まれるバラ模様を競って製作する中で、よく似た柄が多数産出されていったことは想像に難くない。

イランでＫＰＭ印と報告されている製品を、本家ドイツのＫＰＭが生産していたかは定かではない。というのも、日本で生産されたＫＰＭローズの一部は、裏印にバイヤーであるマスウード氏の名前とともにＫＰＭの三文字を記したものもあり、「ドイツ風」を謳ってバラ模様の皿が生産されていた可能性もあるからである。他のバイヤーも、ＫＢＭやＡＭＰなど、アルファベット三文字を好んで裏印に使っていた。

図1　積み上げられたバラ模様の皿（テヘラン市内の骨董店にて筆者撮影，2016年）

一九六〇年代半ばからイラン向けの製品を手がけるようになった岐阜県の山津製陶株式会社は、最盛期の一九七〇年代後半には二カ月に一度、五〇〇万ピースのバラ模様のスープ皿やミート皿をイラン向けに製造していたという。複数のメーカーが同様のバラ模様の製品を生産していたが、各社の素地や転写の質は異なっていた。貿易会社が日本からイランに向けて素地のみ、転写紙のみを輸出することもあり、現地で加工されることもあった。かつて陶磁器輸出会社に勤務していた男性は、「向こうの人は目が利くもので、発色の良い金の混じった転写が高くても人気だった」と述べる。ＫＰＭローズと総称される意匠には厳密な同一性があるわけではなく、少しずつ違うものを複数の転写メーカーが出していたのである。

イランの骨董市場で最もよくみられるバラ模様は、バラの周囲に小さいスズランがあしらわれ、皿の三方に転写が配置されている。ＫＰＭローズは、イラン消費者の「バラ好き」に乗じた単なる既存製品の模倣ではなく、日本のメーカーの微細な工夫により徐々に洗練の度合いを高め、国民柄ともいえるものへと発展したイノベーションであるといえるだろう。

参考文献

小出朝生編『名古屋絵付け物語』風媒社、二〇二〇年。

近藤進「陶業史こぼれ話⑧　政治的混乱期に陶磁器の需要が増大したイラン市場」日本陶磁器産業振興協会ニュースレター、二〇一〇年五月。

総合通信社編『総合通信　陶業版』総合通信社、一九六五年五月七日。

名古屋新販路輸出協会編『近東埃及市場調査』名古屋新販路輸出協会、一九三七年。

日本綿糸布欧阿近東輸出組合編『亜剌比亜・近東諸国ノ現状ト本邦貿易上ノ地位』日本綿糸布欧阿近東輸出組合神戸支所、一九三七年。

日本輸出陶磁器史編纂委員会編『日本輸出陶磁器史』名古屋陶磁器会館、一九六七年。

三井弘三『概説　近代陶業史』日本陶業連盟、一九七九年。

コラム2　戦前日本に中東の美術を紹介した展覧会

モハッラミプール・ザヘラ

「エジプトのもいいが、ペルシヤの陶器ときたら素的なものさ」（関口安義編『芥川龍之介研究資料集成』第五巻、日本図書センター、一九九三年）――芥川龍之介は友人の永見徳太郎にこう語っていたという。この近代文学を代表する作家がペルシアの陶器を愛好していたことは、今や知る人が少ないかもしれない。だが知人たちにとってこれは周知の事実であり、芥川と一緒に骨董品店に出かけたことを回想する作家もいたほどである。

　芥川がペルシア陶器に関心を寄せた一九二〇年代、美術商による中東地域の古美術の流入は、一つの波を迎えていた。主に西欧経由で日本にもたらされたこの時期の美術工芸品は、本物だったかどうかはさておき、様々な展覧会で陳列され、文化人たちの目に触れた。したがって、当時の日本においてペルシアをはじめとする中東地域の古美術がどのように受容されたかということを知るためには、こうした美術商の動きを理解せねばならない。とりわけ、大規模な展覧会を開催し、美術工芸品を展示・販売した美術商として、山中商会と日仏芸術社が挙げられる。

　山中商会は、明治後期からニューヨーク、ボストン、ロンドン、パリなどに支店や代理店を設け、日本や中国を中心とした東アジアの美術品の輸出に携わった国際的美術商である。中でもその海外進出を成功に導いたのは、ほかでもない山中定次郎であった。山中商会は、一九二三年に開いた「古代支那美術展観」を皮切りに、日本で展覧会を開催し美術工芸品を展示・即売していく。山中商会の日本における二回目の展覧会は一九二四年の「埃及《エジプト》希臘《ギリシア》波斯《ペルシア》支那古代美術展観」である。大阪美術倶楽部が会場となったこの展覧会では、コプト織物をはじめ、エジプトの銅像や木彫、ギリシアのガラスや土器、ペルシアの陶器、ローマの大理石像などが並べられていた。展示されていた物は、厳密にいえば「古代」に限られず、例えば、エジプトの部には紀元前のもののほかに四～六世紀のコプト織物があり、ペルシアの部には、九～一三世紀に中東で作製されたイスラーム陶器を含んでいた。山中は展覧会図録のはじめの文章で、前年開催した「東洋古代美術」の展覧会に対して、今回企画したのは「泰西古代美術品の展観」だが、鑑賞者が東西美術の比較ができるように銅器、陶磁器や仏像などをはじめとした様々な中国の古美術品も陳列したと書いている。つまり山中は、エジプトやペルシアの美術を、日本、中国や朝鮮のいわゆる「東」の美術に対して、ギリシアやローマと並ぶ「西」の美術という枠組みに入るものとして示しているのである。このようにして山中は、「活きたる世界美術史」を日本の研究者、美術愛好家や蒐集家に向けて公開したと語っている。中東の美術を含んだ山中商会の世界美術展覧会は戦前まで続いた。

幼い頃から家業の古美術商に携わった山中定次郎が中心的人物であった山中商会と異なり、日仏芸術社の設立の一翼を担ったのは、東京帝国大学文科大学哲学科で美学を学び、美術評論家としても活躍した黒田鵬心《ほうしん》であった。黒田は、フランスの絵画・彫刻・美術工芸品を日本にもたらしたエルマン・デルスニスと協力し、一九二二〜三一年の間、毎年「仏蘭西《フランス》現代美術展覧会」を開催し、美術品を即売した。今に残る展覧会関係の資料からは、毎回の展覧会にはなかったとしても、展示された工芸品の中にはペルシア陶器があったことがわかる。ペルシアの古美術がフランスの現代美術とともに陳列されたことは興味深い話だが、日仏芸術社は一九二六年以降、京都などの他の美術商の後ろ盾となり、「古陶器展覧会」を数回開催している。展覧会名には毎回、古代を代表するペルシアとギリシアの名が添えられており、ペルシアのものが少ない場合でも、展覧会名からは外されていない。これらの展覧会が対象とした地域はペルシアとギリシアのほかに、エジプト、トルコ、イギリス、フランスや南米なども含み、その制作年代も紀元前から一九世紀までと幅広い。展覧会で展示・販売された美術工芸品も陶器に限らず、ガラス器、木彫、更紗や敷物、ミニアチュールなどと多岐にわたっている。日仏芸術社の展覧会においても山中商会と同じように、西欧の美術市場から日本にもたらされた中東の美術品は、こうした展示スタイルによって「西」の香りを醸し出していたのだろう。

図1　山中商会世界古美術展覧会「陶磁器陳列室の一部」（上野　日本美術協会，1932年11月）
出典：『山中定次郎伝』故山中定次郎翁伝編纂会，1939年。

このように一九二〇年代の日本では、ギリシア、ペルシアやエジプトをタイトルに掲げながら、中東の様々な美術工芸品を展示・販売した展覧会が美術商や西洋雑貨店などの担い手によって、あちこちで開催されていた。古代文明がタイトルを飾ったこれらの展覧会は、中東を「西」の世界と結びつけ、足を運ぶ日本人に異国情緒を感じさせたことであろう。

5 グローバルスポーツとしての武道——カラテからエジプト社会を考える

相島葉月

（1）公共文化としてのスポーツ

日本のメディアが中東のナショナルチームの活躍を報じることはあまりないものの、スポーツの実践や試合観戦は中東の公共文化の重要な一角をなしている。

中東で最も人気のあるスポーツはサッカーであり、国外で活躍する選手も少なからずいる。例えば、二〇一九／二〇年シーズン、英プレミアリーグのリヴァプールFCを優勝に導いたモハメド・サラー選手は、エジプトのナイルデルタの農村出身だ。彼が二〇一八年に最優秀選手賞を受賞した時、エジプト中が祝福の嵐で沸いたといっても過言ではなく、FIFAワールドカップでの活躍も大いに期待された。

中東の人々のサッカーへの情熱は疑う余地はないが、国際的な実績はあまり芳しくない。国際大会でメダルを獲得するのはむしろレスリングや重量挙げ、スカッシュといった個人競技である。ナイキ・ウィメンが中東マーケット向けに制作した二〇一七年版のテレビ広告は、ボクシングやフェンシング、パルクールなどの「危険なスポーツ」に女性アスリートが果敢に挑む様子をとらえている。必要ならばヒジャブ（ムスリム女性が髪を覆うスカーフ）を被り、周囲の視線を気にせずに自分の好きなスポーツに取り組んでほしいというナイキのメッセージが伝わってくる（このナイキCMについては、ムスリム女性アスリートの表象をめぐり、英語圏を中心に物議をかもした〔Moore 2018 参照〕）。

こうしたスポーツ文化の広がりもある中東について、本章では、日本発祥の格闘技が同地域に普及し、グローバルスポーツとして展開する様子を、エジプトの空手家コミュニティの事例から三つのプロセスで論じたい。まずエジプトに柔道や空手が普及した歴史的背景について概説した後、エジプトの人々の空手に対するイメージを明らかにする。そして日本とエジプトを取り巻く武道／空手道をめぐる双方の思惑や理解の齟齬について検討しながら、武道をグローバルスポーツとして考察したい。

(2) 武道のグローバル化とソフトパワー外交

エジプトにおける空手道の競技人口は一五〇万人にも上るとされ、幼稚園生や小学生の習い事として大変な人気を博している。エジプトの若年者人口は非常に多く、小学校に通う児童が約一〇〇〇万人いるため（中島二〇一七：四八）、空手教室が教育産業の一角をなすといっても過言ではない。空手道が二〇二〇年に開催予定であった東京五輪にて公式競技に選ばれた際にも、中東・アフリカを含む世界中の競技人口の多さが決め手の一つとなった。

五輪公式競技になるほどグローバルスポーツと化した空手道や柔道を、「日本発祥の格闘技」や「民族スポーツ」すなわち「武道」として分析することに意義があるのだろうか。今日のサッカーのルーツはイギリスの「協会式フットボール（association football）」にあるが、サッカーをイギリス人の民族スポーツとして試合観戦したり、練習をしたりする者は皆無だ。モハメド・サラー以外にも世界中から集まった選手がしのぎを削るプレミアリーグをみれば、特定の人種に生まれたり、国の出身だったりするから一流のプレーができるわけではないことは一目瞭然である。

スポーツのグローバル化についての論者であるファン＝ボッテンブルグが指摘するように、スポーツが一つの地点から直線的に普及するという見方や、中心と周縁についての言及は、もはや有効ではない（van

Bottenburg 2010）。一方で、日本人横綱がいなくとも相撲が日本の「国技」であり続けたり、「伝統的な空手道」を求めて東京や沖縄を訪れる外国人がいたりするように、日本人の空手道や柔道を「本家」と目する言説が生きながらえていることも確かだ。武道が明治以降に構築されたことが自明となって久しい（井上 二〇〇四など）。それでも日本独自の伝統としてのイメージが流布していることに鑑みると、柔道や空手道を取り巻く言説を分析し、「日本」が象徴的に露出する場面について検証する必要がある。

中東における武道の歴史は決して長いとはいえない。他の武道に先駆けて紹介されたのは柔道で、一九三四年にエジプトの軍事訓練の一部に導入された。一九六〇年代に入ると空手道に興味をもった一般の人々が中東諸国で散見された。導入が遅い一方で、空手道の競技者は量的にも質的にも急速に高まった。例えばエジプト空手協会が設立されたのは一九七二年だが、たった一〇年で第四回世界空手道選手権を首都カイロで開催するほどに競技水準が向上した。近年でも世界空手連盟の世界ランキングで一〇位以内に入る選手も少なくなく、東京五輪での活躍も期待されていた。

一九七〇年代に入ると、中東へのソフトパワー外交の一環として、日本人の武道家を中東諸国に派遣する事業が始まった。一九七三年の石油危機を契機に中東諸国との良好な関係を築く必要性が高まったことから、伝統スポーツの専門家が文化交流事業の矢面に立たされたのである（山中 一九八四：二）。例えば一九八一年に派遣された「中近東日本伝統スポーツ使節団」は合計一七名の柔道、空手道と剣道の専門家で構成され、モロッコ、アルジェリア、イラク、サウジアラビア、アラブ首長国連邦（ＵＡＥ）を一カ月ほどかけて歴訪し、武道の演武や講習会を実施した。ロサンゼルス五輪の柔道銀メダリストであるラシュワーン選手を育てた山本信明（一九四一年〜）は、講道館の指導員としてヨーロッパやアフリカ諸国をめぐって柔道教育に尽力した功績がかわれ、一九七四年からエジプトに三年、ガーナに二年滞在した後、再びエジプトに戻ってロサンゼルス五輪までナショナルチームの監督を務めた。「アラブの空手の父」との異名をもつ岡本秀樹（一九四一～二〇〇九年）も、一九七〇年からシリアとレバノンの軍人や警官の空手を教えた後、一九七六年にエジプトに渡って幅広い層への空手道の普及に尽力した（小倉 二〇二〇）。

しかし、武道のルーツが日本であることは、中東の人々にとってあまり重要ではなかった。空手が普及したきっかけは、一九七〇年代に入ってブルース・リーのカンフー映画が公開されたことにある。ブルース・リーに憧れる若者の間で、東洋の格闘技の需要が一気に高まったのだ。それまでボクシングやレスリングをしていた者が空手を始めた。ブルース・リー作品では悪役の日本人が空手の使い手であることから、カンフーと空手が違う格闘技であることは認識していたものの、練習を始めたら空手がとても好きになったという。一九八〇年代に入りアメリカ映画『ベスト・キッド（*The Karate Kid*）』シリーズが制作されると、世界中で空前の空手ブームが巻き起こった。この頃、中東ではすでに空手教室が地方都市にも普及していたのである。

大ヒットしたエジプト映画『ミスター・カラテ』（一九九三年制作）では、カイロの高級住宅街で駐車場の管理人として働く農民出身の主人公は、カンフー映画に魅了され、いつかブルース・リーのようなヒーローになる日を夢見て空手を習い始める。ミスター・カラテの戦い方は空手道とは程遠いが、弱者を守るためにならず者に果敢に挑む様子をみて、人々は「あなたはカラテができるんだね！」と称讃する。アラビア語のカラテが正義のための戦いを形容する一般名詞として定着していたことを示す場面である。空手道の発祥地についての言説の風化や、日本との関係性の希薄さこそが、グローバルスポーツの特徴なのである。

近年の中東では、日本人指導員を介することがなくとも空手と柔道がスポーツ文化として定着しているだけでなく、相撲や合気道、武道体術（忍術）についても認知度が高まりつつある。

（3）エジプト人にとっての空手とは

テレビドラマ『半沢直樹』には、大学まで剣道部に所属していたという設定の主人公が、仕事帰りに道場で素振りをしたり、同僚と打ち込み稽古にのぞんだりするシーンが登場する。半沢は銀行員として多忙な毎日を過ごしながらも、武芸を磨くことを怠らない剣道家の鑑のような者である。彼は仕事で窮地に立つと、剣道の経験や考え方を援用して後輩を諭す。イスラームの理念に基づいた社会運動の先駆者であるムスリム同胞団が「アル＝イスラーム・フワ・アル＝ハッル（イスラームこそが解決策だ）」というように、半沢にとって心技体の一体を志す剣道には人生の問いの答えが詰まっているのである。日本語でいう武道とは、武芸の探求を通じた経験と思想をもって日常生活における心技体へと反映する肉体と精神双方の修養を意味する。しかし中東諸国における柔道や空手の愛好家が「武道」を行っているとはいえ、必ずしも武道の理念が中東で浸透しているわけではない。ヨーロッパにおいて「ブドウ（Budo）」という言葉は「日本発祥の格闘技」の総称として使われている。しかし、多くのアラビア語話者は「ブゥドゥ」と聞いても、その単語が何を意味するのかわからない。その証拠に、AskZad という一九九六年以降の全アラブ世界の新聞を電子化したデータベースで検索しても、「武道」という語彙が登場する記事はみあたらない。

エジプトの人々にとって空手道はあくまでも、試合で勝敗を競うスポーツである。彼らは昇級昇段審査に合格したり、競技会で優勝したりといった明確な目標を立て、それらを達成することに空手道の魅力を感じている。半沢のように社会人になってから、試合に出るわけでもないのに精神修養のために稽古を続けることを、一般のエジプト人は全く想定していない。日本語で空手家というと、空手を行う生徒と指導者、または過去に卓越した実績を残した人を意味する。一方、エジプトでは、試合に出場する現役選手のことをカラテカと呼び、練習に通うだけではカラテカにはなれない。エジプトでは成人がスポーツをする習慣が珍しく、空手の競技人口の大多数は一二歳以下である。道着に帯を締めて裸足で練習をするのは子どもか優れた実績のある若者だけで、先生はジャージを着て靴を履いている。

エジプト人にとってスポーツは単なる余暇や趣味であってはならず、社会生活を送るに際し何らかの利益をもたらす必要があるとも考えられている。空手道やカンフーといったアジアの格闘技は、「自己防衛」の技術を身に付けるためのスポーツとして知られており、練習を通じて健康な身体をつくり、護身術としても役に立つという言説も人気の根底にある。

「武道」の練習を通じて、中東の人々は様々な日本語表現を学ぶことになる。基本動作の練習や準備運動の際に一から一〇まで数えたり、「逆突き」や「回し蹴り」といった技名を覚えたりする必要があるからである。競技会に参加すれば、「ハジメ！」と「ヤメ！」、「ワザアリ」や「ユーコー」など奇妙な音韻の単語を耳にすることとなる。ちなみに、筆者はエジプトでカンフーとテコンドーの練習を見学したこともあったが、準備体操の際に韓国語や中国語ではなくアラビア語で数えていた。エジプトの子どもたちが空手に惹かれる要因は、カラフルな帯と白い道着という視覚的なユニークさに加え、空手用語のエキゾチックな響きにもあるといえる。

世界中の空手教室や試合で同じ用語を使用することにより、空手の普遍性は担保されている。ポーランド出身の空手家が営むロンドンの空手教室における言語習得と文化実践について行った調査で興味深いことが指摘されている。そこの生徒たちは「キアイ」や「オッス」といった英語に翻訳できない空手の語彙を日本語の音感のまま習得していた。彼らは日本語の意味をわからずとも空手の世界における儀礼や社会構造をきちんと分節化し、実践しており、いわゆるトランスランゲージングを行っていたのである（Hua, Li and Jankowicz-Pytel 2020）。

空手道は呼吸法を大切にする運動であるため、息を吐いたり吸ったりすることを技の一部として練習する。

特定の間合いで「ヤー！」と叫ぶことを「気合」と呼び、試合で忘れると減点される。一方で、狙った場所に技が極まらなくても、技をかけたと同時に「ヤー！」と叫ぶことで、きちんと的を射ていたかのような印象を審判に与えることができる。イギリスやエジプトの空手の初級者クラスでは、先生が「気合を入れろ！」というと、「キアイー！」と大声で叫ぶ生徒が少なからずいる。そんな生徒であっても、道場に通うにつれて、力強い技を繰り出すために息を吐きだすことが「キアイ」であることに気づく。「キアイ」などの単語を、概念として理解することで、意味を翻訳せずとも、世界共通の空手の決まり事という「言語」を会得している。彼らが学んでいるのは日本語ではなく、中心と周縁の議論が無意味となって久しい、グローバルスポーツとしてのカラテ界の言葉である。

（4）ロスト・イン・トランスレーション

二〇一五年一月の安倍元首相のエジプト訪問に際し、シーシー大統領は長年にわたり問題視されている公立学校の教育水準を向上するために、武道をはじめとした「日本式教育」の導入を検討していることを伝えた。エジプト映画『誠の日本人（*yabani asli*）』（二〇一七年制作）は、日本の子どもが賢いのは学校教育が優れているからだという公共言説がエジプトにあることを如実に示している。エジプト人の父と日本人の母の間に生まれた日本育ちの双子の兄弟は、エジプトの公立小学校に通い始めたことで、シンナーを吸ったり、教室で踊ったりする問題児となってしまう。規則正しい生活態度や利発な振る舞いは「エジプト化」したことで失われてしまったのだ。シーシー大統領も日本の教育制度にエジプトの近代化への秘策が隠されているように思ったのかもしれない。

二〇一五年秋に在エジプト日本大使館主催の武道イベントが、カイロの著名な文化センターにてひっそりと開催された。インターネットやSNS上の広報はほとんどなく、大使館の招待か口コミで知った人が参加しただけであったが、これは現代中東における武道のグローバルスポーツとしての展開を考える上で、大変興味深い日本文化の紹介イベントであった。柔道、合気道、武道体術（忍術）、スポーツチャンバラに加えて、世界空手連盟と国際伝統空手道連盟のエジプト代表が集合して演武を披露した。日本大使は流暢なアラビア語で行った開会のあいさつの中で、シーシー大統領が心身を鍛えるブドウ・エデュケーションに興味をもっていることに触れ、日本の伝統的な格闘技である武道の実演と解説を通じて、より多くのエジプト人に武道についての理解を深めてもらいたいと語った。

日本文化を紹介するイベントは数多く開催されるものの、エジプト人が率先して日本の伝統文化の広報を買って出る企画は珍しい。一九七〇年代より国際交流基金やＪＩＣＡが中東・アフリカ地域において実施してきた「日本伝統スポーツ交流事業」の主役は日本人の武道家であった。しかし、空手道や柔道がグローバルスポーツと化した今日において、「真正さ」の源泉はもはや日本ではない。

日本大使館主催のイベントに出演したことをエジプト人の武道家は非常に誇らしく感じていた。どの出演者も綿密なリハーサルを重ねて本番に臨んだ。例えば、エジプト伝統空手道協会は、全国大会で優勝した選手と彼らを指導した先生を集めて稽古風景を再現した特別プログラムを組んだ。入場とともに高段者から順に一列に並び礼をしたあとで、道場訓をアラビア語で読み上げて「礼に始まり礼に終わる」といった空手道の「伝統」を演出した。正面の礼は日本大使の方を向いて行い、プログラムの終了後は大使や大使館職員と熱心に写真撮影を行った。日本人と写真を撮り、友だちや家族と共有することは、イベントに出演することと同じくらいに重要なミッションだったようにみえた。

「日本エジプト教育パートナーシップ（ＥＪＥＰ）」のプログラム開発の担当者によると、シーシー大統領は

「規律を子どもたちに教えるために、空手を取り入れた教育カリキュラムを考案してほしい」と日本政府に伝えた。すると日本人スタッフが「大統領は武道教育を求めているに違いない」と解釈したという。空手道が日本の武道教育カリキュラムに入っていないことを知らないシーシー大統領は、「空手は日本の誇る伝統スポーツに違いない」との思いから、リップサービス気味な発言をしたのだろう。一方、日本人スタッフは、空手道を組み込んだ教育カリキュラムの青写真が描けず、空手を格闘技の一般名称である武道と翻訳したのかもしれない。そして大統領への忖度から日本大使館が企画した武道紹介イベントにエジプト人空手家たちは出演することとなったのだろう。在エジプト日本大使館の広報誌『アル＝ヤーバーン（日本）』の「エジプトの武道」特集号は、「武道」のルーツが「武士道」にあることに触れ、侍の役割は軍隊の兵士のように戦うことにあり、彼らは心技体の融合を目指した稽古を行っていたことを紹介している。しかし「サムライ」や「ブドウ」といった単語を聞いたことのないエジプト人は、自分が心技体の一体を目指して空手教室に通っていたとは夢にも思わなかった。

二〇一九年秋にエジプト伝統空手道協会に所属する道場でフィールドワークをしていた際に、大使館のイベントに参加した先生がふと思い出したかのように、「武道とは結局のところ何だったのかな」といった。日本での武道教育カリキュラムにもともとは空手道が入っていないのと、担当教員の確保が難しいことから、「日本式教育」を掲げるエジプトの学校では空手道を教える授業はない。ブドウが何かはわからないが、日本大使がブドウ・エデュケーションについて言及したことで、空手を教える仕事につながるのではということの先生の期待は見事に裏切られたのである。

一方、エジプト伝統空手道協会会長はブドウにマーケティング的な価値を見出し、エジプトの公教育カリキュラムに空手道を導入することを与党議員に熱心に進言していた。学校教育の一環として伝統空手の練習や昇級審査が行われるようになれば、非常に高い経済的利潤を得られると目論んでいたのである。会長は武道を、東洋発祥の護身術として役立つスポーツの総称と解釈し、空手だけでなくテコンドーやカンフーなどの練習施設「カイロ武道センター」の設立を目指していた。志半ばで二〇一八年に急逝したことで、空手道カリキュラムも武道センターも日の目をみることはなかった。

武道紹介イベントは日本文化としての武道をアラビア語に翻訳しただけで、空手道や柔道をグローバルスポーツとして考えるエジプト人に、再考を促すことはできなかった。

(5) ソフトパワー外交の先に

本章では現代中東におけるスポーツ文化に関する知見を深める手がかりとして、武道の普及とグローバルスポーツとしての展開について考察した。エジプトに柔道や空手道が広まった歴史的経緯を考察すると、ソフトパワー外交の一環として武道専門家を派遣した日本政府の思惑とは裏腹に、エジプトの人々は武道の発祥地にはこだわりなく、グローバルスポーツとして練習に取り組んでいたことが明らかになった。空手が日本発祥の格闘技であることを全く知らないわけではないが、練習中に日本語で数字を数えたり、技名を覚えたりする以外に、日本との接点は重要視されていない。このような発祥地に関する言説の風化や、日本文化としての視座の周縁化こそが、空手がグローバルスポーツであることを如実に示しているのである。

日本のソフトパワー外交の目玉が、武道からマンガやアニメに移って久しい。二〇一五年のイベントは、正しい武道の理念や知識の普及を通じて、空手道や柔道の「本家」としての日本の立場を取り戻す日本大使館の試みであった。日本から武道家を招聘するのは予算的に困難であったことから、エジプト人に出演を依頼した。ブドウという単語すら聞いたことのないエジプトの人々が見事な演武を披露したことで、イベントは成功の裡に幕を閉じた。一方で、日本大使館職員とエジプト人空手家の「武道」に関する理解の齟齬は解消されることなく、ブドウ・エデュケーションは忘却の彼方に消え去った。

参考文献

井上俊『武道の誕生』吉川弘文館、二〇〇四年。

小倉孝保『ロレンスになれなかった男——空手でアラブを制した岡本秀樹の生涯』角川書店、二〇二〇年。

中島悠介「エジプトにおける「特別活動」を通した日本式教育の導入と課題に関する考察——現地報道を手がかりに」『教育研究』第四三号、二〇一七年。

山中俊夫「中近東派遣日本伝統スポーツ使節団の成果について」『中近東派遣日本伝統スポーツ使節団報告書』国際交流基金、一九八四年、二-五頁。

Hua, Zhu, Li Wei, and Daria Jankowicz-Pytel, "Whose Karate? Language and Cultural Learning in a Multilingual Karate Club in London", *Applied Linguistics*, Vol. 41, No. 1, 2020.

Moore, Rick Clifton, "Islamophobia, Patriarchy, or Corporate Hegemony?: News Coverage of Nike's Pro Sport Hijab", *Journal of Media and Religion*, Vol. 17, No. 3-4, 2018.

van Bottenburg, Maarten, "Beyond Diffusion: Sport and Its Remaking in Cross-Cultural Contexts", *Journal of Sport History*, Vol. 37, No. 1, 2010.

コラム3　アルジェリアで広がる日本式マンガ創作

青柳悦子

北アフリカの国アルジェリアで日本マンガのスタイルによる創作活動が活気を帯びているのをご存知だろうか？中東世界のどこでも日本のマンガやアニメはブームである。しかしアルジェリアでは受容の対象としてだけでなく、自分たちの社会を描き出す創作活動の手段として日本式のマンガが近年広がりをみせている。アルジェリアの国記号を用いてDZマンガと呼ばれる。

図1 『ナフラとトゥアレグ族』の1コマ
トゥアレグの女性（左）もカワイイ・キャラ。
出典：サリーム・ブラヒミ脚本，マツギ・フェッラ画『ナフラとトゥアレグ族』Z-Link, 2010年。

アルジェリアは一九六二年の建国以来、独裁政治体制が続き、さらに国内が内戦状態となった一九九〇年代の「暗黒の一〇年」が社会の硬直を強いて、文化活動は低迷してきた。

ところが二〇〇〇年代後半あたりから、二〇～三〇代の若者たちを中心にして、大好きな日本マンガのスタイルを見よう見まねで習得し、自分たちの物語を作品にする動きが出てきた。二〇〇七年にはDZマンガに特化した出版社Z-Linkが立ち上げられ、これまで単行本マンガが六〇冊近く刊行された。フランス語のものが多いが、アラビア語の作品や両言語で出されているものもある。サブカルチャー情報とDZマンガの新作の断片を紹介する同社の雑誌（*Laabstore*）は、現在、六四号に達している。また、もともと児童書を出していたいくつかの出版社もマンガを手がけている。

この活動が画期的に思われるのは、アルジェリア人の明らかに新しい心性がここに発揮されているように感じられるからだ。

まず自分たちが文化の主体であるという意識。独立後もフランスの強い影響下にあり続けてきたアルジェリアであるが、フランス語圏のしばしば芸術的なバンド・デシネのスタイルではなく日本マンガの形式を用いることでフランスの文化的権威を離れ、また中東アラブ世界の諸規範からも距離をとって、自分たちの習俗や価値観を積極的に表現している。出版や印刷技術が未発達なアルジェリアで、素人が趣味の延長として熱中できる垣根の低さも日本式マンガの利点である。

ＤＺマンガは、原則として、アルジェリアを舞台とする、アルジェリア人の物語である。日本式のカワイイ・キャラで描かれる少女がワープして砂漠の民の女性たちと出会い叡智を教わる話（『ナフラとトゥアレグ族』二〇一〇年、図１）や、アルジェのダメ青年が田舎の親戚に送られて経験するドタバタ劇（『クイデル、農家に行く』二〇一二年）など、都会っ子が地方文化を発見する物語も多い。犠牲祭の折に男性たちが熱中する羊同士を戦わせる風習（もちろん公的には禁止事項）をモチーフにした『デッガ』（二〇〇八年、続編二〇一七年、図２）は、ＤＺマンガを代表する記念碑的作品で、アルジェリアらしさを存分に物語化している。バトルもの、スポーツもの、異世界冒険ものでも、主人公はアルジェリア人だ。

図２　大人気作品『デッガ』の１コマ
「デッガ」はガツンという擬音。DZマンガではフランス語作品にもしばしばアラビア語が混じる。しかもここではマグレブ地域特有の文字が使われている。
出典：ナツ『デッガ』Z-link, 2017年。

図柄だけでなく、ストーリーやモチーフにも日本マンガのパターンの利用が多く、いわば二次創作文化であることを隠さない。好きな人の前での恥じらい、心の弱さや屈折、仲間同士のつながりの大切さといった日本マンガで強調される人間的価値が踏襲されている。こうした要素はアルジェリア人の性向に根づいているもので、欧米では評価されにくいこれらの側面を堂々と肯定できる点も、日本式マンガのメリットである。

アルジェリアが抱える因習性を取り上げる社会派の作品や、心理の機微を掘り下げた深みのある作品もある。しかし深刻さが特徴的な文学作品とは異なって、ＤＺマンガでは日常性が温かくみつめられ、人々の共感を誘うやわらかさが漂う。

何よりマンガは面白いことが身上である。アルジェリア社会にこれまで欠けてきた、楽しい笑いの文化、ノリのいい若者文化、ばかばかしくも気持ちのいい民衆文化が誕生したのである。女性の描き手も多い。男女を問わず、また地域差や多様な民族性などの壁を乗り越えて、互いを尊重し、自国を愛する空気が醸成されている。

アルジェリアでは二〇一九年二月から自然発生的に始まり全土に広がった毎週の市民デモが続いている。「スマイルデモ」とも称されるこの大規模な民衆の活動は、ＤＺマンガを生み出す精神と通底している。ウイットを絶やさない心的成熟が、粘り強い社会改革につながることを祈ろう。

6 「グローバルご近所」の誕生——大塚モスクの支援活動とネットワーク

岡井宏文

（1）東京下町のモスクから

日本には戦前からモスク（マスジド）が建設されてきたが、一九九〇年代以降その数は大きく増加し、現在は一〇〇を超えている。モスクは様々な場所に生まれている。大都市の真ん中、工場地帯や港湾地帯、大学のそばや住宅街など、その立地はバリエーションに富んでいる。だが、これらのモスクが一体何を行っているのかは、まだ十分に知られていない。本章では、そこでの活動やそこに集う人々のネットワークに焦点を当てる。

舞台は東京の小さなモスクである。東京都豊島区大塚、商店街に位置する四階建ての建物がある。元印刷工場のこの建物は、二〇〇〇年にモスクに生まれ変わった。大塚モスクと呼ばれるこの小さなモスクは、その見た目からは想像もできないほどの広がりをもっている。そこは、ローカルそしてグローバルなネットワークの結節点なのだ。

（2）日本のモスク設立と大塚モスク概観

まずは日本のモスクの概要をおさえつつ、大塚モスクとその運営団体である日本イスラーム文化センターの来歴を確認しておく。

モスクの多くは、その土地に住んでいるムスリムが寄付を集める形で設立されてきた。最初からモスクとして建設されるものもあるが、カラオケボックスやプレハブ、工場、民家など様々な物件が、モスクとしてリノベーションされてきた。一見するとモスクと認識できないものも少なくない。時間が経つにつれて、ドームやミナレット風の装飾がなされたり、外壁がモスク風にペイントがされたり、「モスクらしい要素」が付与されていく（近年はモスクの建て直しもある）。

運営形態については、地元の有志の緩やかなつながりによるものや、一般社団法人や宗教法人によって運営されているものなど様々だ。基本的に日々の運営は、その地域に住んでいるムスリムによって担われている。そのため、モスクは外観が変化していくのと同じように、地域ごとの特色を反映する空間となりやすい。留学生が多いモスク、教育熱心なモスク、国籍や思想を反映した「〇〇系のモスク」などである。

大塚モスクは、日本イスラーム文化センターという宗教法人が運営を行っている。理事長をシディキ・アキールさん、事務局長をクレイシ・ハールーンさんが務めている。もともと彼らは池袋のアパートを借りるなどして礼拝していたが、資金を募って一九九九年に現在の建物を購入し改装後、二〇〇〇年にモスクとしてオープンさせた。日々の運営は、日本に長く暮らすパキスタン人や外国人、そして日本人が中心となっている。

都市部に位置する大塚モスクには、モスク近隣だけでなく、関東大都市圏をはじめ広範な地域から人々が訪れている。集う人々の国籍は二五カ国ほどである。民族的なバックグラウンドも多様であり、「マルチエスニックな宗教組織」の様相を呈している（特定のエスニシティ〔民族集団〕の信者によってほぼ独占されている「モノエスニックな宗教組織」のところもある）。次は、このような特徴をもつ大塚モスクにおいて、どのような活動が展開してきたのかをみていく。

（3）大塚モスクの活動と社会的支援

異文化環境下にあるモスクは、利用者の意向を反映する形で「教育の場」など様々な機能が付与されていく傾向にある。日本のモスクの場合も同様である。

大塚モスクの活動は、①ムスリム向けの活動、②地域に向けた活動、③国内外での支援活動の三つに分けられる。一つ目の活動は、信者を対象としたイベントの開催や生活基盤の整備に関する活動を指す。前者としては、クルアーン朗唱コンテスト、バーベキュー、キャンプ、年に二回のイード（大祭）などのイベントが、後者としては、モスクや幼稚園・小学校の設立、墓地の開設、ハラール認証などが行われてきた。アキールさんは「今後は小学校を卒業した子どもたちが通える中学校・高等学校、大学、老人ホーム、病院の設立などにも取り組みたい」と話す。

二つ目の活動は「南大塚さくらまつり」「東京大塚阿波踊り」などへの参加を指す。毎年、チャイ、カレーなどの屋台を出店している。最近は芸術祭「ＦＥＳＴＩＶＡＬ ＴＯＫＹＯ」にも参加した。このような地域との関係を構築する活動が行われるようになった経緯について、ハールーンさんは、大塚へ移転後賃貸ではなく建物を所有したことで「自分たちのモスク」意識が芽生えたこと、そして「ご近所付き合いを大切にしなさい」という教えの実践を挙げている。

特に三つ目の活動は、大塚モスクを特徴づけるものとなっている。近年、宗教のソーシャルキャピタル（社会関係資本）の源泉としての側面に注目が集まっている。日本のモスクにおいても、そこに集う人々がもつネットワークを媒介として、困難な状況にある人々への社会的支援（就業支援・生活支援など）が展開されてきた。モスクに蓄積されたソーシャルキャピタルが具体的な支援（経済的資本やマンパワー）に転化される営みは、どこのモスクでも大なり小なり観察できるが、大塚モスクの場合は、支援活動を国内のみならず海外でも展開し、そのことを活動の柱に位置づけているのが特徴である。では、具体的にどのような支援活動がどのように、また誰によって実践されてきたのか。ここからは、大塚モスクが国内外において展開してきた支援の具体例をもとに、これらの問いに答えてみたい。

（4）海外支援の概要：アフガニスタン難民支援を中心に

大塚モスクでは複数の海外支援のプロジェクトが行われてきた。支援の対象地はアフガニスタン、パキスタン、シリア、ロヒンギャ難民キャンプ、インドネシア、イエメン、トーゴ、スリランカなど多岐にわたっている。支援の内容は場所により異なるが、難民支援（食料、医療、衛生環境整備などを含む）、学校用地取得、イードの食料支援、井戸の掘削などが行われている。

初めての海外支援となったアフガニスタン難民支援は、二〇〇一年から始まった。同年アフガニスタンでは干ばつがあり、その年の厳しい冬の様子が日本のニュースで放映された。たまたまそのニュースをみていた事務局長のハールーンさんは、次の日の理事会でこのニュースを共有した。すると理事会の面々から難民支援をやろう、古着を集めて送ろうという声が上がり、ハールーンさんが現地に調査に向かうことになった。

パキスタンのペシャワール近くの難民キャンプに入り、現地の惨状を目の当たりにしたハールーンさんは、日本に連絡を入れてお金を送ってもらい、ナン工場でナンを製造してもらってキャンプに届けた。その後、大塚モスクでは日本人ムスリム女性の協力も受けながら、古着を集めてコンテナで現地に送るプロジェクトを軌道に乗せた。以降もプロジェクトは継続し、現在に至っている。古着支援以外にも、水タンクの設置、医療物資の提供、食料支援、キャンプ内の学校設立（二〇カ所）等が行われている。「アルイルム（知識）」と名づけられた女子小学校には、生徒たちの進級に伴って中学校、高等学校、そしてカレッジ（短大）が追加で設立されるまでになった。これ以外にもペシャワール市内の「ハリーマ」という学校に資金援助をしている。

（5）海外支援のネットワーク

アフガニスタンの支援には、どのような人々が関わっていたのだろうか。ハールーンさんや前述の女性以外にも様々な人が関与している。日本イスラーム文化センターの理事を務めるガリブさんは、ハールーンさんの現地調査に同行する現地在住の親戚を紹介した。池本英子さんは、大塚モスクが古着を集めているという記事を目にしたことをきっかけに、連絡を取ってきた一人だ。古着集めの手伝いをモスクでするようになり、二〇〇二年にはハールーンさんらとアフガニスタン、パキスタンに渡っている。ところで大塚モスクは、海外支援を継続的に行っているが、日本から大規模な支援チームを派遣することはない。これはマンパワー的にも資金的にも不可能であるし、何より勝手が違う現地の状況をよく知る人材こそ、現地での支援には必要になる。そこで大塚モスクはほぼすべての支援で、現地の信頼できるパートナーと連携しながら支援を形にしている。例えば、アフガニスタン難民支援ではアキールさんの弟・タンヴィールさんが重要な役割を果たしている。パキスタン在住の彼は、現地でNGO（ザキール・ラティーフ・トラスト）を立ち上げた上で、別の現地NGOとも連携し大塚モスクの支援物資や資金を届けている。

大塚モスクが関与する支援は、現地のNGOやムスリム団体、信頼できる個人との連携を元に行われている。ただし、支援先は世界各地に点在している。そのため、支援先によってキーパーソンが入れ替わることも特徴である。支援先と出身が同じ人や、現地の言語を話すことができる人、現地とのネットワークをもっている人などが、支援ごとにキーパーソンとなっている。

二〇一二年から始まったシリア難民支援では、病院支援、孤児支援、食料支援、イードの食料支援、燃料支援などが展開されている。シリアへの支援は、シリア人の男性が支援先探しや寄付の呼びかけを行うなど、中心人物として活躍している。実際の支援は、現地で活動するいくつかのNGOと連携して行われている。バングラデシュのロヒンギャ難民キャンプへの支援では、イードの食料支援や学校・孤児のための施設の設立、トイレの設置、炊事用コンロやボンベの配布などを行っている。こちらの支援は、日本在住のロヒンギャの人々と連携をして行っている。実際の支援を届ける際には、現地の事情に詳しいロヒンギャの男性と、大塚モスクで料理などを担当しているバングラデシュ人のムスタファさんが重要な役割を果たしている。彼らのネットワークを通じて現地のムスリム団体やNGOとつながり、支援が行われているのだ。大塚モスクに集う人々の多様性は、支援先の拡大と支援の実現双方に寄与していた。

(6) 国内支援の概要：東日本大震災被災地支援を中心に

国内支援活動も多岐にわたっている。これまで大塚モスクでは、困窮者・失業者支援、ホームレス支援、難民支援、被災地支援などが行われてきた。困窮者・失業者支援では、資金援助（生活費・奨学金）、職探し、居住スペースの提供などをしてきた。ホームレス支援は、池袋で支援をしてきたNPO法人TENOHASHIと連携した炊き出しを行っている。難民支援では、他のモスクや、キリスト教など他宗教の団体、NPO法人などと連携しつつ、入管収容者への支援、難民申請者への支援が行われている。東洋大学でのフードバンクへの食料提供（ベジタリアン、ハラールフードを中心に、留学生支援を念頭においたもの）など、外部から持ち込まれる支援依頼にも協力している。

二〇二〇年には新型コロナウイルスの感染拡大を受けて、困窮者・失業者支援などに関する全国からの問い合わせや支援要請が激増した。在日ムスリム団体や、ムスリムが多い国の同郷団体の中には、こうした支援を行うところは少なくない。なかでも大塚モスクは「ボランティアを熱心にやる」団体の一つとして全国的に認知されている。そのため支援の要請は全国から入るが、緊急性の高い人から順に支援を届けられるようにしている。

このような大塚モスクの支援活動を一般に知らしめたのは、東日本大震災における被災地支援だろう。当時は大塚モスクだけでなく様々なイスラーム団体やモスク、個人が支援を行っており、その様子はマスメディアなどでも度々報じられた。大塚モスクからの支援チームは、発災の次の日には現地に入り支援を開始した。カップラーメンやおにぎりの配布、カレーの炊き出しが行われたほか、衣類や布団なども届けられた。支援先は宮城県や福島県、埼玉県の避難所など、回数は一〇〇回以上に及んだ。

(7)国内支援のネットワーク

こうした支援には、どのような人々が関与していたのだろうか。大塚モスクの周辺と、その他の地域とに分けてみていくことにしたい。

大塚モスクの周囲では、ムスリムに限らず様々な人が支援に関与していた。アキールさんは現地に何度も足を運び、炊き出しなどを行った。ハールーンさんや日本人ムスリムの男性は東京で連絡調整にあたり、国内外のイスラーム団体やモスク、個人からの支援の申し入れなどに対応した。ガリブさんはハラール食品店経営の経験を活かし、物資の仕入れなどを担当した。また、女性メンバーの活動は非常に重要であった。現地での炊き出し、支援を必要とする物資の調査、ウェブ等での活動報告のリリースなど、多岐にわたる任務に就いた。ムスタファさんはいわきのモスクに住み込み、炊き出しの調理を担った。

ムスリム以外の人々も関与していた。アフガニスタン難民支援に関わった池本さんは、知人らに声をかけ支援に駆けつけた。地域の女性グループや近隣のお寺(光源寺)などの宗教団体、議員、ジャーナリストなども、おにぎりを握ったり炊き出しに向かったりなどして支援に参加している。

海外や国内の他地域とのつながりにも目を向けてみよう。海外からの支援は寄付の形が多かったが、アラブ首長国連邦（UAE）、アメリカ、香港、イギリス、パキスタンなどの団体や個人からの寄付があった。パキスタンからの寄付には、かつて大塚モスクが設立した女学校の生徒たちからの寄付も含まれていた。女学校からの支援のように、これまでの活動によって形成されたネットワークが、直接的・間接的に支援に結びつく事例もみられた。

象徴的なのは、トルコのNGOであるIHHとの接続だろう。震災当日、IHHからハールーンさんに対して支援に向かう旨の連絡が入った。彼らは翌一二日には関西国際空港に到着し、その足で被災地に入っている。だが、IHHはもともと大塚モスクやハールーンさんを知っていたわけではなかった。IHHは世界的に支援活動を展開する団体で、パキスタンでも活動をしていた。IHHは、発災後、最初にボランティア活動で有名なパキスタンの神学校「ダールルウルム」に日本の連絡先の照会を依頼している。ダールルウルムでは、ムハンマド・ラフィ・ウスマーニ師がこの依頼に対応した。師は来日経験があり、大塚モスクを訪問した経験もあった。大塚モスクが継続的に行っていたパキスタンでの支援活動についてもよく知っていた。彼の紹介を通じて、IHHは大塚モスクへとアクセスしてきたのだった。

また海外からの支援が他のモスクや団体を経由する形で大塚モスクに接続されてもいた。例えばマレーシアの団体からは、マレーシアと公私にわたり縁の深かった愛媛県の新居浜モスクの浜中彰さんに支援の申し出や支援先の照会があった。浜中さんは旧知の間柄で、支援に強いことも知っていた、ハールーンさんに取り次いでいる。新居浜の例のように、国内のモスク間の連携は、実際の支援の現場でもみられた。仙台モスクやいわきモスクは、支援の拠点となった。いわきモスクはムスタファさんが住み込みをしたように、長期にわたって炊き出しの拠点となった。ここでは、当地在住のムスリムのほか、地元の小学校の校長先生などが支援活動に問い合わせなどがあった。

参加している。このほか、国内のモスクやイスラーム団体からも寄付や支援参加の申し出、支援のノウハウの問い合わせなどがあった。

(8) 大塚モスクのネットワークと「グローバルご近所」の誕生

大塚モスクの数ある支援活動の特徴を、これまでみてきた内容にいくつかの新しい要素を加えつつ大まかに整理すると次のようになる。

活動の始まりは、トップダウン型というよりは、支援が必要と思われる案件を認めた人によって、支援が可能かどうかの相談が持ち込まれる持ち込み型が主である。活動の種類は、困窮者・失業者支援、ホームレス支援、難民支援、被災地支援、学校設立など多岐にわたっている。内容は具体的な支援要請の場合もあれば、海外の難民支援のように支援の実現可能性の相談など様々である。

実際の支援活動には、ムスリムだけでなく、往々にして非ムスリムも関与していた。支援の対象も、宗教や国籍などの境界にとらわれないものであった。活動の範囲は非常に広範囲に及んでいる。モスク周辺から海外の難民キャンプまで、必要な場所に支援が届けられていた。このような支援の実現には、キーパーソンの入れ替わりの例にみられたように、大塚モスクに集まる多様な背景をもつ人々のネットワークが重要な役割を果たしていた。先のソーシャルキャピタルの議論に従えば、大塚モスクに集まる人々がもつ「橋渡し型」のソーシャルキャピタルが、国内外の人々の動員や外部の団体などとの連携を可能にしてきたとみることもできよう。

多様な支援活動を同時並行的に長年にわたって行う継続性を確保できている点も、大塚モスクの特徴である。ボランティアによって運営されていることが多い日本のモスクでは、一度開始された活動が、資金やマンパワーを確保できず機能不全に陥ることも少なくないからだ。すべてを自前でまかなうのではないスタイルは、支援の実施に関するコストとリスク（機能不全や現地での危険）を低減し、継続性を確保することに少なからず寄与している。

ところで、こうした対象や物理的な距離を超えた支援には、どのような行動原理が関与していたのだろうか。「一人を助けることは全人類を助けることになるから」「人のため」「自分のためです。自分の気持ちがおさまるから」「ご近所さん（四十軒四方）を助ける。ご近所さんが食べてなくておなかが減ったまま寝て、私はおなかいっぱい食べて寝る。すると私は『信仰のない人』になってしまう」「（人は皆）アーダムの子なので」など、様々な説明がなされる。いずれにも共通しているのは教義や信仰を基盤とする「助けたいから助ける」という精神である。分け隔てのない支援は、イスラームに限らず宗教に根ざした社会的支援の特徴ともされる。この行動原理が、難民申請者や超過滞在者に対する支援のように、ほかのセーフティーネットからこぼれ落ちがちなケースに対しても支援を届けることを可能にしてきた。

さらに大塚モスクの特徴があるとすれば、「助けたいから助ける」という行動原理の範囲が「ご近所さん」から世界の難民キャンプまでシームレスに拡大する、いわば「グローバルご近所」を常態としている点である。それを可能にしているのが、多様な人々が集う大塚モスクを結節点とするネットワークなのである。

大塚モスクはこれまで、国内外への支援をモスクの活動の柱の一つに位置づけ、二〇年近くにわたって活動を行ってきた。だが今後も現在のような活動が継続していくかは不透明である。二〇一五年、全国のモスクの代表者が集まり情報を共有する第七回マスジド（モスク）代表者会議（早稲田大学）で、一つの問題が提出された。その「アフター・ハールーンさん／アキールさん問題」では、各地のモスクでの活動の持続可能性が焦点となった。「モスクの活動は、活動を牽引する人やグループが何らかの事情でそのモスクからいなくなってしまった場合、崩壊の危機に晒されるのではないか」というものであった。

大塚モスクの場合は、支援に応じて異なるキーパーソンが核となり支援が行われてきたが、その支援の実現にあたっては、キーパーソンがもつネットワークが重要な役割を果たしていた。属人的なネットワークを基盤とするこうした活動は、キーパーソンがいなくなった場合、その代わりを務められる人材が確保できるかによって、活動の持続可能性の運命が分岐する可能性がある。

現在、日本のムスリム人口は多世代化が進みつつある。一九八〇年代以降来日したニューカマー層を「第一世代」とするならば、現在は「第二世代」「第三世代」など「次世代」の存在感が増している。大塚モスクの支援活動が今後も継続していくか否かは、ネットワークの代替可能性問題に加え、活動の世代間継承が重要な鍵となるだろう。

参考文献

川添航「外国人定住化時代におけるイスラーム系宗教施設の役割とその拡大――東京都豊島区『マスジド大塚』を事例として」『新地理』第六五巻三号、二〇一七年。

子島進編著『グローバル化する難民問題――イスラーム教徒の視点から考える』東洋大学アジア文化研究所、二〇一八年。

子島進編著『モスクによる地域交流ワークショップ』東洋大学アジア文化研究所、二〇二〇年。

大谷栄一・藤本頼生編著『地域社会をつくる宗教』明石書店、二〇一二年。

白波瀬達也「多文化共生の担い手としてのカトリック――移民支援の重層性に注目して」関西学院大学キリスト教と文化研究センター編『現代文化とキリスト教』キリスト新聞社、二〇一六年。

徳田剛「地域政策理念としての『多文化共生』と宗教セクターの役割」高橋典史・白波瀬達也・星野壮編『現代日本の宗教と多文化共生――移民と地域社会の関係性を探る』明石書店、二〇一八年。

第Ⅱ部　宗教・社会の扉

――つながりと公共圏――

7 公共空間としての新たな部族社会——ヨルダンのディーワーンをめぐって

岩崎えり奈・北澤義之

(1)「公共空間」概念の射程

日本では、「公共事業」、「公共の福祉」、「公共料金」というように、元来、「公共」は官製用語であり、政府・行政(官)と同義に否定的なイメージがもたれてきた。しかし、一九九〇年代以降、「公共」を新たに捉えなおす動きが政策論とアカデミズムにおいて盛んになってきた。その背景には、一九九〇年代以降の小さな政府と民間委託を政策言説とする新自由主義的な経済改革の一方で、一九九九年の周辺事態法、住民基本台帳法、通信傍受法、国旗・国歌法、団体規制法といった国家が「公共性」を独占する一連の法制化の流れ、市民団体や市民運動の活発化、さらにグローバル化の中の地域社会の変容、家族の変化と多様化という現実の社会変化がある(斎藤 二〇〇〇)。

中東においても、新自由主義的な経済改革、部分的な民主化が推進された中で国家と市場(企業)、国家と個人の中間に位置する市民社会組織に新たな「公共」の担い手を見出そうとする市民社会論が登場した。しかし、近年において「公共」が脚光を集めたのは、何といっても二〇一一年のチュニジアに始まった「アラブの春」であろう。インターネット上のサイバー空間を媒介して、カイロのタハリール広場に集まった様々な人々が独裁者を打倒した出来事は、「公共空間」が国家権力に対抗し大きな政治変革をもたらす可能性を世界に示した出来事であった。また、チュニジアの四市民団体(「チュニジア国民対話カルテット」)が民主化に貢献し、二〇一五年にノーベル平和賞を受賞したことも記憶に新しい。

こうして、国家と個人の関係再編、グローバル化、民主化、家族の相対化といった様々な角度から「公共性」と「公共空間」が注目を集めているが、それは元来、一八世紀以降の西ヨーロッパにおいて市民社会形成の鍵となった教養のある市民による開かれた討議の空間（コーヒーハウスなど）を分析するために、ドイツの哲学者ユルゲン・ハーバーマスが用いた歴史概念である。それが非西洋の日本や中東においても注目を集めるのは、新しい「公共性」を考えざるをえない事態が日本、中東、そして世界中で進行しているからであろう。

ここで「公共空間」とは、「すべての者に平等に開かれた参加の空間」である。そこは、異なる価値観の人々がコミュニケーションを通じて政治的な意見を形成していく場（「公共圏」）であり、異なる人やモノの交渉の中で新たな「公共性」を生み出す場となる期待がこめられている。

分析概念としての公共空間（圏）の射程は広い。一九九〇年代以前の中東研究においては、都市中間層主体の市民社会組織に限られてきたが、今日の公共空間（圏）研究は、従来は抜け落ちていた貧困層やマイノリティの人々も射程に入ってくる。空間的には、バーチャルなウェブ上の空間、西洋近代的な広場や公園に限らず、モスク、路上、祭りなど多様な場に広がっている。また、従来の研究では宗教や文化的な要素は除外されてきたが、今日の公共空間（圏）研究では、ムスリムの実践、イスラームを掲げる組織も研究対象に含まれている。公共圏が言語的・非言語的であれ、一定のコミュニケーション・コードを共有する「文化」の一定の形だとすれば、イスラームは主体を条件づける要素として無視できないからである。

一方、親族組織やエスニシティ、スーフィー教団、同郷組合といった既存の社会組織は、依然として公共空間（圏）論から除外されている。市民社会（開放的、多様、自発的）－共同体（閉鎖的、一元的、非自発的）という二項対立を前提に、非自発的で価値同質的な親族組織、エスニシティ、地縁的な組織は適合的ではないとみなされるのである。市民社会－共同体は都市－農村と同一視されるから、農村の社会組織となれば、なおさら不適合ということになる。さらに、ハーバーマス的な公共空間は国家に対抗的であることを含意するが、政治性をもたないとみなされることも不適合な理由となる。

しかし、既存の多様な組織を組織の形態や国家との関係から判断して限定的に捉える見方は、中東的な「公共性」の理解を妨げることになる。第一に、既存の社会組織、中でも親族組織や部族は、本章で扱うヨルダンがそうであるが、社会経済的にも政治的にも重要な役割を果たしているからである。

第二に、中東の親族組織は閉じられた同質的な組織ではないし、中東の都市と農村に明確な境界があるわけではない。また、親族関係が埋め込まれた社会では、親族関係は私的領域に限定されるものではなく、政治と結びついている。中東に限らないが、そのような社会を二元論的な思考でもって境界線を引くことは公共空間を偏って捉えることになる。

（2）部族的な空間ディーワーンの出現

アラブの学者イブン・ハルドゥーン（一四世紀）をはじめ多くの識者が指摘するように、アラブ地域では、ベドウィン（アラブ遊牧民）を原型とし、部族社会が重要性をもっていた。中でもヨルダンは部族社会の興味深い事例である。というのも、一九八〇年代以降のヨルダンでは、特定の部族の歴史や系譜の記録、国中の部族のディーワーンの増加、部族名を家族名として使う習慣などの現象がみられるからである。

ディーワーンとは、部族成員の集会所のことであり、マダーファ、ラービタと呼ばれることもある。マダーファは部族長のゲストハウス、ディーワーンは集会所の意味合いをもつ。部族はヨルダンでは一般的にアシーラと呼ばれるが、それはハムーラやファヘドなど様々なレベルの下位集団に分かれ、様々な規模がありうる。系譜の上位集団レベルになれば、極めて大きな規模になる。

ディーワーンは接客、冠婚葬祭や宗教的な行事のほか、結婚や離婚、相続、交通事故などの紛争を部族の慣習法に基づき調停し、村や郡レベルのローカルな行政や政治を議論する場である。加えて、下院や地方議会における選挙キャンペーンの場にもなる。また、貧困世帯向けの支援プログラムなどの福祉活動も行われている。つまり、ディーワーンは福祉、情報交換、インフォーマル／ローカル政治とフォーマル／ナショナル政治が交錯する言論の場であり、マルチ機能をもつ場なのである。

同時に、ディーワーンはアシーラのアイデンティティ発揚の場でもある。すなわち、大きなアシーラのディーワーンには国王の写真と部族長の写真が飾られていることが多く、ハーシム家中心のヨルダン一国史とアシーラの歴史を交錯させる記憶の場である。

ディーワーンの増加は一九九〇年代以降の市民団体が飛躍的に増えた時期と重なる。アシーラを単位にした市民団体が数多く設立されたのも、一九九〇年代以降である。二〇〇三年には七八九のアシーラ単位の市民団体があり、そのうちの約六〇％は一九九〇年代に設立されており、当時の市民団体の大半を占めていた。今日のディーワーンは、このような政府に市民団体として登録されたアシーラ単位の団体が運営している。

一九九六年の「ヨルダン生活状況調査」報告書はアシーラの重要性を示すデータである。同報告書によると、ヨルダン人の三五％は自らのアシーラがディーワーンをもっていた。そのように回答したヨルダン人の三八％が過去一二カ月以内にディーワーンを訪問したことがあるというから、実際にディーワーンを利用したことがあるヨルダン人は一三％程度にすぎない計算になる。しかし同報告書によれば、何らかの市民団体のメンバーであるヨルダン人は七％であったから、ディーワーンは市民生活において他の市民団体よりもはるかに一般的であるといえる。また、同報告書によれば、ディーワーンをもつと答えたヨルダン人は農村よりも都市に多く、市民活動や政治参加に熱心な傾向があるという。

ディーワーンをもつ社会集団は、遊牧民出自のヨルダン人に限られない。遊牧民出自ではない北部農村の農民、パレスチナ系ヨルダン人のほか、チェルケス人（黒海とカスピ海にはさまれたコーカサス地方から移住した民族集団）などの多様なエスニック集団も親族単位のディーワーンをもっている。また、ムスリムだけでなく、キリスト教徒にもみられる。つまり、ディーワーンはエスニシティ・宗教横断的にヨルダン社会に広がっている現象といえよう。

（3）近代国家形成と部族社会

ヨルダンでは、周辺のアラブ諸国において西欧諸国の強い介入によって部族社会が政治的、経済的、文化的に周辺化されたのとは対照的に、温存されてきた。ヨルダンの前身となる英国の委任統治領トランスヨルダンにおいては、地域的伝統を織り込んだ近代国家（ハイブリッド国家）が形成されたのである。

外部の観察者は、部族は素朴である一方、粗野で、計算高く、暴力的な人々と描き出す。しかし部族社会は、自律的な社会秩序をもっていたことを見逃してはならない。外部勢力である英国やハーシム家は秩序維持のためにそれに依存せざるをえなかったのである。こうして部族社会を組み込む形で国家形成はある程度達成された。しかしこれは国民形成ではない。あくまで住民のアイデンティティは諸部族、宗教、文化的アラブなどに基づくものであり、国民を結びつけるヨルダン・ナショナリズムは未発展であった。

英国撤退後ヨルダンは独立するが、一九四八年のイスラエル設立に伴いパレスチナからの難民とヨルダン川西岸（一九五〇〜八八年までヨルダンが領有）の住民が国民となった。一九五三年に即位したフセイン国王は、人口の七割以上を占めヨルダンの近代化で重要な役割を果たしたパレスチナ人と元からのヨルダン人を統合した国家形成を図った。当初、フセイン国王は初代国王と同じくトランスヨルダン中心の国民形成を試みたが、アラブ・ナショナリズムの影響とその支持を背景としたパレスチナ人は独自性を保ったので、国民統合には至らなかった。そこでフセイン国王の時代には、民主主義的憲法に基づく近代的国民統合が図られた。

しかし、ヨルダン国内で台頭した武装パレスチナ民族主義勢力と政府の間で内戦が発生すると、フセイン国王は権力基盤確保のために、委任統治時代の「部族国家」ヨルダンを呼びかけ、権力の強化を試みた。この上からのヨルダン・ナショナリズム形成は、一九七〇年の内戦後のヨルダン社会にも影響し、トランスヨルダン以前からのヨルダン系住民とパレスチナ系住民の間に溝を生んだ。ヨルダン系住民は政府の優遇策により国家との絆を強めたが、パレスチナ系住民は政治的に周辺化された。

（4）部族社会の変貌

ヨルダン系住民と王制を物理的に結びつけてきた国家による優先的資源配分の構造は不変のものではなく、時代ごとに様々に位置づけられてきた部族社会は変化を強いられている。特に一九八九年以降の部族の国家との関係は大きく揺らぎつつある。

第一に、一九八〇年代の石油収入やアラブ諸国からの援助の減少、国営企業の民営化などの一連の経済改革に伴い、補助金や公的雇用や年金などの国家による福祉サービスが削減されたことである。先に述べたアシーラ単位の市民団体とディーワーンの増加は、このような新自由主義的な経済改革と国民の生活水準の悪化を背景にしている。国家のかわりを担う組織として期待されたのが市民団体であり、その中で国家と国民の双方の需要にこたえる形で台頭したのがアシーラ単位の市民団体であった。

第二に、ヨルダンの選挙制度において、体制寄りの部族的基盤の候補者に有利なシステムが維持されたことがある。一九八九年に中東の経済危機の中で、ヨルダンも対外債務解消のためにＩＭＦなどから新自由主義的構造改革を求められ、その一環として民主化が求められた。もとより国民統合の手段として民主化を考えていた国王は、停止されていた下院選挙を再開し、民主主義的国民統合を目指した。しかし、これまでの部族社会との関係性は形を変えて継続され、それに対するリベラル派からの批判も募ってきた。一九九九年に即位した現アブドゥッラー二世は、新自由主義的改革志向をもち部族に有利とされてきた選挙制度にメスを入れ、地方分権化などの改革を行っている。ただそれも完全に部族社会の影響力を排除したわけではない。

第三に、先に述べたフセイン国王による「部族社会」をイメージした上からの国家統合が、多くのヨルダン系住民の中でヨルダンへの素朴な愛国心を喚起し、それがハーシム家の意図していなかった展開を招いていることは注目に値する。体制側のヨルダン・ナショナリズムとヨルダン人のもつ意識にはギャップがある。政府のレトリックでは大きく統一された一つのヨルダン人の家族が強調されるが、多くの部族出身の市民は誰が真のヨルダン人なのかと問うようになる。それはマイノリティであるチェルケス人や「よそ者」であるパレスチナ人をヨルダン人の範疇から排除する考え方を生むだけでなく、ハーシム家でさえ「よそ者」とみなすことになる。さすがにハーシム家を排除する主張は多数派ではなかったが、国民統合のための一つの「部族社会」のイメージは、本来自律性を主張する各部族のそれとは異なっていた。パレスチナ系ヨルダン人やチェルケス人など他の住民までもが部族的習慣を取り入れる傾向が強まったのだ。パレスチナ系ヨルダン人が、同じパレスチナの町出身の他の家族と疑似部族集団を作る事例もみられた。

(5) カフル・マー村のディーワーン

部族的な空間の再活性化は、社会の変化と関係していることも見逃してはならない。ここでは、農村の事例として、ヨルダン北部イルビド県のカフル・マー村を取り上げよう。カフル・マー村は、ヨルダンの北部山岳

図1　バニー・ヤシーンのディーワーン

地帯にある人口一万七九一九人（二〇一五年現在）の山村であり、一九六〇年に米国の人類学者アントゥーンが詳細な調査を行った村である（カフル・マー村を調査対象として選んだ経緯や同村については、加藤ほか〔二〇一七〕を参照のこと）。一九六〇年当時、村民の大多数は農民であったが、今や多様な職業から構成される。また、イルビドやアンマンなどの都市に移住した者や村の外で働く村民も多い。つまり、今日の村は、農村というよりも小さな町である。

一般に、都市化が進めば部族的な紐帯は弛緩すると考えられており、現実にも、今日の村民の社会関係は地縁、血縁、婚姻、土地を通じて重層的に村民が結びついていた時代とは異なっている。しかしその一方で、カフル・マー村では、部族的紐帯のメタファーとしてのディーワーンは増えている。実際、アントゥーンがこの村を調査した一九六〇年当時、マダーファ（ゲストハウス）が村に一つしかなかったのに対して、二〇一九年の時点ではディーワーン（集会所）は九つに増えている。そのほとんどが二〇〇〇年代に建設された。

父親がアシーラの長であったバニー・ヤシーン教授によると、カフル・マー村で最初の集会所（マダーファ）は、パレスチナで働き財産をためた彼の父が帰国後の一九四四年に建設したものであった。しかし、人口が増え、入りきれなくなったので、必要に迫られて集会所（ディーワーン）を建設することになったという。それは、マダーファがアシーラ長の家の一角に離れとして建てられていたのに対して、アシーラ長の家の隣ではあるが独立した建物である。加えて、マダーファがアシーラ長の資金によって建設されたのに対して、ディーワーンはアシーラ成員全員の寄付金によって建設された。つまり、アシーラを単位とすることには変わりないが、集会所はアシーラ長個人の私的空間からアシーラ成員全員の公共空間になったということができる。

また、ディーワーンは男性に限定された空間であるのは変わらないにしても、かつてのマダーファと比べて開放的である。一回の使用料二〇から五〇ディナールを支払えば、ディーワーンはアシーラの成員でなくとも誰でも使用できる。実際、近隣に住む非成員の住民が婚約式に使うケースが最近は多くなったという。

開放性に関して興味深いことに、カフル・マー村の多くのディーワーンでは、ディーワーンの応接間によくみかける系譜図を飾っていない。系譜図を飾ると、成員間の関係、成員と非成員の差別化を招くからとのことであった。また、アシーラが部族成員の庇護の規範に基づきつつも、村に複数ある女性団体や社会開発団体と協力して貧困世帯向けの支援プログラムを成員と非成員の区別なしに行っていることも注目に値する。アシーラは村レベルの市民社会の構成要素になっているのである。

こうしてみると、ディーワーンは単なる伝統の残存でも、西洋的な近代化の所産でもない。それは、国家－部族関係を含めた全体社会と村社会の変化にあわせて、アシーラを基盤にしつつ、人々の実践が関係性をつくりかえていく空間として捉えられる。

（6）部族社会と公共空間（圏）生成の契機

ハーバーマスや、同じくドイツ出身の思想家ハンナ・アーレントらが想定するような公共空間（圏）の規定からは、伝統的で私的な領域に属する部族や部族社会の影響力は近代化・合理化とともに失われると認識されてきた。リベラルな立場から改革を想定する研究者は、部族的要素を市民社会から排除されるべき障害とみなす。

しかしながら、本章でみたヨルダンの事例では、ディーワーンに示されるように、部族は健在である。多くのヨルダン研究者は、その理由として、国家によるシンボル操作と政策、新自由主義的な経済改革といった上からの圧力を指摘してきた。しかし、部族を受動的な組織として捉える見方は一面的であり、国家と部族の関係を協調と対立の両義的な側面から捉える視点が必要である。そのためにも、部族的な要素の再活性化を人々の実践の産物として考察することが重要になってくる。

今日の部族の位相を考える上で注目されるのが、二〇一一年以降、特定の部族を中心に運動を展開する、民主化を求めたヒラーク運動（アラビア語で「運動」の意）である。この運動の基礎は、二〇一〇年春にヨルダンの退役軍人が政府の対パレスチナ政策に不満をもつトランスヨルダン出身者のナショナリズムを、アブドゥッラー二世統治下で支配的な政策になりつつある新自由主義的な経済改革への不満に結びつけたことにある。

背景は一九七〇年の内戦後の部族社会をシンボルにした上からの統合政策にある。しかし部族有力者たちは、長い年月のうちにそれを自分たちの権利を主張する基盤として換骨奪胎していったのである。それは、一九八〇年代から徐々に兆しをみせ、一九九〇年代～二〇〇〇年代の新自由主義的政策への一部の部族による抗議活動を経て、二〇一一年以降のヒラーク運動につながる変化であった。

当初、部族の指導者たちは「われらの首長」としての国王による恩恵的な施策が縮小されることに対し、ヨルダン王制の枠の中での減らされたパイの回復を要求する動きに留まっていた。しかし次第に若い世代の部族の指導者の中には、首班の指名などの国王の権限縮小を中心に憲法改正を主張する一方で、同じくヨルダン市民として改革を求めるパレスチナ人を同胞として受け入れる方針を示すなどの新しい変化がみられた。

このような新たな「部族社会」の若者中心の運動は、変わる国家‐部族関係、一九九〇年代からのディーワーンや市民団体の増加といった社会変化、ヨルダンや中東をめぐる政治経済的条件の変化が生み出したものである。

参考文献

伊能武次・松本弘共編『現代中東の国家と地方（I）』日本国際問題研究所、二〇〇一年。

加藤博・岩崎えり奈・北澤義之・臼杵悠・吉年誠『カフル・マー村研究——北西部ヨルダン山村の社会構造とその変容』（SIAS working paper series 28）、上智大学イスラーム研究センター、二〇一七年。

北澤義之「現代ヨルダンにおける『部族政治』の変容」『中東研究』中東調査会、第五二六号、二〇一六年。

酒井啓子編『国家・部族・アイデンティティー——アラブ社会の国民形成』アジア経済研究所、一九九三年。

斎藤純一『公共性』岩波書店、二〇〇〇年。

Alon, Yoav, *The Making of Jordan : Tribes, Colonialism and the Modern State*, London : I.B.Tauris, 2009.

Antoun, Richard T., "Civil Society, Tribal Process, and Change in Jordan : An Anthropological View", *International Journal of Middle East Studies*, Vol. 32, No. 4, 2000.

8

聖なる血筋の効力――インドネシアの預言者一族

新井和広

預言者ムハンマドはムスリムにとって特別な存在であり、彼に対する愛着はしばしば彼の血筋を受け継ぐ人々への尊敬につながっていく。歴史的にも預言者一族はサイイド、シャリーフなどの尊称で呼ばれ、ムスリム社会において特別な扱いを受けていたし、それは現在でもある程度当てはまる。本章ではインドネシアを例にとって、現在の預言者一族が社会の中でどのような位置にあるのかを概観したい。

（1）インドネシアの預言者一族

インドネシアはイスラーム生誕の地、アラビア半島から遠く離れているが、預言者一族が多数暮らしている。彼らの多くはサイイドと呼ばれており、血筋でいえばアラブということになるが、現在はほぼ全員がインドネシア生まれで、国籍もインドネシアである。容姿で民族的背景を推察することは適切ではないかもしれないが、婚姻を通して現地社会への同化も進んでいるため、一見するとマレー人、ジャワ人、さらには華人にみえる人物に会うことも珍しくない。彼らの母語はインドネシア語、ジャワ語、スンダ語など、インドネシアの人々と同じ言語である。一方アラビア語は彼らにとっては外国語である、といいたいところだが、アラブ、サイイドといったアイデンティティをもっている人々に対してアラビア語を外国語ということは憚《はばか》られるだろう。ここでは、アラビア語は彼らにとって学ばれる言語であるとしておきたい。彼らの大多数は南アラビアのハドラマウト地方出身移民の子孫である。大規模な移民は一九世紀～二〇世紀前半にかけてなので、インドネシアにいるサイイド（以下、ハドラミー・サイイド）はハドラマウトの祖先につながる血統を辿ることも可能だし、ハドラマウト在住の一族とのつながりも絶えていない。彼らは、血筋でいえばフサイン裔《えい》で、一〇世紀にイラクのバスラからハドラマウトに移住した、アフマド・ビン・イーサー・アル＝ムハージルという人物を起源としている。

大部分の預言者一族が一九世紀以降の移民の子孫だとしても、それ以前の東南アジアに預言者一族がいなかったわけではない。例えば、一五～一六世紀においてジャワのイスラーム化に多大な貢献をしたといわれている半ば伝説的な九人の聖者、ワリ・ソンゴも預言者の子孫とされていて、彼らの血統も伝わっている。ワリ・ソンゴの子孫もインドネシアに多数住んでおり、理屈の上では彼らも預言者一族ということになる。しかし、彼らは預言者の子孫としてよりはワリ・ソンゴの子孫として認識されることが多く、預言者につながる血筋が強調されることは少ない。つまり、彼らは上述のハドラミー・サイイドとは異なった集団と考えられるため、本章では取り上げない。余談ではあるが、ハドラミー・サイイドたちはこのワリ・ソンゴもハドラミー・サイイドの一支族だと主張して、それに見合った形の系図を作成している。しかしワリ・ソンゴの子孫たちについてはワリ・ソンゴ以降の詳細な系図が残っていないとして自分たちの仲間には入れていない。良いとこ取りといえばそれまでだが、現在のところ二つの集団の間で大きな問題にはなっていない。

（2）近年の「預言者一族ブーム」

近年のインドネシアでは、ハドラミー・サイイドの宗教活動が目立っている。サイイドのうち宗教者はハビーブという称号で呼ばれるが、これはアラビア語で「愛される者」「慕われる者」という意味である。実際、彼らが主催するクルアーン読誦の会、イスラーム勉強会、預言者生誕祭、聖者祭などは多くの参加者を集め、中には数千人から数万人の規模に達するものもある。信仰に関わる行事が巨大イベントのようになっていることや、ハビーブたちが一種のスターとして扱われることなどへの批判はあるものの、こういったハビーブを慕って参加する人々が大勢いるのは確かである。ハビーブたちは、預言者一族であることと行事の内容を巧みにリンクさせ、多くのムスリムの支持を集めてきたといってよい。

預言者一族はインドネシアに昔からいるのだからこのような活動も長年続いてきたと思われるかもしれないが、サイイドたちがハビーブと呼ばれ、その活動が目立つようになったのは最近になってからである。その理由は一九七〇年代以降のイスラーム復興、一九九八年のスハルト政権崩壊後における宗教活動の多様化など複数考えられるが、ハドラミー・サイイドにとっての重要な転換点は一九九〇年だったと筆者は考えている。この年は、インドネシアにおいてはスハルト大統領によってムスリム知識人協会（ＩＣＭＩ）が設立され、ムスリム知識人の大同団結が図られた年であったが、サイイドたちにとってより重要だったのは、南北イエメンが統合され、イエメン共和国が成立したことである。それ以前にハドラマウトが属していた旧南イエメンは社会主義体制をとっていたため宗教活動・教育が制限され、域外在住のハドラミーがハドラマウトを訪れることは難しかった。しかし、新たに成立したイエメン共和国では人の動きや宗教を含めた活動がある程度自由になったことから、ハドラマウトは再び外に開かれることになった。

ハドラマウトでの宗教教育も復活した。一九九三年には伝統的な宗教活動の中心地、タリームでウマル・ビン・ハフィーズという人物によってダール・アル＝ムスタファーという宗教学校が設立された（キャンパスの正式な開設は一九九七年）。このウマルもサイイドで、一般にはハビーブ・ウマルと呼ばれている。また、古くから教育を行っていた学校、リバート・タリームの活動も再開した。それに加え一九九五〜九六年にはアハカーフ大学シャリーア学部がタリームに設立された。これら、タリームにある三つの教育機関はインドネシア、シンガポール、マレーシアなど東南アジアの国々から多くの留学生を迎えている、というより東南アジアからの学生で運営が維持されているといってもよい。初期の留学生はハドラミー移民の子孫、特にサイイドが多かったと考えられるが、その後はサイイドではない「普通の」人々も多く留学している。

ここで重要なのは、インドネシアで生まれ育った若い世代のサイイドがアラビア半島、特に祖先の地であるハドラマウトに行って、宗教諸学を学ぶ機会が与えられたことである。前述の宗教学校で本格的に学ぶには五年程度の長期滞在が必要であるが、夏の間だけ学ぶコースも開設されており、宗教諸学を学びながら祖先の墓を参詣し、親戚に会うということが気軽にできるようになった。現在インドネシアにいるサイイドのシニア世代は若い時代に社会主義政権下のハドラマウトに行く機会を得ることができず、アラビア語も片言しか話せない人も多いが、若者世代が祖先の地ハドラマウトを訪れ、アラビア語も理解できるという、一種の逆転現象が起きているともいえる。

タリームの学校の留学生たちはサイイドであれ、そうでない人々であれ、卒業後は地元に帰り、宗教学校で教鞭をとったり、独自のダアワ（イスラームへの呼びかけ）組織を立ち上げたりしている。特にダール・アル＝ムスタファーはダアワに力を入れており、インドネシアにおけるハビーブ関係のイベントの主催者の多くはこの学校の卒業生である。インド洋の西に位置する国の政治的変化が、東に位置するインドネシアのイスラームの宗教実践にも影響を及ぼしたことになる。

タリーム帰りの人物が立ち上げたダアワ組織で最も有名なのは、一九九八年に設立されたマジュリス・ラスールッラーである。この組織の創設者、ムンズィル・ムサーワーはハドラミー・サイイドのムサーワー家の人物で、一九九〇年代にハドラマウトのダール・アル＝ムスタファーに留学し、ハビーブ・ウマルの愛弟子となった。彼がインドネシア帰国後に立ち上げたマジュリス・ラスールッラーの活動は、定期的にイスラーム勉強会、クルアーン読誦の会、預言者生誕祭などを開催することである。また、聖者祭など宗教行事の開催補助も行っているようで、大きな聖者祭になると、この組織の名前が入った黒いジャケットを着ているスタッフをみかける。組織の事務所は存在するが、行事を開催するためのスペースは各地のモスクなどの施設である。参加者が多いとモスクの庭や通りにまで人が溢れ、車が通行止めになることもある。また、ジャカルタ中心部のモナス（独立記念塔）でも大規模な集会を開催しており、ここで開催される預言者生誕祭にはインドネシア大統領が来ることもある。二〇一三年に創設者のムンズィルが亡くなった後は以前ほどの勢いはなくなっているが、現在でもマジュリス・ラスールッラーはハビーブが設立した主要なダアワ組織の一つである。

タリームで教育を受けた人物のほかでも大きな人気を博しているハビーブはいる。中部ジャワのソロ（スラカルタ）で生まれたシャイフ・ビン・アブドゥルカーディル・サッカーフは父、おじ、地元のハビーブに宗教諸学を学び、現在では歌手として活動している。その歌（より正確にはカスィーダという詩の一形式）はダアワ、または預言者への愛に関するものだが、各地でコンサートを開催して人気を博し、シャイフ・マニアと呼ばれる追っかけまで登場している。彼は歌手として知られているが、ダアワの手段として歌っているともいえ、ハビーブたちが開催する宗教行事にも頻繁に出席している。

これまで挙げてきたハビーブの活動は概ね、一般の人々の宗教心を向上させ、預言者ムハンマドの重要性を認識させることに重点を置いている。ほとんどのハビーブたちの活動は「穏健」であり、特定の宗派や他宗教を声高に批判することもない。また、表だって政治的な発言をすることもない。ハビーブたちが主催する大規模な集会に政府の高官や政治家が参加することがあるのは、参加者に自分が敬虔なムスリムであることを印象づけることができると同時に、参加したからといって自分の政治的な立場が問われることがないためでもある。

しかし、目立つ活動をしているハビーブは「穏健」な者ばかりではない。例えば「急進的」組織として知られているイスラーム防衛戦線（ＦＰＩ）の創設者、ムハンマド・リズィク・シハーブもハドラミー・サイイドで、「ハビーブ・リズィク」として知られている。ハビーブ・リズィク自身またはFPIは、宗教的多元主義、リベラリズム、シーア派、アフマディーヤなどのグループや潮流の中で、スンナ派の正統な教義と相容れない部分を激しく批判し、たびたび大規模なデモを行っている。また、反対する勢力への暴力行為も目立ち、リズィク自身も複数回投獄されている。リズィクと他の「穏健な」ハビーブたちの何が違うかについては様々な分析が必要だが、前者はサウジアラビアで、後者はハドラマウトまたはインドネシアで宗教教育を受けたことは指摘しておきたい。ここで興味深いのは、ハビーブ・リズィクにも「穏健な」ハビーブ同様追随者が多くいることである。ハビーブとはいっても思想や目的達成の方法、国家との関わり方にはそれぞれ違いがあり、思想だけでみれば一つの集団として扱えるわけではない。ただ、イスラームに関連する事柄で積極的に発言していること、カリスマ的な人気があること、大勢のフォロワーがついていることは共通している。何よりも彼らは同じ血族であり、複雑に入り組んだ血縁関係で互いに結ばれているため、思想や行動指針の違いだけであからさまに対立したり、縁が切れたりすることはない。

（3）ハビーブ関係書籍・雑誌の出版

こういった、ハドラマウトとインドネシアのハビーブの活動に刺激されて、彼らやハドラマウトに関する書籍や雑誌も出版されるようになっている。雑誌でいえば、二〇〇三年から二〇一四年まで発行されていた雑誌『アル＝キッサ（*alKisah*）』を挙げることができる。この雑誌はハールーン・ムサーワーという、芸能関係の雑誌を発行している人物の一家が発行していた。ムサーワー自身もサイイドである。雑誌の内容はイスラームに関する一般的な知識の提供だが、特にハビーブの活動がクローズアップされている。雑誌は二〇一四年に休刊したが、ムサーワーによれば一時は発行数が一〇万部を超えていた。サイイドの取り上げ方や記事の内容についてはサイイドたち自身から批判もあったものの、二〇〇〇年代〜一〇年代中頃に至るサイイドの活動に関する貴重な記録となっている。

ハビーブに関する書籍では書店で最もよく目につくのが『インドネシアで影響力を持っている一七人のハビーブたち』で、二〇〇八年に初版が発行されてから、五回の改訂を経て、二〇一三年までに一一版が発行されている。頻繁に改訂されている理由は、誤りや曖昧な記述の存在だと考えられる。著者アブドゥルカーディル・マウラー・アル＝ダウィーラはハドラミー・サイイドの一人であるが、歴史に詳しいというわけではなく、ハビーブたちの情報を趣味で集めて初版を発行したようである。このため初版から第四版の出版までの三カ月の間に二回の改訂が行われており、第四版においても著者は、読者からのさらなる誤りの指摘や提案を求めている。さながら印刷版のウィキペディアといったところだろうか。一方、これだけ短期間の間に版を重ねるということは、この本が単なる個人の趣味での出版を超える需要があったことも意味している。

この本のほかにもハドラマウトに関する本、ハビーブ・ウマルに関する本、その他歴史上のハビーブに関する本などが出版されている。しかし、宗教者、一般の信徒、さらにはサイイドたち自身の中にはこのような活動に異を唱えるか、内心快く思っていない人々も存在する。実際、ハビーブ関係の書籍はどこでも入手できるわけではない。例えばスラバヤにあるスナン・アンペル廟の周辺には宗教書を扱う書店が並んでいる通りがあるが、ハビーブ関係の書籍を扱っているところとそうでないところがはっきりと分かれている。また、こういった本はアラビア語の翻訳や、アラビア語の文献に基づいたものであっても質にはばらつきがある。中には聞き書きだけの中身の本もあり、基本的な情報すら誤っていることがある。

質や規模はともあれ、インドネシアにおいてはハビーブやハドラマウトに関する出版物が増加していることは確かである。以前はサイイド、非サイイドに限らず、ハドラマウトから移民してきた人々は単にアラブ

(orang Arab)、またはアラブ系 (keturunan Arab) と呼ばれており、彼らの故地ハドラマウトが注目されることはあまりなかった。最近のハビーブ・ブームとでも呼べる現象や、宗教諸学を学ぶために留学する人が増えたことによって、ハドラマウトがクローズアップされるようになったと考えられる。

(4) メディアでの展開

ハビーブたちのダアワは実際に人を集める集会だけに依っているわけではない。彼ら自身がラジオ、テレビなどを通じて広く自分たちの活動を宣伝している。ラジオの例としては、西ジャワのボゴールで開設され、現在ではプルワカルタ、スバン、スカブミなどジャワの他の場所でも放送されているワーディー・FMがある。設立者はハドラミー・サイイドのフセイン・アル=ハーミドで、一般的なイスラームに関する内容、例えば特定の機会における祈禱文の唱え方などのほか、ハビーブたちによる宗教的事柄の解説も放送されている。ワーディー (Wadi) という名称は「イスラームのダアワの器」または「イスラーム・ダアワ協会」の略語だが、おそらく涸れ谷《かだに》としてのワーディーという意味も込められているだろう。ハドラマウトの中心部は内陸部のワーディー・ハドラマウトであり、前述のタリームもそこにあることを知っている人ならば誰でもピンとくる話である。テレビでは衛星放送のナバウィー・TVが二〇一五年に開設され、ハドラマウトやインドネシア在住のハビーブが宗教に関する様々な事柄について話す番組が放映されている。ナバウィーとはアラビア語で「預言者の」という意味で、預言者ムハンマドの使命を次世代に伝えることを目的としている。同時に、出演者の多くがハビーブ、つまり預言者一族であることとも関係しているだろう。筆者がインドネシアに調査で滞在していた二〇一四年九月〜二〇一五年三月の間、ジャワのハドラミー・サイイドの聖者祭や、ハドラマウトから来た宗教者の講演会など、サイイド関連の活動を、開設前のナバウィー・TVの取材チームが追っていた。これらのメディアはインターネットの展開も行っていて、独自のウェブサイトを開設しているほか、フェイスブック、ツイッター、インスタグラム、ユーチューブでも自分たちの活動を積極的に宣伝している。ハビーブの追随者たちは、彼らの活動の情報をスマートフォンでチェックし、彼らが開催する行事に参加していると考えられる。

（5）聖者祭など伝統的な行事との関連

さて、このような形でハビーブたちが活動し、フォロワーが増加するのと同時に、ジャワにおけるハドラミー・サイイドの聖者への崇敬も盛んになっている。サイイドの聖者廟はジャカルタ、ボゴール、トゥガル、プカロンガン、スラバヤなどジャワ各地にあるが、普段から参詣者があるのに加え、年に一度ハウルと呼ばれる聖者祭が開催される廟が多い。以前から行われていたハウルは聖者の弟子や子孫が主催する小規模なものだった。しかし、近年では出席者数が驚異的に増え、多いものでは数万人を集めるようになったハウルもある。特に参加者が多いアラブ系のハウルとして、ジャカルタで開催されるアブー・バクル・ビン・サーリム（一五八四年没）のハウルと、ジャワ中部のスラカルタで開催されるアリー・ビン・ムハンマド・アル＝ハブシー（一九一五年没）のハウルが挙げられる。どちらの聖者もハドラマウトで埋葬されており、インドネシアに来たことはないが、インドネシアに移民した子孫たちの尽力により大規模なハウルとなっている。このようなハウルには、インドネシア各地から在地のハビーブたちが、また場合によってはハドラマウトなどインドネシア外からハビーブ・ウマルほかのハビーブたちが参加するため、彼らの追随者を多く集めている。

聖者祭では祈禱、詩の朗唱のほかに、演説も行われる。その内容は聖者の生涯、聖者がいかに正しいムスリムであったか、預言者ムハンマドの賛美、そして、預言者と同じように預言者一族を愛することの重要性である。つまり、預言者や預言者の子孫である聖者への尊敬が、現在生きている預言者一族への尊敬へとつながっていく。現在のハビーブたちの活動が、彼らの祖先への興味を高め、祖先の偉業を記念する行事で現在のハビーブたちに注目することが語られるというサイクルができあがっているといえる。

（6）預言者一族の価値は何か

インドネシアの例をみても、預言者一族に対する尊敬は過去のものではないことがわかる。むしろ、近年において人気が高まっているといってよい。ここで重要なのは、彼らに対する崇敬・尊敬は単に血筋だけによるものではないことである。彼らは何らかの形で宗教活動を行って、そこで名声を得ている。彼らの血筋がクローズアップされるのは、そのような宗教に関連した活動が評価されているがゆえである。同じ預言者一族でも政治家、官僚、実業家、研究者、技術者など、社会の第一線で活躍する人物も多数いる。しかしそういった人々は預言者一族であるという点がクローズアップされることは稀である。つまり、宗教活動が評価されて、はじめて預言者につながる血筋が意味をもつということである。

参考文献

新井和広「海を渡る聖者の「記憶」――ハドラマウトとインドネシアにおけるハウル（聖者記念祭）を通じて」堀内正樹・西尾哲夫編『〈断〉と〈続〉の中東――非境界的世界を游ぐ』悠書館、二〇一五年。

見市建『新興大国インドネシアの宗教市場と政治』ＮＴＴ出版、二〇一四年。

Arai, Kazuhiro, "'Revival' of the Hadhrami Diaspora? Networking through Religious Figures in Indonesia", in Brehony, Noel et al. eds., *Hadhramaut and its Diaspora: Yemeni Politics, Identity and Migration*, London: I.B. Tauris, 2017.
＊近年のハビーブの活動については、Ismail Fajrie Alatas や Syamsul Rijal などインドネシアの研究者（前者はハドラミー・サイイド）が英語の論文をネットで公開しているので興味がある読者は探して読んでほしい。

コラム4　俗人説教師の作り出す信仰のつながり

八木久美子

イスラーム教徒の指導者といえば、すぐに思い浮かぶのはウラマーと呼ばれる人々だろう。独特な衣服を身にまとった彼らの姿は、まさに一般信徒とは異なる宗教者、聖職者を思わせる。しかしウラマーとは、実は知識人、識者を意味するアラビア語の名詞であり、この語に宗教者、聖職者の意味合いはない。世俗的な知識とイスラーム固有の知識という区別などなかった近代以前のイスラーム教徒の世界では、彼らがあらゆる局面で人々を導く立場にあった。礼拝を導き説教をするだけでなく、教師、法官の役割も果たした。

しかしながら、早いところでは一九世紀に近代化政策が導入され、それまでウラマーが果たしてきた役割の多くが、新しい、近代的／世俗的な教育を受けた人々の手に移っていく。その結果、イスラーム教徒が生きる世界にウラマー不在の空間が生まれることになった。イスラームは本来、包括的な性格をもつ宗教であり、ウラマーは精神的、内面的な問題に限らず、人間の関わるあらゆる領域で人々を指導していたが、それが困難になったのである。例えば、宗教や文化の枠を越え、地球規模で展開する企業で働く人が発する問いに、ウラマーが的確に答えることは難しいだろう。この間隙を埋めるかのように登場したのが、「俗人説教師」と呼ぶべき、新しい説教師たちである。

かつて、どれほどイスラーム復興が顕著になろうとも、経済的に恵まれ、生活様式が西洋化された人々にはこの流れが及ばないと考えられていたことがあった。しかし、それが誤った見方であったことが明らかになる。なぜならば、「俗人説教師」の登場を誰よりも歓迎したのは、こうした人々であったからである。ウラマーの説教を虚ろな表情で聞いていた人々が、「俗人説教師」の話には熱心に耳を傾け、積極的な反応をみせた。

厳密にいうと、イスラームには出家や得度《とくど》に相当する制度はなく、その意味で「俗人」という言い方は成立しない。それでもあえてこうした新しい説教師を「俗人説教師」と呼んでいるのは、彼らがウラマーとは異なり、イスラームに関する伝統的な専門的な教育を受けていないにもかかわらず、イスラームについて語ることを職業としているからである。エジプトのアムル・ハーレド（一九六七年〜）やムスタファー・ホスニー（一九七八年〜）、そしてインドネシアのアブドゥラ・ギムナスティアル（一九六二年〜）などがその代表である。彼らのスタイルは、アメリカのテレビ説教師を思わせ、芸能人にすぎないという批判もあるが、彼らが成功していることは誰にも否定できない。

アムル・ハーレドについてみてみよう。彼はエジプトの首都、カイロの高級住宅地で育ち、カイロ大学の商学部に学んでいる。卒業後は会計事務所に職を得ていたが、知人に頼まれて私的な場でイスラームについて話したことが評判となり、会計士の職を辞して本格的に説教師としての活動を始めた。国内外で講演、テレビにも出演し、本やＤＶＤを販売するなど大成功を収めている。二〇〇六年、『ニューヨーク・タイムズ・マガジン』は、彼を世界で最も影響力のある一〇〇人の一人に挙げている。

高級なスーツに有名ブランドの腕時計、という外見上のウラマーとの違いも重要だが、それ以上に注目したいのは、彼の語り口である。彼はイスラーム共同体の再生を、経済的な発展から切り離すことはできないと訴える。彼によれば、信仰心に突き動かされた行動がイスラーム教徒の社会を発展に導く。信仰をもつ者は誠実であり、勤勉であり、その結果として必然的に成功する。そしてそういう人々からなる社会は、当然のように発展するというのである。マックス・ウェーバーのいう世俗内禁欲のイスラーム版ということになろうか。

イスラーム共同体の再生を、一人ひとりのイスラーム教徒の信仰と実践に結びつけて考えるという点は、実は近代以降のイスラームがみせる大きな流れに沿ったものである。その上でなお、こうした新しい説教師たちの動きが注目に値するのは、近代化／世俗化、さらにグローバル化の進行によってウラマーが事実上、排除された領域にイスラームの論理や言説を取り戻し、それまでイスラーム共同体の中で周縁化されていた――西洋化されていた――人々を、その掛け替えのない成員として呼び戻したことにある。

最後に、こうした説教師たちの中には、女性もいることを付け加えておこう。ウラマーはすべて男性であり、イスラームの言説空間には女性は存在しないとすらいわれてきたが、こうした歴史が変わり始めている。その意味においても、「俗人説教師」はイスラーム教徒のつながりに新たな可能性を生み出しつつあるといってよいだろう。

9
名前のないアラブ人――フランスの北アフリカ移民

稲葉奈々子

（1）ポストコロニアリズム不在のフランス

アルベール・カミュの代表作『異邦人』の舞台は、フランス植民地支配下アルジェリアである。一人の「アラブ人男性」が、主人公たるフランス人のムルソーによって、「太陽が眩しいから」という不条理な理由で殺される。ところで、このアラブ人男性には名前がない。

二〇一三年に出版されたカメル・ダウードの『再捜査』と題する小説は、この名前がないアラブ人男性の弟が、兄の殺人をアルジェリア社会の視点から「再捜査」する内容である。ムルソーに射殺されたアラブ人男性にも家族がいて、日常生活が営まれていたはずだ。一人のアラブ人が、植民地支配者としてのフランス人に意味なく殺された上に、名前すら記憶されない不条理が指摘されるまでに、実に七〇年近くの歳月を要したことになる。この事実は、フランスにおける旧植民地出身者について考える手がかりとなる。

エドワード・サイードは、植民地支配する側とされる側の関係性を説明すべく、「オリエンタリズム」という概念を打ち立てた。それは、イメージを表象する側と表象される側の関係でもある。カミュの描いた、不条理な理由で殺されるだけの、名前も与えられないアラブ人は、こうした関係性の中で生み出されたといえる。

その意味で、小説『再捜査』の登場は、フランスにおける中東からの移民の位相の変化を象徴している。もっぱらフランス人によって表象される側だったアルジェリア人が、表象する側となったのである。しかも、アラブ人が名もない存在としてしか描かれていないことが疑問にもされてこなかったフランスの知的状況に一矢を報いる試みであった。

このような「ポストコロニアリズム」の立場からの小説は、トニ・モリスンやナイポールなど、アメリカやイギリスには多数存在する。背景にある「ポストコロニアル理論」は、もっぱらアメリカやイギリス、インドなどの英語圏で、一九九〇年代以降に活況を呈した。しかし、現代のフランスにおいては、知的な意味でのポストコロニアリズム不在の状況が指摘されている。実際、アメリカにおける多文化主義、イギリスにおけるカルチュラル・スタディーズのように、政治だけでなく、アカデミズムにおける植民地主義的思考を問い直す批判的議論は、フランスでは発展してこなかった。もっとも、一九六〇年代フランスにおいてすでに、エメ・セゼール、レオポール・サンゴール、フランツ・ファノンなど、ポストコロニアリズムの理論的支柱となる議論が展開されていた。ジャック・デリダやミシェル・フーコーらフランスのポスト構造主義理論は、エドワード・サイードやガヤトリ・スピバックなどの英語圏のポストコロニアリズムを牽引する論者に影響を与えた。さらには、一九六〇年代のフランスは、「第三世界主義」の中心的位置を占めていた。

これらの議論は一九六〇年代の植民地独立運動の正統性を支えるものであった。つまり、植民地の人々が政治的な主体となることを認める思考だったといえる。しかし、植民地出身の移民が政治的主体たる正統性を裏づける思考としてのポストコロニアリズムは、フランスにおいては二〇〇〇年代になるまで不在であった。

(2) フランスの移民の概要

中東におけるフランスの植民地は、アルジェリア、チュニジア、モロッコであった。これら旧植民地出身者が、フランスの移民の多数を占めたが、中でもアルジェリアは、多くの移民を送り出した。一九六二年のアルジェリア独立時には、フランスにおけるアルジェリア人移民は約三五万人だったが、一九八二年には八〇万人となり、倍増している。同時期のモロッコ人は三万一〇〇〇人から四四万人、チュニジア人は二万六〇〇〇人から一九万人に増えている。フランス経済の高度成長を支えたのは、間違いなく北アフリカからの移民であった。

しかし、マグレブ系移民に対する人種差別的な暴力は移民の増加とともに激化し、一九七三年には、アルジェリア政府はフランスへの出稼ぎ移民の送り出し停止を宣言している。その直後にオイル・ショックによる景気後退で、フランスは労働移民受け入れを一時停止した。しかし家族合流は認められていたため、移民の流入は続き、定住化が進んでいった。

（3）政治的存在たることを許されない移民たち

フランス最大の植民地かつ、フランスへの最多数の移民送り出し国となったアルジェリアの独立は一九六二年で、「アルジェリア戦争」によって達成された。この戦争は、フランスの公式文書では「戦争」とされず、「北アフリカにおける秩序維持作戦」と記述されてきた。これが公式に「戦争」と認められるには、一九九九年の国会での承認を待たねばならなかった。これがフランスのポストコロニアリズムの端緒を開いたといえる。

知的にポストコロニアリズムが不在な状況においては、多くが旧植民地出身者である移民は、政治的な主体として認知されていない。「政治的に存在しないことは、存在しないのと同じだ」とアルジェリア人の社会学者アブデルマレク・サヤドが述べるように、事実、知的な場面においては、移民は長いあいだ不在であった。

サヤドは、自身がアルジェリア人である立場から、フランスにおける移民研究の多くが、移民出身の研究者によってなされていないこと、したがって受け入れ社会の関心からしか書かれていないことを指摘している。

また、移民の社会統合つまり異質性の縮減をいかに達成できるかという政策科学的な性格が強いことを指摘している。

サヤドは、住宅や医療といった社会政策から移民が排除される過程を記述しながら、その根本的な理由を、移民が政治から排除されている事実に求めている。政治からの排除とは、端的にはフランスにおいてEU出身以外の外国人に参政権が付与されていないことに集約される。しかしサヤドにとっての「政治」とは、最も基本的な権利の行使であり、権利の主体になるということであり、自らの存在、言説、行為に意味と方向性を付与することを意味する。政治的なものとしての存在を否定されるということは、「歴史をもつこと」を否定されることであり、つまりは「過去をもつことも未来をもつことも否定され、とりわけこの過去と未来を自らのものとして歴史を自らの手中にすることを否定される」ことである。つまり、サヤドは必ずしもフランス国籍をもたない移民の政治からの排除だけを問題にしているのではない。出生地主義によりフランス国籍を取得している移民第二世代についても、親子二世代にわたってフランス生まれの場合、子ども世代は出生時に選択の余地なくフランス人になる制度を「緩やかな暴力」と呼ぶ。この「二重の出生地主義」と呼ばれる制度は、独立前のアルジェリア、つまりフランス生まれの親が、フランスに移民して子どもが生まれた場合にも適用された。これはアルジェリア人移民にとっては、移民第二世代が「共和国の歴史」の中に「暴力的」に組み込まれ、自らの歴史が略奪される制度だからである。

社会党出身者のジョスパンが首相を務めた一九九七年から五年ほどの期間に、フランスにおけるポストコロニアリズムの時代の幕開けを象徴するような法律が制定された。特に二〇〇一年に制定されたトビラ法は、奴隷制度が人道に対する罪であることを公式に認めるものであり、フランスもポストコロニアルな時代状況から逃れられないことを印象づけた。しかし政権交代すると、二〇〇五年には植民地アルジェリア引揚者の「貢献」を承認する法律や、「植民地主義の肯定的な側面」を謳う法律が国会に提出された。二〇〇〇年代初頭に短期間実現したポストコロニアリズムに基づいた政策に対するバックラッシュともいえる状況が起きた。二〇〇七年に大統領に就任したニコラ・サルコジがダカールを訪問した際の演説はその典型である。

アフリカの悲劇とは、アフリカの人々にとって、まだ歴史が始まっていないことです。アフリカの農民の生活の理想は、自然と調和し、永遠に繰り返される時間の中で、終わることなく同じ振る舞いと同じ話を繰り返すことです。何もかもが常に反復するという思考においては、人類の冒険という考え方も、進歩という考え方も起こりません。自然がすべてを支配すると考える世界においては、何もかもがあらかじめ決められている、という不変の秩序の中で不動のままであり続けるでしょう。そんな中では、人は未来に向かって跳躍することがないでしょう。運命を自ら作り上げるために、反復から抜け出そうという考えは起こりようがないでしょう。（ダカールにて。二〇〇七年七月二七日のサルコジ大統領演説）

アフリカの人は、自らが変革の主体になることができない、だからまだヨーロッパの手助けが必要なのだ、といわんばかりである。この演説は旧植民地アフリカに向けられたものではあるが、旧植民地出身者に、主体性を認めない点においては、アルジェリア、チュニジア、モロッコなど中東の植民地出身に対しても同様である。

（4）ポストコロニアルな異議申し立て

アメリカやイギリスにおいては、旧植民地出身の当事者を担い手とするポストコロニアルな社会運動が、植民地出身者の社会的地位の改善や、文化や言語への権利を認めさせる推進力になってきた。

フランスにおいても、もちろん移民を担い手とする社会運動がなかったわけではない。労働運動においては、戦前から移民労働者もストライキを打つなど、労働運動の担い手であった。しかし、労働運動における主張は、フランス人との賃金の平等の訴えが中心であり、もっぱら普遍的な要求であった。一九八〇年代には、マグレブ系の移民の若者を担い手とする「人種差別に反対し平等を求めるマーチ」が組織され、数万人規模の参加者があった。このマーチは、マグレブ系移民の若者たちが、人種差別に抗議して企画したものだった。当時から現在に至るまで、マグレブ系移民の若者は、警察の暴力的な取り締まりの標的にされ、尋問を逃れるためにバイクで逃走して転倒して死亡したり、警察に射殺されるなどの事件が後を絶たないことが背景にあった。

南仏マルセイユから出発したマーチがパリに到着した時には、代表者らが大統領府に迎え入れられるなど、人種差別反対と平等への訴えは好意的に受け止められた。しかし、これらの運動もまた、フランス人との平等を求める訴えでこそあれ、ポストコロニアルな主張ではなかった。

二〇〇〇年代以降に登場した移民女性の社会運動「Ni pute, ni soumise（売春婦でもなく、忍従の女でもなく）」も、イスラムが女性に対して抑圧的な宗教であるという前提の上に立っていた。つまり、同胞たるムスリム男性による女性差別の原因をイスラム教に求める点で、後述するヒジャブを禁止する法律を制定したフランス社会と認識を共有し、共和主義を肯定的に受容するものであった。

当事者によるポストコロニアルな運動が展開しなかった理由としては、フランスの共和主義、自由や平等といった普遍的な価値観が移民の社会統合の原理とされている事実が大きい。移民の言語や文化への権利の主張は、「共同体主義（コミュノタリズム）」として批判されたのである。この場合の「共同体」とは、エスニック・コミュニティが、それぞれの言語や文化、歴史の価値を主張することだが、一九九〇年代の旧ユーゴスラビアの紛争のごとく、エスニック・コミュニティ間の対立を引き起こし、社会統合が阻害されるという理由からであった。アメリカやイギリスでは「多文化主義」としてむしろ肯定的に論じられる発想が、フランスの場合には、否定的な意味合いが強く付与されてしまったことも、ポストコロニアルな主張を掲げた社会運動が活性化しなかった理由だろう。

後述するムスリム女性のヒジャブ（頭髪を隠す一般的なベール）着用は、ムスリム・コミュニティへの内向と考えられ、二〇〇一年九月一一日のアメリカ同時多発テロ事件以降は、「ムスリムによるグローバルな脅威」と直接的に結びつけて考えられるようになった。つまり、過激なイスラムに傾倒する若者が増える根拠とされたのである。元女性の権利大臣イベット・ルウディは、二〇〇四年に、公立学校でヒジャブ着用を認めることは、宗教を共和国の法律よりも上位に位置づけようとするイスラム原理主義者の挑戦であるとまで述べている。つまり、女性のヒジャブはイスラム原理主義の台頭の氷山の一角と考えられている。ムスリムの女性が自らの意志でヒジャブを着用しているとはみなされず、ムスリムの男性によって強いられているとみなされているのである。実際には、後述するように彼女たちはヒジャブ着用が自らの選択によることを主張しているが、それが顧みられることはなかった。

（5）ポストコロニアルなフェミニズム

ラディカルにポストコロニアルな主張があらわれたのは、女性運動においてであった。というのも、フランス社会の「移民問題」を象徴するものとして、ムスリム女性のヒジャブがしばしば批判の標的とされてきた経緯がある。発端は、一九八九年にパリ郊外のクレイユの公立中学校に、女子生徒がヒジャブを着けて登校したことにある。これが、公的な空間では非宗教であることを求める「ライシテ（政教分離）」の原則に抵触するとして、校長が彼女たちの授業への出席を禁じたのである。結果的には当時の教育相ジョスパンが、放校処分は、結果的に生徒たちが共和主義的価値観を学ぶ機会を奪うことになるとして、登校が認められた。しかし二〇〇一年九月一一日以降、ムスリムをめぐる状況は大きく変化した。

二〇〇四年には学校におけるヒジャブ着用禁止を定める法律が制定され、さらに二〇一〇年にはブルカ（目の部分も網目状のベール）やニカブ（目の部分だけ見えるベール）を公的な場所で身に着けることが禁止された。フランスにおける宗教実践はムスリムだけではないにもかかわらず、なぜイスラムだけが標的にされるのか。それはイスラムの教義が女性差別的とみなされていることによる。ヒジャブは、女性抑圧の象徴なのである。そのため、フランスの女性運動の担い手にとっては、ヒジャブと女性の自由と自立は相容れないと考えられる傾向にある。フランスのフェミニズムを牽引してきたエリザベット・バダンテールは、レジズ・ドブレやアラン・フィンケルクロートなどの知識人と連名で、週刊誌『ル・ヌーヴェル・オプセルヴァトゥール』（一九八九年一一月二日）に、次のような意見を載せている。「イスラム・スカーフを容認することは、ムスリムの女性たちに（男性への）従属を強いる者を容認することになる。女性の従属のシンボルであるイスラム・スカーフを事実上容認することで、父親や兄弟に（女性の運命を）白紙委任することになる」。ヒジャブの着用は、すべて男性による強制であり、そこに女性本人の主体性を全く認めない発言なのである。

この発言には、「女性の権利」という普遍的価値観を掲げた主張に、植民地主義的思考が内在している。フランスのムスリム女性移民が、ムスリムであることをやめれば、女性差別から完全に逃れられるかのようである。フランスにおけるヒジャブ着用禁止に賛同する人々は、女性に抑圧的なイスラム教と、女性を解放する共和主義という二項対立図式に則っている。しかし現実には、ムスリムではない女性も、女性であるがゆえの差別や抑圧を経験している。女性差別の要因をイスラムだけに帰する論理が、移民の文化・宗教的背景を劣位に置く植民地主義的思考といえるゆえんである。また、フランス国外のイスラム教国において女性の地位が低いからといって、フランスにおけるムスリム女性が同じ状況に置かれているとはいえない。

こうした植民地主義的思考に対する異議申し立てが、二〇一〇年前後から現れるようになった。ムスリムの女性たちを担い手とする社会運動は、アメリカやイギリスのポストコロニアルな思想の影響によるところが大きい。マグレブ系移民が多く居住するパリ郊外のサンドニ市で、移民女性が立ち上げた「サンドニの闘う女性（Femmes en lutte 93）」のトレードマークは、アメリカのブラック・フェミニズムの担い手アンジェラ・デイヴィスの肖像である。

図１　ムスリム移民女性のデモ
（サンドニ市，2014年）

　三月八日の世界女性の日には、共和国広場を起点としたデモが組織される。これは公的な性格を帯びており、女性政治家も参加する。しかし、ヒジャブの着用に反対するフランスの女性運動団体も参加しており、ムスリムの女性がヒジャブを着けて参加することはできなかった。そのため、移民女性たちは、移民が多く住むパリ東部のベルビルの町から出発する三月八日のデモを、二〇一四年以降、自ら企画するようになった。「私たちは、女性の行動や、発言、服装について説教を垂れる女性による公式のデモには加わらない。今日、私たちは、自ら声をあげる」（Femmes en lutte 93のウェブサイトより）と述べ、「スカーフを着けていてもいなくても、私の体は私のものだ」という主張を掲げて、ヒジャブを着用した女性たちが、女性の権利を訴えてデモを行った。フランスにおいて、初めて当事者がポストコロニアルな主張を掲げた運動であった。

　現在のところ、ポストコロニアルな主張は、移民女性の運動に留まっている。しかし、フランスにおいても、かつてマイノリティの運動は女性運動から始まり、障害者や移民などその他のマイノリティにも拡大していったことがある。ポストコロニアルな運動も、やがて女性移民だけではなく、広く共有される価値観になるであろう。社会学者アラン・トゥーレーヌが、社会運動の担い手を「未来を予言する人々」と称したのは、現在は一部のマイノリティの問題でしかないようなことだが、やがて社会全体に関わる価値の問題になることを、社会運動の担い手が先鋭的に体現しているからであった。フランスにおけるポストコロニアルな価値観も、やがては社会の根本原理として認められる日が来るのではないだろうか。

参考文献

ニコラス・バンセル／パスカル・ブランシャール／フランソワーズ・ヴェルジェスほか（平野千果子・菊池恵介訳）『植民地共和国フランス』岩波書店、二〇一一年。

カメル・ダウード（鵜戸聡訳）『もうひとつの「異邦人」――ムルソー再捜査』水声社、二〇一九年。

エラ・ショハット／ロバート・スタム（内田（蓼沼）理絵子・片岡恵美訳）『支配と抵抗の映像文化――西洋中心主義と他者を考える』法政大学出版局、二〇一九年。

10

メディアでつながる人びと——共同体意識の変容

千葉悠志

（1）メディアと共同体意識

今日、人々は様々なメディア（情報媒体）に囲まれて暮らしている。これは日本や欧米に限った話ではなく、中東にも当てはまることである。例えば、エネルギー資源に恵まれた湾岸諸国では、ラジオやテレビ、インターネット、スマートフォンなどの普及率が、日本や欧米と同じか、あるいはそれを上回る水準にある。またイラクやシリアの紛争地であっても、衛星放送やインターネットを通じて人々は情報を入手し、それと同時に発信もしている。各国ごとにアクセス可能なメディアやその普及状況は異なるものの、情報化は世界中で進行しており、この四半世紀の間に我々を取り巻くメディア状況は激変した。若者がスマートフォンから「つぶやき（ツイート）」を発信する様子は、中東でも日常風景になりつつある。

さて、こうしたメディアが、我々のアイデンティティや共同体意識と深く結びついていることは、繰り返し指摘されてきたところである。例えば、資本主義と複製印刷技術の邂逅が国語を生み出し、「想像の共同体」たる国民の形成を促したとするベネディクト・アンダーソンの議論はとりわけ有名である。また、ラジオやテレビの普及が進むと、人々が同じ時間に同じ経験を共有することが可能になったことから、各国で国民文化の形成が進んだ。ナチズム（国民社会主義）の台頭はラジオの登場と重ね合わせて論じられることが多く、テレビの登場が各国の国民意識を解体するよりも、むしろ強めたことは多数の研究が指摘している。逆に、最近ではポスト・マスメディアたるインターネット（中でもフィルタリング技術）の発達が、情報への選択的接触や意見の閉鎖化をもたらすフィルターバブルやエコーチェンバーといった現象を生み出し、国民意識の分断を促しているという指摘にも注目が集まっている。人々のつながりがメディアによって媒介されている以上、メディアと共同体意識の間には不可分の関係があることは当然といえよう。とはいえ、既存の議論は欧米や日本の文脈を超えて中東にも等しく当てはまるものなのだろうか。そもそも、中東地域のメディアが、人々のアイデンティティや共同体意識に与えた影響は、それ以外の地域と同様だったのであろうか。

本章の目的は、中東におけるメディアと共同体意識との関係を明らかにすることである。具体的には、二〇世紀以降の中東、中でも筆者が専門としているアラブ諸国を中心に、各々のメディアがいかにこの地域に現れて、そしてそれらが人々の共同体意識とどのように関係し合ってきたのかを考えてみたい。ただし、メディアと一口にいっても様々な媒体があるため、本章では中東で社会的影響の大きかったラジオ、テレビ、衛星放送、インターネットの四つを取り上げ、それぞれの分析を通して、中東地域におけるメディアの発達とそれが共同体意識に及ぼした影響を検討したい。

(2) ラジオが促した「二種類のナショナリズム」

中東におけるラジオの誕生は、一九二〇年代半ば頃のことで、各地でアマチュア無線家によってラジオが流されるようになったのがその起源である。しかし、一九三〇年代以降は、(委任統治政府を含む)各国政府が周波数管理を名目に、私設の放送局を規制したことで、それまであった放送局のほとんどが活動を停止し、その後は欧米企業の技術援助を受けた政府がラジオを独占的に放送するようになった。また、この頃からイギリス、イタリア、ドイツがプロパガンダ目的で、中東向けのラジオ放送を開始するようになり、さらにイギリスやフランスなどは、その支配下の国々でもラジオ局を設けたものの、その聴取者数は限定的であった。これに対して、中東域内でラジオが本格的に普及しだすのは、一九五〇年代以降のことであり、欧米や日本と比較すると、中東のラジオ時代の始まりは遅かった。だが、ひとたびラジオが普及すると、その影響は非識字者が多い中東では様々な分野に及び、そしてそれは人々の共同体意識に対しても影響を与えた。

中東の中でも、特にアラブ地域には「二種類のナショナリズム」がある。各国を越えてアラブ民族に共有されるアラブ・ナショナリズム（カウミーヤ）と、一国単位のナショナリズム（ワタニーヤ）の二つである。ラジオは両者と深く関わったが、時期ごとにその結びつきには強弱があった。まず、一九五〇〜六〇年代にかけて、ラジオはアラブ・ナショナリズムと強く結びついた。アラブ・ナショナリズム自体は、一九世紀末に生じたアラブ文芸復興以降、中東の主要な思想・運動として現れていたが、その担い手は一部の知識人に限られていた。こうした状況は、新たな媒体と新たな指導者の登場とともに変化した。まず、ラジオは人々に共在や参加の感覚を与え、さらには情報を瞬時に遠方まで伝えるという、従来のメディアとは大きく異なる性質を備えていた。この特性を熟知し、それを効果的に利用したのがエジプトの第二代大統領ナセル（在任一九五六〜七〇年）である。彼は強力な短波ラジオを増設し、中東全土にアラブ・ナショナリズムの思想を拡散することで影響力の拡大を図った。ラジオ放送「アラブの声」などは、ナセルのプロパガンダを運ぶ媒体であったが、流行曲も流されていたため、その放送は当時娯楽の少なかった中東全土で広く人気を博した。結果として、一九五〇〜六〇年代にかけての時期に、ラジオは中東で広くアラブ・ナショナリズムのうねりを引き起こしたのである。

しかし、一九七〇年代以降になると、ラジオはむしろ一国単位のナショナリズムと結びつくことで、各国の国民形成を促す役割を果たすようになった。変化の背景には、次のような事情があった。まず、主要な要因としては、第三次中東戦争での大敗や、アラブ民族主義の旗振り役だったナセル大統領の急逝で、アラブ・ナショナリズム自体の求心力が失われたことが挙げられる。また、後任のサーダート大統領が、一国主義への政策転換を図ったことで、「アラブの声」の放送時間短縮や内容変更が行われたことも関係していた。さらに各国事情に目を転じると、エジプト以外の国々も自国のラジオを充実させ始めたことから聴取者の細分化が生じた。そして、各国政府がラジオを国民統合や国民教化のために利用するようになった。こうしたことから、ラジオはアラブ・ナショナリズムよりも一国単位のナショナリズムとより結びつきを強めた。

もっとも、ラジオがそれ以外の共同体意識と結びつかなかったわけではない。例えば、内戦中のレバノンでは、ラジオ局が各政治集団により所有されていたことから、それは国家より小規模の共同体意識を涵養する役割を果たした。また、各国では一九七〇年代以降に、宗教放送が多く流されるようになったことで、イスラーム共同体（ウンマ）への帰属意識が高まった可能性も指摘できる。とはいえ、中東のラジオが論じられる際には、本節で論じたような「二種類のナショナリズム」と絡めて論じられることが多く、それ以外の共同体意識との関係については研究が待たれている状況にある。

（3）テレビと国民意識の強まり

一九五〇年代半ば頃から、中東では各国でテレビ放送が開始され、七〇年代末までにはすべての国で放送が行われるようになった。放送開始当初は、受像機の価格が高く、テレビは贅沢品とみなされ、それを所有する家庭は限られていた。しかし、一九七〇～八〇年代を通じて各国で受像機が普及し続けたことで、最終的には一家に一台に近いテレビ保有状況が実現した。中東におけるテレビの発達は、それ以外の地域と似通った点も多いが、特に欧米や日本などの民主主義の国々と大きく違ったのは、それが国家の独占事業とされたために、民間放送がほとんど育たなかったことであった（二〇〇〇年代に入り、ようやく一部の国で民間放送局の活動が許可されるようになったが、この点については次節で改めて述べたい）。

一般に、テレビはすぐれて国民的なメディアとされる。実際に、テレビの普及とともに、中東各国では国民意識の形成が進んだ。その理由は、技術的要因と社会的要因から説明できる。まず、技術的要因については、ラジオと比べてテレビの電波到達範囲が限られていたことや、ＰＡＬやＳＥＣＡＭのように複数の放送規格が混在していたことから、テレビ自体がそもそも越境的な共同体意識の涵養に不向きなメディアであったことが指摘できる。また、地上波放送の場合、チャンネル数が限られていたため、人々は必然的に同じ時間に同じ番組をみることを余儀なくされたことも大きかった。さらに、社会的要因については、この時代のテレビがもっぱら政府の独占事業であったことが重要である。各国政府は、テレビを国民統合や国民教化のための主要な手段と位置づけ、その利用を図った。人類学者のライラ・アブー＝ルゴドが論じたように、たとえドラマのような非政治的なコンテンツであっても、それを通じて国民意識の形成が促された。もっとも、自国で十分な番組生産能力をもたない国もあり、そうした国々はエジプトや欧米などからテレビ番組を輸入していた。しかし、どの番組を輸入し、どのような内容を流すのかは最終的に各国政府の裁量に委ねられた。こうしたことから、テレビは各国政府にとって統制が容易なメディアであり、それを政府が利用したことから、中東ではテレビが一国単位の共同体意識と強く結びつき、そしてそれを強化する役割を果たしたのである。

ただし、例外もあった。それがレバノンである。一九七五年から足掛け一五年にわたって内戦が繰り広げられたレバノンでは、国内の政治集団がラジオと同じように、テレビ放映も独自に始めることが多かった。それによって、テレビは各政治集団を結束させ、国民の統合を阻害する役割を果たしたのである。また、一九八〇年頃からは、湾岸諸国を中心に各国でビデオ・カセットレコーダーが次第に普及し、それは音声用のカセットテープと並んで、同じ時間に同じ経験を共有する人々のメディア体験を解体させた。そもそも、テープ類は持ち運びが容易で政府の統制を受けにくいため、国民統合には適さないメディアであった。こうした政府が統制しきれないメディアの普及により、一部のイスラーム知識人の説教が国境を越えて各国で回覧されるなどしたことから、イスラーム共同体への帰属意識が強まるようなケースもみられた。新たなメディアの登場とともに、共同体意識の多様化が生じたが、この点に関しては衛星放送を扱う次節と、インターネットを扱う（5）でより詳しく検討していくことにしたい。

（4）衛星放送時代と共同体意識の多様化・複雑化

一九九〇年代以降、中東ではそれまで有効活用されていなかった衛星放送の利用が進んだ。当初、チャンネル数は限られていたが、デジタル技術の発達とともに、より多くのチャンネルを設けることが技術的に可能になった。また新たに衛星が打ち上げられたことや、中東域内でも一部の国が民間放送局の活動を許可するようになったことで、その後は数多くの放送局が新たに衛星放送市場に参入するようになった。同時に受信機器価格の下落が生じたことで、衛星放送は急速に一般家庭へと広まっていった。結果、二〇〇〇年代に入ると、中東では衛星放送が政治社会的に大きな影響力をもつ時代が到来した。では、こうした状況が新たに現れるにつれて、人々の共同体意識にはどのような変化がみられるようになったのであろうか。

電子メディアの発達が、国民国家に細分化された人々の意識を再び地球村（グローバル・ヴィレッジ）の一員にすると考えたのはマーシャル・マクルーハンであった。衛星放送の登場とともに、実際に人々の間でそうした意識が涵養されたかどうか疑わしいが、少なくとも中東で人々が超国家的な共同体意識を一時的にせよ強めたことは確かであっただろう。例えば、巡礼の映像が衛星放送を通じて世界中に配信されることで、そこに参加していない人々にもその様子がリアルタイムで伝わり、多くの人々がムスリムとしての意識を強めた可能性が指摘されている。また、二〇〇一年のアメリカ同時多発テロ事件や、二〇〇三年のイラク戦争では、カタルの衛星放送アル・ジャズィーラが「欧米とは異なるアラブの視点」から報道を行ったことで、間歇的にせよ、各国でアラブ・ナショナリズムの活性化がみられた。さらに、二〇一〇年末以来の中東で起きた「アラブの春」などでも、衛星放送から流される他のアラブ諸国の映像が、それ以外のアラブ諸国の人々を刺激し、彼らを抗議運動へと駆り立てていくような側面がみられた。

しかし、長期的にみた場合には、衛星放送の発達は共同体意識の著しい多様化と複雑化をもたらしたといえるのではないだろうか。特に二〇〇〇年以降のチャンネル数の急増によって、現在ではゆうに一〇〇〇を超えるチャンネルが中東で流されている。総合編成だけでなく、ニュース、スポーツ、子ども向け、女性向け、宗教など、特定のジャンルに特化した専門チャンネルが次々と開始され、それによって著しく細分化された放送空間が形成されている。それとともに、人々も自らの国籍や年齢、所属する宗教や宗派、政治的関心などに応じて、異なるチャンネルを視聴するのが当たり前の状況になった。衛星放送の発達は、一方では中東にもともとあった多様性を反映する形で生じたものだが、他方では新たな媒体が現れることで、それまで顕在化していなかった人々の差異が明確化されたり、新たに創り出されたりする事態が起きている。

こうした状況が顕著化するにつれて、政治社会的にも様々な問題が生じており、そのため近年では衛星放送のもちうる「つなげる力」よりも、むしろ「分け隔てる力」に焦点を当てた研究が増えている。例えば、中東では各国から選出された出場者同士が、優勝を目指して競い合う番組が人気を博しているが、そうした「仕掛け」が各国の視聴者のナショナリズムを刺激していると指摘する研究もある。また、筆者が行った調査でも、近年の中東における宗派意識の高まりの背景には、宗教チャンネルの細分化が関係していることがわかった。人々の属性や好みを細かく反映する放送状況が形成されたことで、共同体意識の多様化と複雑化が生じているのである。

（5）インターネットの影響

最後にインターネットについても言及したい。一九九〇年代頃から各国では政府が主導する形でインターネットが導入され、そして二〇〇〇年代に入ると、スマートフォンやSNSなども各国で普及するようになった。各国の経済力や情報化への志向度は異なっているため、すべてのメディアが一様に普及したわけではないが、どの国でも総じてインターネット時代への移行が図られつつある。ラジオやテレビから流される番組が、同時にインターネットを通じて配信されているケースも少なくない。また、欧米や日本と同様に、中東でもラジオやテレビに費やす時間よりも、むしろインターネットに費やす時間の方が多い人が増えている。

さて、インターネットが越境性や即時性に優れたメディアであることは自明である。ウェブサイトやSNSに何かを投稿すれば、その情報は一瞬で世界のどこからでも閲覧が可能になる。アラビア語であれば潜在的には二〇カ国程度からのアクセスが期待できるし、また英語であればより多くの国々からアクセスされる可能性がある。インターネット時代の到来とともに、オンライン上には仮想のイスラーム共同体（バーチャル・ウンマ）が形成されたと考える見方もある。また、アラビア語のウェブサイトが立ち上げられ、そこに各国からのコメントが書き込まれることで、「アラブ・コミュニティ」が生成されたと考えることもできよう。実際にインターネットやSNSのサイトをみれば、枚挙にいとまがないほどの事例が挙げられる。インターネット時代の到来によって、国境を越えて人々が結びつく可能性が各段に高まっており、人々はムスリムとしての意識や、アラブ人としての意識をオンライン上で不断に確認することができるようになった。こうした越境的な共同体意識がどれほどの強さをもつかは、人によってばらつきが大きいが、一部の人々にとって、それは時に命を賭するほどの重要性をもつものとなっている。

しかし、全体としてみた場合には、インターネットの発達も衛星放送と同じく、共同体意識の多様化や複雑化を促す側面が強く、そしてそれによって現在では様々な問題が引き起こされている。最近では、欧米や日本と同じように、中東でもインターネットの発達によってフィルターバブルやエコーチェンバーといった現象が生じており、社会の分断に拍車がかかっていると考える論者も多い。例えば、アラビア語で書かれたユーチューブやツイッター上の書き込みと利用者を調査した研究の多くは、投稿されたコメントの多くが宗派的な傾向を強く帯びていることを指摘している。また、筆者がフェイスブック上に立ち上げられたサイトを分析した際にも、世俗的なコミュニティと、宗教色の強いコミュニティがそれぞれあり、さらに細かくみていくと、理性的なものから過激なものまで様々あることがわかった。昨今の中東各国で問題となっている宗派意識の強まりは、各国の国民統合を困難にし、様々な問題を引き起こしている。こうした状況が、インターネットの発達と深く結びついていることは想像に難くなく、両者の関係についての研究が現在世界中で進められている。インターネット時代には、衛星放送とは比較にならないほどの言論空間の細分化が起き、それによって人々の共同体意識はより多様化・複雑化し、様々な政治社会的な問題が顕在化しているのである。

（6）メディアと社会が織りなす中東のこれから

本章では、中東におけるメディアの発達と、共同体意識との関係を考察してきた。一般に、メディアは人々のコミュニケーションを促す媒体だと考えられており、それゆえその「つなげる力」に焦点が当てられがちである。メディアの発達によって従来とは異なるコミュニケーションの回路が生まれ、かつては出会うことのなかった人々が実際に結びつくようになったことは確かであろう。しかし、メディアを単に人々をつなげるものとして捉えるだけでは、その本質を見誤る可能性がある。なぜならば、本章で論じたように、メディアの発達は従来曖昧だったはずの違いを可視化させ、共同体意識の分断を引き起こしている可能性が高いからである。

ゆえに、「つなげる力」だけでなく、その「分け隔てる力」にも焦点を当ててメディアを考える必要がある。

もっとも、共同体意識の形成はすでに論じたように、メディアのみに規定されるわけでなく、むしろ社会的要因によって規定される部分が大きい。技術的な発達が不可逆なものであると考えれば、メディアの発達は文化の細分化を引き起こし、必然的に人々の共同体意識の多様化・複雑化を促す可能性は高いが、それが実際にどれほどそうなるかは社会的要因によっても規定される。今後、中東各国の情報化が進み、メディアが人々の生活により浸透していく中で、共同体意識がどのように変化し、それによって政治社会的にどのような影響が生じるのか。中東におけるメディアと社会との相互作用を、より注視していくことが必要である。

参考文献

千葉悠志『現代アラブ・メディア――越境するラジオから衛星テレビへ』ナカニシヤ出版、二〇一四年。

ベネディクト・アンダーソン（白石隆・白石さや訳）『定本　想像の共同体――ナショナリズムの起源と流行』書籍工房早山、二〇〇七年。

保坂修司『サイバー・イスラーム――越境する公共圏』山川出版社、二〇一四年。

Abu-Lughod, Lila, *Dramas of Nationhood: The Politics of Television in Egypt*, Chicago: University of Chicago Press, 2004.

Kraidy, Mariwan M., *Reality Television and Arab Politics: Contention in Public Life*, New York: Cambridge University Press, 2010.

11 母語でも外国語でもない言葉――アラブ人とフランス語

鵜戸　聡

（1）中東のフランス語

中東を旅したことがある人なら、現地の人々が「メルシー」というのを耳にしたことがあるかもしれない。一九世紀のヨーロッパで最も権威のある国際語だったフランス語は、西洋の衝撃に揺れ動く中東地域でもよく学ばれ、近代化がもたらした新しい文物の名称にたくさんの痕跡を残した。つまり、トルコ語やペルシア語の外来語にはフランス語起源のものが圧倒的に多いのである。一方、アラビア語は外国語そのままの外来語を用いることが比較的少ない言語だが、多くのアラブ地域が直接・間接にフランスの支配を被ったため、その影響の大きさはトルコ・イランの比ではなく、むしろ社会におけるアラビア語とフランス語の併用という形でフランス語そのものの使用が盛んになった。

（2）東アラブ地域とフランス語の出会い

オスマン帝国の支配下にあった一九世紀の東アラブ地域では、とりわけ地中海岸においてフランス文化の影響が増大し、フランス語がイタリア語に代わって最有力なヨーロッパ語となっていた。すでに一八世紀以来ミッション・スクールによるフランス語教育が行われていたレバノンでは、大革命の言語たるフランス語は西洋近代の象徴でもあり、知識人の中にはフランスをオスマン帝国の圧政から解放する「文明の騎士」と呼ぶ者さえいた。

実際、アラブ文化の近代化にフランス語が果たした役割は計り知れない。一八四九年にマールーン・ナッカーシュがベイルートの私邸でフランス古典喜劇『守銭奴』(モリエール作)のアラビア語翻案を上演してアラブ演劇の礎を築いたのは象徴的な例といえよう。戯曲や小説といった新しい文芸ジャンルが翻訳・翻案を通して導入されたのは明治日本の場合と同様である。やや時代は降るが、二〇世紀初頭にカイロで活躍した作家ムスタファー・ルトフィー・アル＝マンファルーティーによるフランス小説の翻案はアラブ世界で広く読まれ、近代アラブ小説の嚆矢とされる『ザイナブ』も、ソルボンヌ大学で法学を学んでいたエジプト人ムハンマド・フサイン・ハイカルが一九一一年ごろ留学先のパリで執筆したものだ。

文学や歌謡、映画など、アラビア語による現代文化の発信地として知られるエジプトだが、かつては多言語で賑わう国際都市としての顔をもっていた。アレキサンドリアに生まれ育ったギリシア人詩人コンスタンディノス・カヴァフィスなどは一九世紀後半〜二〇世紀前半のコスモポリタニズムを体現するような作家だが、ほかにもイタリア未来派の創始者フィリッポ・トンマーゾ・マリネッティや二〇世紀イタリア最大の詩人の一人とされるジュゼッペ・ウンガレッティもまたアレキサンドリアに生まれている。

フランス語作家としては、レバノン系女性詩人のアンドレ・シェディード、シリア系小説家のアルベール・コセリー、ユダヤ系詩人エドモン・ジャベスらがカイロの出身だが、第二次世界大戦後からナセル革命にかけての時期に皆フランスに移住してしまった。今ではアラビア語一色に染められてしまったかにみえるエジプトだが、フランス系の学校も少なからず存続しており、フランス語に堪能な知識人も珍しくない。

(3) レバノンのフランス語話者たち

一方レバノンでは、一八世紀から第一次世界大戦後のフランス委任統治時代を経て現在に至るまで、フランス語の伝統が途絶えることなく受け継がれている。カトリック系のサン＝ジョゼフ大学をはじめとする高等教育機関やメディアが社会における高度なフランス語使用を強化しており、フランス語を母語として日常生活を送る人々すら一定数存在する。

近年活躍のめざましいレバノンのフランス語作家シャリーフ・マジュダラーニー（サン＝ジョゼフ大学のフランス文学科教授でもある）は、フランス語が文字通り自分の「母語」であり、アラビア語は「父語」だという。彼の母方の家系は、一九世紀にレバノンからエジプトに亡命し、アレキサンドリアでフランス語化した一族なのだ。彼らはレバノンに帰還した後もフランス語を保持し続け、マジュダラーニーはその「母語」を母親から受け継いだ。フランス語とレバノン・アラビア語を日常的に話し、フランス語と正則アラビア語と英語を読むための言語にもちつつも、文学の創造にたえうる言語、小説執筆の言語はフランス語のみであると主張する。

また、レバノン（およびシリア）といえば一九世紀以来多くの移民を送り出してきた地域として知られているが、一九七五年に勃発した内戦は市民の国外脱出に拍車をかけた。結果として、古い移民の子孫が住まう西欧や南北アメリカなどには大量のニューカマーが合流することになる。その際、フランス語に堪能な人々は、当然フランスやカナダのフランス語圏を目指したのである。

著名な例を挙げるなら、日本語にも多くの著作が翻訳されているフランス語作家アミーン・マアルーフも内戦を機にパリに居を移したレバノン人で、二〇〇四年に発表した『オリジン』では一九世紀末に新世界へと旅立ったレバノン移民の軌跡を描いている。存命中のアラブ最大の詩人とも目されるシリア出身のアドニスも、レバノン大学で教鞭をとっていたが内戦中にパリに亡命することになる。子供時代にフランスを経由してフランス語圏カナダ最大の都市モントリオールに移り住んだ演劇家のワジュディー・ムアウワドは、二度の静岡公演や戯曲の映画化（『灼熱の魂』）で日本の演劇・映画ファンにも知られているが、カナダ国立演劇学校で教育を受け、現在はフランス国立コリーヌ劇場の芸術監督を務めている。アラブの作家や演劇家にとってフランスは、パリの出版メディアやアヴィニョンの演劇祭などを通して世界市場へつながる重要な窓口でもあるのだ。

もちろん、レバノン人はアメリカ合衆国やオーストラリアといった英語圏や南米にも数多く暮らしているのだが、面白いことに、これらの地域でもフランス語への親近感を保っている人たちがいる。オーストラリアの著名な人類学者ガッサーン・ハージやブラジルのアマゾン川流域出身の作家ミルトン・ハトゥンは、それぞれ英語・ポルトガル語を著述言語として駆使するとともに非常に流暢なフランス語を話す。さらに特異な例は、セネガルやコートジボワールなど、かつてフランスの植民地だった西アフリカに住むレバノン人たちだ。そのフランス語力を駆使して植民地当局と地元民との媒介者として富を築いた彼らは、フランスが去った今も西アフリカ社会に隠然たる影響力を保っている。

このように、東アラブ地域はフランス語と比較的幸運な出会いを果たし、とりわけレバノン系の人々は世界に広がるフランス語話者のネットワークにおいて重要なアクターとなっている。一方、レバノン以上にフランス語の浸潤が甚だしい西アラブ地域《マグリブ》（北アフリカ）では、一八三〇年から始まるアルジェリア征服戦争を皮切りにフランス語世界の一部に組み込まれていくことで、自ら望んだわけではないフランス語との付き合いが始まり、人々は次第に敵の言葉を我がものとしていくことになった。

（4）ダイグロシア状況と限定的なバイリンガリズム

フランス語が近代の新知識や「文明」にアクセスするための有用な道具であった時代に自らこれを学んだ人たちとは異なり、支配者の言語としてこれを受け入れざるをえなかった地域でこそ今もフランス語が栄えているのはいささか皮肉な話である。一三〇余年の植民地支配の末に血みどろの独立戦争を戦ったアルジェリアはアラブ世界で最もフランス語が社会に深く根差した国であり、ベルギー国王によって群を抜いて残虐な支配を被ったコンゴの人口増加は今や世界のフランス語話者の総数を押し上げる要因となっている。

そもそもアラブ圏のフランス語使用を考えるには、「ダイグロシア」（社会的に格差のある言語変種の併用）と呼ばれるアラビア語特有の事情を踏まえる必要がある。古典アラビア語に基づく「正則アラビア語」（フスハー）が全アラブ世界に共通の公的言語であり、公式の場での発話や書き言葉として用いられる一方、日常生活で話されている人々の「母語」はそれと大きく異なる各地の「方言」とみなされている。このアラビア語内部の分裂状態のため、アラブ人にとっても正則アラビア語の十全な運用を行うにはかなり高度な訓練を必要とする。それゆえ、高等教育を主にフランス語で受けた人間は、社会生活を送る上で読み書きの言語がフランス語中心になる傾向がある。それどころか、アラブ人同士がフランス語で会話することも少なくない（特に出身地域が異なる場合は）。

マグリブ諸国のうちフランスの植民地であったアルジェリア・チュニジア・モロッコであれば、教育を受けた人間は程度の差こそあれアラビア語とフランス語双方の読み書き能力を有している。小学校から高校まで国語のアラビア語を叩き込まれるが、大学に進学すると理系はもちろん文系でもフランス語で教授される学科が多くなる。加えてフランスの教授法や教材をそのまま利用できるのは大きな利点といえるだろう（フランスは最大の留学先でもある）。

結果として、日頃から主にアラビア語で読み書きする人もいれば主にフランス語で読み書きする人もいることになるため、新聞・ラジオ・テレビといったメディアもアラビア語のものとフランス語のものに分かれている。なお、先住民ベルベル人（自称はアマジグ）の人口がモロッコで四割、アルジェリアで二割に及ぶともいわれており、ベルベル諸語でのラジオ放送も行われている。書店に行けば現地出版のフランス語書籍の棚とアラビア語書籍の棚が並んでおり、最近ではフランスの出版社と特別な契約を結んでフランス書籍の廉価版も出版するようにもなっている。フランス語による知的営為に直接参加できるのは大きな強みであり、例えばフランス現代思想や文学理論のアラビア語訳にモロッコ人翻訳者が活躍しているのはその好例である。

（5）アルジェリアのフランス語話者たち

モロッコやチュニジアが一九世紀末にフランスの保護領になったのに対し、フランス共和国の三つの県として直接支配を被ったアルジェリアは、独立直前には全人口の一割にあたる一〇〇万人のヨーロッパ系住民を数えるほど深くフランスに組み込まれていた。植民地においてフランス語は社会的に最も有力な公的言語となり、それを身につけることはいわゆる「フランス化した現地人エリート」（エヴォリュエ）として立身出世するために不可欠であった。現地の官僚機構や商業に関わる少数のエリートのほか、フランス人の経営する農場や都市部で働く現地人労働者たちにもフランス語に接触する機会は増えていく。最終的にはフランス語による公教育が導入され、子供たちは小学校でフランス語の読み書きを学ぶことになった。

アルジェリア仏語文学草創期の代表的作家の一人カテブ・ヤシン（一九二九～八九年）は、『星の多角形』（一九六六年）の末尾に次のような自伝的エピソードを記している。

——しばらくアラビア語は措いておきなさい。お前には、私のように、二つの椅子の間に座って欲しくないんだ。いいや、私は絶対にお前をマドラサの犠牲にはしないぞ。正常な時代なら、私自身がお前の文学教師となり、お母さんが仕上げをしてくれただろう。だがそんな教育が何になる？　フランス語が支配しているんだ。お前はそれを支配しなければならない。そしてお前のもっとも優しき幼年時代に私たちが叩き込んだものはすべて置いていくんだ。しかし一度フランス語の主となれば、お前は何の危険も犯さずに私たちとともに自分の出発点に戻って来ることができるだろう。

大体このようなことを父は言った。

ヤシン少年が、アルジェリア・アラビア語による母親との親密な関係から引き離され、古典アラビア語の手ほどきを受けることもなく、父親の手によってフランス語の小学校に入れられる際のことだ。「狼の口」に投げ入れられる経験と自らが呼んだフランス語世界への参入は、やがて彼にとって自らの文学世界を構築するための「戦利品」となる。

一方、宗教の言語であったアラビア語については、ごく初歩がコーラン学校で教えられたほか、官民のイスラーム学校（マドラサ）でこれを操る極めて少数の宗教エリートが養成された。植民地の「臣民」の法的地位はフランス市民とは異なったため、ムスリムのためのイスラーム法廷も存在したのである。カテブ・ヤシンの祖父はその法官、父はその弁護士だった。

一九六二年の独立直後の識字率はそれでも一割前後といわれており、アラビア語の読み書きに絞ればさらに低かっただろう。それゆえ独立後しばらくの間は、新たな「国語」の教員が圧倒的に不足していた（フランス人のアラビア語学者がアルジェリア人にアラビア語を教えていた例すらある）。例外的にアラビア語の読み書きができたズフール・ウニーシー（のちに女性初の大臣となる）は、まだ一〇代の少女だったがアラビア語教員に任用された当時の状況を次のように回顧している。

彼女は皆の注目の的で、老いも若きも尊敬のまなざしを向けていた。彼女はアラビア語の教師で、またある時は裁縫の先生だった。

彼女は人々の尊敬のうちの道徳的な面を占めるようになったが、彼女は一八にもならぬ小娘に過ぎなかった…その社会は自らの言語、歴史、美質を禁じられていたのだ…それゆえアラビア語の読み書きを能くする者は、賢者、神学生、あるいは聖者であるとまで思われたのだった。


新生アルジェリア政府はアラビア語とイスラームをアイデンティティの根幹に据えつつも世俗的な国家経営を行い、エジプトやシリアからアラビア語教師を「輸入」して社会の急速なアラビア語化を図ったものの、社会的上昇のためには事実上フランス語の習得が不可欠だった。それでも一九七〇年代以降はアラビア語で長編小説も書かれるようになり（先述のウニーシーは短編集を六〇年代から発表している女性作家のパイオニア）、八〇年代にはイスラーム主義の伸長も相俟って、アラビア語の普及がアルジェリアのフランス語を歴史の遺物とするかに思われた。

しかしながら、九〇年代にイスラーム過激派との内戦状態に陥ると、テロの標的となった知識人の多くはフランスに亡命し、アルジェリア国内でもフランスは自由な言論の言語として息を吹き返していった。内戦が終結した二〇〇〇年代以降は独立系出版社が簇出《そうしゅつ》し（社会主義時代は国営出版社のみだった）、フランス語による著述活動はますます盛んになっているが、それはアラビア語の退行を意味するものではない。近年はカビール語を中心にベルベル諸語による創作も少しずつ盛んになりつつあり、様々な課題はあるにせよ、アルジェリアは一人の人間が複数の言語を用いながら生活している複言語社会の新たな段階に入ったといえるだろう。

文学の創作言語という点では、アルジェリアではフランス語がアラビア語より優勢にみえるが、おそらくそれを反転した状態にあるのがモロッコの現代文学かもしれない。パリの文壇で活躍するフランス語作家を何人も輩出する一方、数多くのアラビア語作家たちが湾岸アラブ諸国の主宰する文学賞候補者の常連となるなどモロッコ文学はアラブ世界で注目を集めている。フランス語とアラビア語では主たる読者層も異なっているが、モロッコ文学はこの二言語を用いて二つのチャンネルから世界市場に参入しているのである。

（6）変わりゆくフランス語使用のあり方

アルジェリアの例が典型的であるが、アラブ世界のフランス語使用は一貫しているとともに、その内実は歴史的に変化している。フランス語はもはや植民者の言語ではないし、これを「アルジェリアの一方言」と呼ぶ者さえいる。それはフランスをはじめとする西洋世界への学術の窓であるだけではなく、アフリカの言語として近年ますます重要なものとなっている。当然それは双方向のアクセスを可能にするものだ。サハラ以南のアフリカ出身のフランス語作家がカテブ・ヤシンの「戦利品」という言葉を引いて自らのフランス語を位置づけたりすることも少なくない。

レバノンの著名なフランス語圏文学研究者であるザーヒダ・ダルウィーシュ・ジャッブールは、自らの社会の内部にフランス語という他者の言語をもつことは「他者性のもたらす絶え間ない革新の状態」に置かれることであると主張する。さらに、モンテーニュ、デカルト、ヴォルテールらが鍛え上げ、フランス革命の人権言語となったフランス語を通して「ユマニスム」（人文主義）の価値観へと参入することだ、という彼女の議論はいささかフランス語話者の自画自賛に思えなくもないが、その一方アラブ世界で同じく有力な言語である英語が、フランス語がそれによって歴史的に培われた諸価値に結びついているようなあり方で学ばれ用いられるわけではないということを考えれば、やはりフランス語使用の特殊な事情というものは否定できないのである。

以上からすでに明らかなように、アラブ世界からフランス語話者がいなくなるという事態は当分の間想像できそうもない。英語が純然たる外国語として学ばれるのに対し、自文化の一部としてフランス語が生きられる状況は、複言語主義の重要な例として我々にとっても学ぶところは少なくないように思われる。

参考文献

ヤミナ・ベンギギ（石川清子訳）『移民の記憶――マグレブの遺産』水声社、二〇一九年。

カメル・ダーウド（鵜戸聡訳）『もうひとつの『異邦人』――ムルソー再捜査』水声社、二〇一九年。

アルベール・コスリー（田中良知訳）『老教授ゴハルの犯罪』水声社、二〇〇八年。

コラム5　出稼ぎ——故郷との、故郷を通した人のつながり

岡戸真幸

エジプトには、アホワと呼ばれる喫茶店が多く存在する。店には内と外を仕切るような壁がなく、客は、自由に出入りでき、店の前にまで広く椅子やテーブルを出し、時には店の向かい側まで椅子をもっていき、そこから注文する者もいる。ほとんどの客は男性であり、彼らは、紅茶や水タバコなどを楽しみ、友人たちとしゃべったり、店に備え付けのテレビでサッカーをみたりする。外からみただけでは、どのような客層であるかはわからない。筆者が地中海に面した港湾都市アレクサンドリアで地方から働きに出る労働者を調査しようと彼らの集まりそうな場所を探していた時に入ったのは、そうしたアホワの一つであった。

現地の古い友人から、庶民街の中にはいくつか出稼ぎ労働者などが集まる通りがあると聞き、訪れた通りは、エジプトの伝統衣装で、貫頭衣になっているガラベーヤを着る者をよくみかけ、洋装が多く、観光客の多い海岸部と異なった雰囲気をもっていた。特に、出稼ぎ労働者は、上エジプト（ナイル川上流に位置するエジプト南部）出身者が好むラッパ袖で胸元が広く開いたガラベーヤを着ているため、すぐに同地から来ていることがわかるのだ。この通りをしばらく歩いていると、「こっちに来て、お茶を飲まないか」と声がかかったのである。それは、筆者にとって、待ち望んだ瞬間だった。この時に声をかけてきた男性は、通りのアホワでお茶を飲んでいて、外国人である筆者が歩いているのを奇妙に思ったのだ。好奇心ゆえの行動であるが、こういう時に見知らぬ男性に気軽に声をかけ、知ろうとする気質に感謝し、この通りにいる人と知り合うきっかけを得た筆者は、紅茶をごちそうになりながら、自分の訪問意図を告げたのだった。

筆者は家族や親族といった血縁や、故郷を同じくする者たちの地縁といった人々のつながりに興味があり、このつながりが、出稼ぎ労働者が働く場所を探す際に活かされるのではないかと考えていた。アーイラという拡大家族は、父系を基盤として広範な人々を成員として包含し、成員間の助け合いによって、つながりを維持していた。エジプトでは職業安定所のような仕事を紹介してくれる場所はほとんど存在せず、働くためには、自らが仕事を探さねばならない。家族や親族の中には様々な場所で働く者たちがおり、求職中の者は、広く様々な関係を辿りながら、自分が働ける場所を探すのである。自らの家族・親族成員は、身近な情報源でもあるのだ。今まで

もこうした研究は行われており、一九六〇年代の首都カイロでの調査では、すでに都市で働いている者を頼り地方から移り住んだ人々の集住により「都市の農村化」が起こっているといわれた。それから時が経っても、人々が都市へと仕事を求めて移り住むことは変わらず、都市の人口は増加の一途を辿り、郊外へと拡大している。アレクサンドリアも同様の過程を辿っているが、その庶民街は、上エジプトや北部のデルタ地帯農村の出身者以外に都市民も住み、住み分けがなされているわけではない。だが、出稼ぎ労働者が集まる場所というのは存在する。

　多くの労働者は、行きつけのアホワを都市でもち、同郷の者たちと仕事が終わった夜や仕事がない日は日中でも利用している。筆者に声をかけてくれた者も含め、出会った労働者は、建設現場で同村出身の現場監督の下で、生コンクリートの流し込み作業に従事していた。仕事の募集もアホワで行われるため、彼らは、ほぼ毎日アホワを訪れるのである。若い者は、高校生のうちから、夏休みなどを利用して、家族・親族成員や同村の者と働くようになる。アホワでは、村の噂や慶事、弔事が集まるだけでなく、個々の労働者が様々な場所で行ってきた出稼ぎ経験も聞ける。アホワは、新たに都市に出てきた者が訪れるような、彼らと故郷を結びつけ、さらに近隣村の者と知り合う機会としても使われているのである。なお、リビアは二〇一一年のアラブの春以前は、陸路で国境を越えて行ける出稼ぎ先であり、いくつかの主要都市の情報は、アホワでも交換されていた。観光ビザでの入国を試みる者が多いが、時には入国できず戻ってくる者もいる。

　アホワとは、交流するための場所であり、誰でもが入れる場所である。労働者が利用するアホワは、彼らが一日のうち夜間など決まった時間に使うことが主のため、地元の客も利用しており、店内で使う場所がお互いに異なる。つまり、労働者もこの場所に集う客の一部でしかないのだ。さて、外国人である筆者もまた、労働者のことを知ろうとしてこの場所を訪れた客の一人である。声をかけられて、店内にふらっと入る、そうした気軽さが都市において、故郷を離れた者同士がつながりを維持するのに貢献しているのではないだろうか。

図1　マスル駅近くのアホワに早朝集まる労働者たち（2006年2月，筆者撮影）
ここから各地の建設現場へ向かう。

12 世界は神とつながるモノにあふれている——マテリアリティとイスラーム

二ツ山達朗

(1) 宗教をモノから理解する

読者の方々は「宗教」と聞いてどのようなことを連想するだろうか。筆者は学生にこのことを尋ねたことがあるが、最も多い回答は「信仰」「心に関する何か」などであった。このような、信仰に注視することで宗教を理解しようとする手法は、これまでの宗教人類学の主な視座であった。宗教は心や頭の中に存在するとされ、それを生む社会や構造が考察の対象となってきたといえる。しかしこの二〜三〇年の間にその視座は、触ることができるような有形のモノ(すなわち心や頭の外のモノ)とヒトの行為へと変化している。宗教は、信念や観念などの内面的なことのみならず、身体、モノ、場所などによって生み出される実践であり、それらの関わりによっても理解すべきであるという視座である。

このような視座からイスラームを考えた時、具体的にどのようなモノが、どのようにムスリムの実践に関わっているのだろうか。本章前半部では、ムスリムの宗教実践に関するモノをいくつか紹介し、後半ではそれらのモノをどのように理解するのか、そこから理解できることは何かについて、人類学的な議論をもとに論じていきたい。

(2) クルアーンを伝えるモノ

まず、イスラームの聖典クルアーン(コーラン)とモノの関係について考えてみたい。クルアーンは神(アッラー）から大天使ジブリールを通じて、読み書きのできない預言者ムハンマドに啓示されたものを正典化したもので、その後も暗記と朗誦によって信徒に伝えられていった。この背景からもわかるように、クルアーンは暗記・朗誦が重要視されており、クルアーンという言葉自体が「誦まれるもの」を意味している。頭の中で暗記し、それを声に出して朗誦するという行為を考えれば、モノとの関わりはそれほどなさそうである。

しかし、暗唱するにも自らの身体を用いているし、朗誦はその声を出す身体とそれが響きわたる空間によって成り立っているともいえる。またそれらができるようになるまでには、書物、写本の練習の道具、それらを教えてくれる人物と空間など、様々なモノとヒトの環境の中で、その技術は養われてきたはずである。

特に現代においては、クルアーンを聴くという行為においても、様々なモノを用いる選択肢がある。前近代まではクルアーンは肉声を直接聴いていたが、現代ではマイクやスピーカーなどを介することがあるし、何かの媒体に録音されたものを聴くことも多い。その場合も、カセットテープやＣＤなどを再生するのか、パソコンやスマートフォンで動画サイトやＳＮＳを介するのか、といったように多様な選択肢がある。このように、音として朗誦することが重要視されるクルアーンも、実に多様なモノを介することでそれを耳にしていることがわかる。

また音声のみならず、そのテキストを記したモノが視覚的に示されることも多い。クルアーンは比較的初期から紙に記され、書物の形にまとめられた（これをムスハフという）。ムスハフは前近代までは写本として書き写されていたが、一九世紀に中東地域で活版印刷が普及することにより、一人が何冊ものムスハフを所有する時代となった。ただし、クルアーンが記されたモノはムスハフだけかというとその限りではない。イスラーム世界を訪れれば、室内の壁に貼られた装飾具から、車やバイクに貼るステッカー、身につけるアクセサリーまで、章句の一部が記されたモノを至るところで目にすることができる。

このように、クルアーンを聴く、暗記する、朗誦することは、様々なモノを介することで可能になっているが、そのモノの種類は近代以降に爆発的に増加している。一方、その啓示の内容を理解するという意味では、モノはどのように関わっているのだろうか。クルアーンはムスリムの日常生活において常に参照されるものだが、そのテキストは抽象的で難解なところもある。そのため、ハディース（預言者言行録）などを参照しながら理解を深めてゆくことになるが、いずれにしろそのテキストを読み理解する障壁は高い。民衆のムスリムがより感覚的に神の教えを感じることはできないのであろうか。

神の教えを人々にわかりやすく、具体的な出来事として伝える役割として、聖者が挙げられる。聖者の存在はクルアーンでも言及されているが、キリスト教カトリックのように列聖制度がないため、その線引きは漠然としており、預言者の子孫や教友、スーフィー教団の祖、中には異教徒なども含み込む存在である。共通する要素は、よきムスリムとはどのようにあるべきかをわかりやすく伝えたり、日常とは異なる出来事を起こしたりすることによって、神の力を伝えているということである。例えば、聖者と触れることで病気が治癒したり、聖者にとりなすことで雨が降ったりするといった具合に、奇跡や恩恵というような具体的な出来事を通して、神の力を伝えている。このような聖者の力は、死後もその墓や聖者ゆかりの遺物（聖遺物）、場所を通じて示されるとされる。預言者ムハンマドの遺物（マントやターバン、履物、足跡、毛髪など）はもちろんのこと、イスラーム世界各地の聖者の廟、聖者ゆかりの自然物なども、神の力（を介する聖者の力）を示すことがある。例えば、聖者の墓に触れることで病気治癒を願う、あるいは聖者廟付近から湧き出た水を飲むことで結婚や多産が成就するなどの実践がなされてきた。このように、神の教えや力は、聖者や聖者廟、聖遺物という目にみえて触れることができるモノとの関わりによって、感覚的に理解されてきた。

聖者や聖遺物以外のモノはどうであろうか。ほかにも様々なモノを介することで、ムスリムは神の力を感得している。その一つはクルアーンの中に記されているモノである。例えばクルアーンにはオリーブやナツメヤシ、ブドウなど様々な植物（果実）が神の恵みとして記されているほか、日常的な食べ物、植物、動物、自然物などあらゆるモノが記されている。ナツメヤシの場合、実は断食明けの食事で最初に口にするなど、イスラームの宗教実践と深く結びついた果実である。オリーブ（油）もクルアーンに頻繁に登場し、このことから神の恩恵や奇跡と理解され、樹を切ることを避けたり、樹のモチーフを室内に飾る慣習がある地域もある。聖者が具体的な事象によって神の力をムスリムに伝えている構図と同様に、樹木や果実というモノも、神の恩恵を人々に伝える媒介となっていることがわかる。

では、クルアーンが記されているモノと、クルアーンに記されているモノだけがムスリムの宗教実践に関わるかというと、その限りではない。近年のモノをめぐる考察の中では、あらゆるモノがイスラームの実践に関わる可能性があるという視座がある。次節ではイスラームと関わるモノを対象としてきた人類学者による議論を紹介しながら、それらの視座にも触れていきたい。

（3）モノをどのように理解するか

これまでにも多くの宗教人類学者がイスラームの実践とモノの関わりを研究対象としてきた。モノがどのような意味を担っているのかを明らかにすることでイスラームの理解を深めようとした人物の一人に、クリフォード・ギアーツが挙げられる。ギアーツは、モノは意味を凝縮して運ぶ象徴であり、それを読み解くことで、宗教や文化を理解できるのではないかと考えた。例えばオリーブが神の恩恵を象徴し、豚が不浄なものを象徴するように、イスラームあるいは特定の地域・コミュニティのイスラーム社会には共有された意味がある。それらの意味は、網の目のようにはりめぐらされた体系をなしているが、それは個々人とその社会の経験の中でつくられるため、宗教や社会が異なれば意味の体系も異なる。そのモノが運ぶ象徴の意味を分析し、意味の体系が社会構造とどのように関係しているかを考えることが、宗教人類学者の仕事であるとした。フィールドに赴いた誰しもが抱く、あるモノの意味が我々と彼らとでなぜ異なるのかという疑問に対し、ギアーツのこの視座は、明解な理論をもって答えてくれる。

一方、ほぼ同時代の研究者であるアブドゥル・ハミッド・エル＝ゼインは、モノの意味は流動的で、多様に存在するとギアーツを批判した。エル＝ゼインはモノの意味の多重性に気づいていたからこそ、人類学者が実際にフィールドでモノの意味を探求する困難さを指摘している。例えば聖者が運ぶ意味はフィールドで無数に存在するとしても、調査者は特定可能な、時に都合のよいいくつかの意味を見出し、聖者の意味を固定してしまう。モノの意味はムスリムによって様々に異なるにもかかわらず、その意味を固定しなければ、無数に存在するモノの意味は把握できないからだ。エル＝ゼインの指摘は、モノの意味の多重性や、一枚岩ではない多様なイスラームの形があることを考えさせてくれる。

モノの意味が多重で流動的であるという指摘を受け、モノの意味を変化させてゆくコンテキストに焦点を当てる視座が開かれる。そのモノがどのような意味を担っているかは、社会で共有された体系のみならず、モノの周りのヒトや社会状況によってつくられていくからだ。一枚の単なる布も、ムスリマ（女性のイスラム教徒）の頭髪を隠すことで、敬虔さを示す意味になる。そればかりか、同じ布を同じように被っていても、彼女が置かれた状況によっては、社会的地位を示すモノにも、出身地を示すモノにも、あるいは政治的な主張にもなりうる。先述したムスハフでさえ店頭で商品として売られている時と、購入されて家で使われる状況では、異なる意味をもつはずだ（一方、どのような状況にあろうと、クルアーンが記されたものは神聖であるとする反論もある）。特にグローバル化が加速する現代においては、モノは一地域に留まることなく移動し、いくつもの違う社会状況を経由する。サウジアラビアで印刷されたムスハフが世界中に流布する一方、クルアーンが記されたグッズの多くは中国浙江省から世界中に輸出されている。イスラームとは全く異なる目的をもって作製されたモノが、地球の裏側で敬虔なムスリムのあり方を教えるモノに変化することもある。このことを考えると、クルアーンが記されている、クルアーンに記されているモノに限らず、あらゆるモノがイスラームの意味を担う可能性があるともいえる。モノの周りのヒトや社会的状況による、モノの意味や役割の変化を追跡する手法は、現代社会のモノの動きを考えても一つの有効的な視点であろう。

このようなモノの意味を読み解き、その変化を追う手法とは異なるアプローチをしたのがタラル・アサドである。アサドは、ギアーツが宗教を考える際に意味や象徴、またそれらが生まれる観念に焦点を当てすぎていることに疑問を抱き、宗教が権力から分離されているのではないかと指摘した。権力の働きとは、日々の慣習の中で個々人の性向を養う力のことで、言葉のみならず法律や学校、社会制度などである。そして制度同様に、身体の動きとそれに関わるモノもムスリムの実践を養う力として注視すべきだとした。例えばムスリマが髪を隠す行為は、敬虔さの象徴（あるいは先述のように、状況によっては他の意味）と考えられるが、髪を隠す行為や、それを可能にする布が、信仰心や敬虔さを養っているとも考察できる。ヒトや社会によって与えられたモノの意味を読み解く手法とは反対に、ヒトに信仰心を養うためのモノの力に視線が向けられていることがわかる。

この指摘により、モノは息を吹き返したと捉える論者も多い。アサドの指摘以降（アサドの議論のみが影響を与えたわけではないが）、モノとヒトの共同作業によってどのような実践が生まれるかに焦点が当てられるようになる。さらにいえば、一方にヒトという主体、もう一方にヒトに従う客体のモノという想定も設けず、行為するものを存在として捉える視座も生まれる。モノであれ、ヒトであれ、言葉であれ、ほかの何かに働きかけるものが存在するのであり、それらの集合によって何がなされ、何が変化していくのかを追うことで、我々に馴染み深いモノと概念、自然と社会などの区別を脱構築してフィールドの出来事を考えようというのだ。この視座からすれば、何がモノで何が神や霊などの超自然的存在かという区分は、もはや意味をなさなくなる。

モノを対象としたイスラームの人類学的研究をいくつか紹介してきた（これらはイスラームを対象とした研究のみならず、モノを扱う宗教人類学の議論全般にも影響を与えている）。これら以外にも様々な視座が存在し、その系譜の捉え方も論者によって異なる。これらに対する批判も多く存在する一方、再評価する動きもある。モノとムスリムが関わるイスラームの多様な実践を扱う際に、どの手法が万能というわけではなく、どのような出来事を対象とし、何を述べるかによって、分析視座は変わってくるであろう。

（4）モノを通してイスラームを理解する

筆者が高校時代に使っていた世界史の教科書には、イスラームを説明する箇所で「様々な偶像を崇拝する多神教にかわって、厳格な一神教であるイスラム教」と記されていた（山川出版社）。教科書に限らずとも、イスラームは一神教（＝多神教ではない、偶像崇拝はしない）という説明に馴染みのある読者も多いであろう。イスラームが、マッカ（メッカ）で部族の守護神である石像や木像への崇拝を否定したことに始まることを考えても、これは当然のことといえる。本章の前半部ではムスリムと関わる様々なモノの事例を示し、後半部ではその分析視座を紹介してきたが、それらのことから一神教／多神教・偶像崇拝という対比に対して、考えられることはないだろうか。本章の最後に、モノを対象とした議論から、イスラームの理解を深められる点について紹介したい。

本章前半部では様々なモノを紹介してきたが、時にはそのモノ自体が崇められているようにもみえる。ムスハフは、家の最も敬意が示される場所（棚の上やガラス戸棚の中など）に置かれ、排泄などの不浄な行為の後では身を清めてから触れられる。このような実践は、まるでムスハフそのものが崇められているようでもある。また、聖者や聖遺物に触れることでそのご利益に預かろうとする姿からは、そのヒトやモノが崇められているようにもみえる。いずれの存在も、唯一神の言葉や力を伝える媒介者・媒介物であるはずだが、外部の観察者にとっては、ヒトやモノ自体に対する信仰、つまり多神教や偶像崇拝のようにもみえる。

実は、歴史的にみればイスラームの中にも多神教という概念は存在し、そのような実践を行うムスリムも、否定するムスリムもいた。例えば聖者にとりなして祈願したり、聖者廟に詣で現世利益に預かったりすることは、時代や地域によってはムスリムの慣行として正当性が認められてきた。特に中世においては、聖者信仰は広く認められており、これに付随して聖者にゆかりのある樹木・巨岩など自然物などへのとりなしも活発に行われてきた。しかし近代に入り、中東地域が植民地支配下に置かれたことで、イスラームの内部からもそれらは堕落した信仰、多神教であるとして否定的な思想が流布していく。現在、イスラーム世界の各地の聖者廟や遺跡などを破壊しているサラフィー主義者たちも、この背景のもとに捉えることができる。

このようなことを考えても、ヒトやモノへの崇拝・信仰のどこまでが許され、どこからが非難されるかは、時代や地域ごとのイスラームによって異なると理解できる。現代においても、預言者ムハンマドの墓廟に参詣することさえ否定するムスリムもいれば、聖遺物や自然物へのとりなしを認めるムスリムもいる。ムスハフでさえ、活版印刷で刷られた際には、神の純潔さを損なうモノとして批判的な見解もあったが、現在では印刷されたムスハフの神聖性を否定するムスリムはほぼいないであろう。つまり、本節冒頭で述べたような「イスラームは厳格な一神教」という説明に反し、イスラームのあり方は一神教的と多神教的・偶像崇拝的なあり方の間で幅があるともいえる。

しかしながら、フィールドでのモノとヒトの関わりを観察し、それが多神教的・偶像崇拝的である（または逆に一神教的である）と分析するよりも、一神教／多神教・偶像崇拝といった構図そのものを問い直すことの方が重要であろう。そのために、ここでは三つの視点を提示して本章を締めくくりたい。

一点目は、一神教ゆえにヒトやモノを介することで神の存在が成り立っているという点である。イスラームの超越神は、その姿を知ることも想像することも許されていない。だからこそ、その存在や教えは、この世界の様々なヒトやモノを媒介することでしか知ることができない。神の啓示が記されたものを装飾したり、聖遺物にとりなして神の恩恵を得たりするといったように、具体的なモノとの実践によって、超越神の存在を知りえている。先述したサラフィー主義者たちが、崇拝すべきは超越神のみで、モノは単なる物だと純化を主張しても、超越神を見出すためのモノは存在し続けるだろう。神に対する崇拝と、モノへの崇拝が同じレベルでなされているというわけではないが、モノを通して超越神が示されるゆえにモノ自体が崇拝されるような実践がある（必要である）ことは、一神教／多神教の対比構図を考え直すことにつながるのではないだろうか。

さらには、ヒトの実践を養う力としてのモノの視座を参照するならば、モノは何かを媒介する・神の力を意味するといった理解を超え、それ自体が作用を起こす力となる。モノはムスリムの行動に働きかけ、ムスリムの実践、さらにはムスリムという主体を形づくる。それはモノに神が顕現するという理解の汎神論とも、モノの背後の超自然的な存在をみるアニミズムとも異なる。それらのモノは、イスラームの実践を条件づけ養う力があり、その集積としてムスリムの主体はつくられていると考えられる。このような視座からしても、一神教／偶像崇拝といった構図をさらに問い直すことができよう。

最後に、一神教／多神教・偶像崇拝という概念がどのように生まれたかを読み解くことで、その対比を問い直すこともできる。宗教に潜む権力や諸条件に注視すべきだと主張したアサドは、宗教の定義そのものが、それらの力による歴史的産物であるとした。例えば、近代世俗主義国家においては、宗教を公的領域と切り離すために、それを私的領域や信仰心といった概念に再編する必要があった（本章の冒頭で述べた、我々に馴染み深い宗教概念もこの系譜であろう）。このことと同様に、一神教／多神教・偶像崇拝といった概念は、誰により何のために生み出されたのだろうか。本章で示したように、イスラームにはモノとヒトが相互に関わる多様な実践がある。それにもかかわらず、権力や諸条件による歴史的経緯から、それらの実践が一神教とそれ以外という構図に概念化されてきたのであれば、それを考察することは意義のある作業となるのではないだろうか。

このようにイスラームの実践に関わるモノとヒトの関わりに注視し考察することは、モノとムスリムの理解のみならず、我々が自明としてきた宗教概念をも考え直すことにもつながる射程を担っている。

参考文献

クリフォード・ギアーツ（吉田禎吾・中牧弘允・柳川啓一・板橋作美訳）『文化の解釈学』岩波書店、一九八七年。

タラル・アサド（中村圭志訳）『宗教の系譜――キリスト教とイスラムにおける権力の根拠と訓練』岩波書店、二〇〇四年。

東長靖「「多神教的」イスラム――スーフィー・聖者・タリーカをめぐって」歴史学研究会編『社会的結合と民衆運動（地中海世界史）』青木書店、一九九九年。

コラム6　ダマスのタクシーと猫の話——生まれ変わりを信じる人々

井堂有子

「大丈夫だよ、心配しないで。君はきっとまた人間に生まれ変われるよ」

榛《はしばみ》色の瞳のその人は、ミラー越しに真面目な顔で私にそういった。ダマスクスの中心街アブー・ルンマーネ（「ザクロの持ち主」の意）でタクシーに乗った時のことである。いつ頃だったか正確には思い出せないが、シリアが戦禍に突入する前、私がダマスクスで勤務していた頃の二〇〇七年九月から二〇一〇年九月の間。確か春の夕暮れだったと思う。

二〇一一年三月、平和的な住民の抗議運動から泥沼の紛争へと突入してしまったシリア。いまや「二一世紀最大の人道危機」が枕詞になったこの国は、多様な宗教・宗派、民族が隣り合って暮らしてきた豊かな地であった。多様性の宝庫。そんな表現に相応しく、実に様々な人たちがいた。イスラームの多数派のスンナ派、少数派のシーア派、その流れを汲む少数派のドルーズ派やアラウィー（ヌサイリー）派、イスマーイール派。キリスト教も東方教会の諸派に分かれる。民族的にはアラブが多数派だが、クルドやチェルケスの人々もいた。

「どこからきたの？」「宗教は？」「結婚してる？」…こうしたタクシーの会話は、（特に女性一人で乗るとセクハラ紛いな展開になることも多かった）エジプトでは辟易したものだったが、シリアでは違った。いろんな反応があった。日常生活で宗教を話題にするのはタブーだったが、でも外国人には許される。そんな雰囲気を感じた。宗教・宗派で人を分けることは危険だと理解しつつも、好奇心で矢継ぎ早に質問してくる人に出会うと、私も「逆質問」したものだ（以下、典型的会話）。

私「で、根掘り葉掘り聞いてくるあなたは、ムスリム？」

相手「そうだよ」

私「スンナ？　シーア？」

ここから反応は分かれた。多数派のスンナ派の人々は、誇らしげに、また当然のように「スンナ」と答えたが、静かに「ムスリム」とだけ答える人々がいた。「スンナ以外」のムスリムである。私は質問を続けた。「あなたの出身は？」これに対するわかりやすい答えはラタキアとスウェイダーだった。ラタキアは地中海に面した地域で、シリアのアサド大統領一族のアラウィー派の故郷として知られる。ラタキアの山岳部と海沿いにコミュニティがあるという。シリア南部のスウェイダーはドルーズ派の故郷である。かつてエジプトで成功した歌手ファリード・アル＝アトラシュは世が世ならこの地の名望家アトラシュ家の君主、妹のアスマハーン（やはりエジプトで成功した女優）はお姫様だったはず、という話はシリアとエジプトの友人たちからよく聞かされた。

冒頭の運転手さんは、私が日本から来たと確認するや否や、「仏教ってどんな宗教？　生まれ変わりを信じるんだって？」と聞いてきた。さらに、「僕はアラウィーなんだ。僕らも生まれ変わりを信じるんだ」とまるで仲間をみつけたかのように嬉しそうにいう。それまで仏教に関心をもつシリア人に会ったことがなかった私にとって、新鮮な瞬間であった。

図1　ダマス中心のシャーキブ・アルスラーン通りの住民に愛された猫君（筆者撮影）
筆者が仕事から帰るとどこからか現れて出迎えてくれた。彼は無事でいるだろうか。

当時シリアに厳選してもっていった日本語の本に、宇野昌樹先生の『イスラーム・ドルーズ派』（第三書館）があった。ドルーズ派の歴史とコミュニティ、政治的役割を論じた名著である。イスラームの多数派が否定する輪廻転生をドルーズ派とアラウィー派は信じるということをこの本で知った。両者の違いは、ドルーズ派は「人間は人間にしか生まれ変わらない」（タカンムス）と信じ、アラウィー派は「人間は現世の所業によっては他の生物にも生まれ変わる」（タナースフ）と信じることだった。

この箇所を思い出し、私はその運転手さんに冗談を飛ばしてみた。「私は猫が好きで、言葉もわかるんです。前世は猫だったかもしれません。次生まれ変わるならまた猫がいいなあ」と。一緒に笑ってくれると思いきや、彼は大真面目に、「人間は猫には生まれ変わらない。人間は人間に生まれ変わるんだよ」と否定した。そして、冒頭のようにいったのである。

その運転手さんとの会話は実に楽しく、あっという間に我が家に到着した。タクシーを降りると、平和なダマスの夕暮れの空は月夜に変わっていた。

第Ⅲ部　経済・産業の扉

——石油の先にあるもの——

13 資源をめぐる共生——雨乞い儀礼と聖者命日祭から考える

縄田浩志

（1）資源を分かち合う掟としての文化

資源が非常に限られかつ獲得に不安定な要素がつきまとう沙漠・乾燥地環境では、どうやって稀少な資源を共有するかが、避けがたい課題となる。苛酷な環境だからこそなおさら、人間は資源を分かち合い、お互いを助け合う文化を発達させてきたともいえる。形として見えやすい水や食べ物であろうと、形としては見えにくい香りや情報であっても、そこには共通して「分かち合う作法」とも呼べる文化が存在している。当然だが、稀少な資源をめぐって争いごとが起こることもある。個人間、家族間、民族間、人間と他の生物との間に発生する様々な形態の資源の奪い合いから逃れることはできない。それでも、利己的な欲のみに暴走しないで自己を律することができるのは、人間が発達させた掟《おきて》があるからである。

本章で扱うのはスーダン東部紅海沿岸ベジャ族における雨乞い儀礼と聖者命日祭である。どうして捧げられる家畜と捧げられない家畜がいるのかに注目することにより、①現地住民が調整してきた環境収容力・牧養力について、②儀礼を通じた狭域・広域のネットワークの構築について考察していく。そのような在来の牧畜システムと文化装置の相関関係の理解に根差して、③一定地域に暮らす民族集団が国家の境界を越えて相互扶助のセーフティーネットをどうやって構築しているのか、また、④資源をめぐる異民族間と異種間の共生の枠組みをどう考えるかについて議論していきたい。

（2）自然環境の変動への対応としての雨乞い儀礼と聖者命日祭

事例は、スーダン東部紅海沿岸の海岸平野にある村の一つ、アゲタイの周辺で一九九二～九六年に行った現地調査に基づく。国際港ポート・スーダンの南東約二一〇キロ、スーダンとエリトリアの国境からは北西方向に最短で約一二キロのところに位置する。中心となる集落は、東西約五キロ、南北約三キロ四方に広がり、推定人口は当時約二〇〇〇人であった。住民はベジャ、ラシャーイダ、ダナーキルの三民族で構成されるが、九割以上はベジャで占められている。アゲタイ村のベジャは、バニー・アーミルのクラン（親族集団）の一つエジーラーブに属するものが大部分である。村の共通言語はアラビア語で、住民はすべてイスラーム教徒である。

一九八〇年代までは、ヒツジ、ヤギ、ウシ、ヒトコブラクダ（以下、ラクダ）といった家畜を伴って長距離移動をしていた。夏季には夏雨地帯である西部平野への五〇〇キロ以上の距離を、それぞれの家畜の群れを移動させる人々がいた。ヒツジ、ウシであればガッシュ・デルタ周辺、ウシであれば北はガッシュ・デルタ周辺から南はハワタというスーダン・エチオピア・エリトリアの国境地帯にまで連れて行っていたことが、聞き取りにより把握される。冬季であれば、ラクダやウシは海岸平野沿いに北はサワーキン近くから南はマッサワ近くにまで、それぞれ二〇〇キロ近くの距離を連れて行くこともあった。長距離移動には国境を越えなければならないが、それほど問題ではなかったという。

しかし、一九七〇年代はじめの厳しい干ばつにより多くのウシを失ったため、まずウシの群れを夏雨地帯にまで連れて行くことがなくなった。次に一九八〇年代になって少雨傾向が続く複数年にわたる大きな干ばつを契機に、ヒツジの群れ、ヒツジとヤギの混群、そしてラクダの群れを夏雨地帯へ連れて行くことがなくなったという。このようにして五〇〇キロを超える長距離移動はほとんど見られなくなっていったのである。

では、いつ、どこで、どのような家畜を犠牲にするのか。

雨に恵まれない時には、雨乞い儀礼によって人々は雨を降らせる努力をしてきた。儀礼はシャイフの墓で行う。シャイフとは長老、年配者の意味であるが、とりわけ宗教的な文脈では聖者（スーフィー。アッラーとの合一を目指して清貧に甘んじ修業に励む人）や、徳高いウラマー（イスラーム諸学を修めた知識人）といった意味あいで用いられる、宗教的な指導者への称号でもある。現在この地域では、ムハンマド・ウスマーン・アルミルガニーによって一九世紀のはじめに創設されたハトミー教団が強い影響力をもっている。アゲタイ村にもハトミー教団に属する聖者がおり、周辺地域からクルアーン（コーラン）学習のために生徒が集まってくる。シャイフの墓は聖者の墓と言い換えることもできる。そのため、この雨乞い儀礼も聖者信仰の一形態とみなすこともできる。埋葬されたと伝わる人物の子孫が実在する場合もあれば、単なる墓とされる場合もある。

雨乞い儀礼には、ウシ、ヤギ、ヒツジといった家畜を犠牲獣として捧げる。コミュニティで協力して、つまりお金を出し合って皆で犠牲獣を購入し、合議のもと代表団を選び、その代表団が犠牲獣を伴って聖者の墓に参拝して儀礼を行う。屠殺した後、肝臓部分を除いた他の内臓部位はすべて地面に投げ捨て、鳥に食べさせるが、肉と肝臓部分は参加者で共食する。

村周辺には聖者の墓が五つ存在するが、墓ごとに犠牲獣として捧げる家畜の種、性別、成長段階が限定されている。若ヤギ、成ヤギもしくは成ヒツジ、子ウシもしくは若ウシ、成メスウシと異なっているが、村からの距離が遠くなるにつれて、より体が大きい家畜、より価値の高い家畜、より繁殖周期と生殖寿命が長い家畜を犠牲にしている。また同時に、より採食量が増える種、性別、成長段階の家畜となるため、それぞれの家畜群を支えるための放牧域の広さとも対応している。

そこで注目したいのは、聖者の墓が位置するポイント、それぞれの家畜の通常の放牧圏、そして民族集団の境界と国境とのかねあいについてである。干ばつが発生すると、通常の放牧圏でまかなえる牧草の量は減り、放牧圏を広げて周辺の牧草地にも放牧に行かざるをえなくなる。しかし通常その場所は、隣の民族が放牧をしていて、その民族のテリトリーである。墓が位置するポイントは、そこで犠牲を捧げる家畜、つまりヤギ、ヒツジ、ウシといった家畜を通常放牧する際の放牧圏を越える距離に位置している。

例えば聖者イブリームの墓がある地点は、干ばつによってウシの放牧圏を広げなければならない隣接する他集団ハバーブの領内にあり、かつ国境を越えたエリトリア領内に位置する。アゲタイ村のエジーラーブは、成メスウシを引き連れて訪問し、ともに雨乞いをしつつ犠牲獣を共食したのだが、その間に牧草の状態、雨の降り方、家畜の状況といった情報交換をする。挨拶まわりともいえるし、緊急時の協力を依頼したともみなせる。雨乞い儀礼の機会を利用して、隣の民族集団と様々な意味で折り合いをつけたのである。

一方、気になるのは犠牲獣の中にラクダがいないことである。ラクダはいわゆる葉食者（ブラウザー）として木本を主に採食し、草本の採食は限られている。この地域ではさらにマングローブや塩生植物がラクダにとっては重要な飼料にもなる。それに対して、ウシやヒツジといった草本を主に採食する草食者（グレイザー）は、平年降水量八〇〇ミリ程度までは、降水量と植物の一次純生産力は正の相関をするため、雨が降らないと生きていけない。ヤギもヒツジと混合で放牧されることも多く、草本への依存度は高い。

このような観点から、ヤギ、ヒツジ、ウシなどを犠牲獣として殺害したということは、草本に依存する家畜の頭数を減らして、干ばつの年の環境収容力・牧養力を超えないようにしたと解釈できる。

つまり、一定の民族集団の単位で放牧地を共有する体制をとっているからこそ、非生物的な出来事の偶発的な変動がもたらす干ばつという事態に対処するために、社会が譲り合うことができている。牧養力を超えた過放牧状態にあると判断されると、草本に依存する家畜（草食者）を間引きする頭数削減を行い、植物群落と草食動物の採食圧との間でバランスをとる。地域的、季節的、また年ごとの自然環境の変動に寄り添いながら、状況に応じて家畜（草食者）の放牧域を調整していた。ただし、降水量の増減によって規定される草本量に依存しない家畜ラクダについては、降雨の変異がもたらす干ばつ時の頭数削減の対象になっていなかったことが、当地の牧畜システム全体の維持の視点から理解できる。乾燥と半乾燥の境界域として平年降水量が四〇〇ミリ前後の当地においては、放牧地の草本植物とウシ、ヤギ、ヒツジの状況を見極めつつ頭数削減によって放牧域を調整しており、これは採食系への人間集団による適切な働きかけとみなすことができる。

ここで一つ疑問が生じる。なぜ、干ばつといった危機的な状況に直面しないと、家畜の頭数削減や放牧域の調整をうながす文化装置は発動しないのか。そこで合わせて考察したいのは、毎年定期的に地域社会のメンバーが顔を合わせる機会を提供する聖者の命日祭ハウリーヤである。ハウリーヤではスーフィー教団の祖をはじめ、その血筋を引く聖者や所縁が深い聖者の命日に、墓前に集まって祈念する。イスラームの教えと並んで聖者の偉業や歴史を振り返る説教の後、預言者生誕祭マウリドと同じく、明け方までズィクル（神の名や信仰告白を唱え続けながら踊る修行）を行う。

スーダン東部では、一九世紀初頭ムハンマド・ウスマーン・アルミルガニーが創設したハトミー教団が大部分を占める。ハトミー教団はスーダン、エリトリア、エジプト、イエメンなどで有力なスーフィー教団で、その原型はミールガニー家を中心に一八世紀に形成された教団にある。同家は預言者ムハンマドにつながる一族（シャリーフ）で、中央アジアなどに住んだのち一八世紀末にマッカへ戻ってきた。アブドゥッラー・マフジューブ（一七九二年没）が開いたミールガニー教団は、その孫ムハンマド・ウスマーンとスーダン人の妻との間の息子、ムハンマド・ハサン（一八六九年没）の活動によってスーダンの東部と北部を中心に広がった。ムハンマド・ハサンのグッバ（墓廟）はカサラにある。命日祭には毎年何万人もの信者が訪れ、クルアーンの朗読、聖者の説教、ズィクルなどが執り行われる。信者が犠牲獣を持ち寄り、皆で共食もする。

図１　聖者ムハンマドの命日祭に捧げられたヒトコブラクダ（スーダン東部アゲタイ村にて，1996年２月，筆者撮影）

筆者はアゲタイ村在住の聖者バシールの父親である聖者ムハンマドの命日祭に参加したことがある。その日は約二五〇〇人が集まった。ちょうど村の人口と同規模である。ハワタ、カサラ、ポート・スーダン、サワーキン、トーカル、アキーク、ガローラといった遠方からも参加していた。直線距離に換算すれば各々、約五〇〇、三〇〇、二〇〇、一五〇、九〇、三〇キロとなる。ハワタやカサラからはポート・スーダン経由となるので、実際は一〇〇〇キロ近くの距離を移動しなければならない。出身民族については、バニー・アーミルに属する集団がほとんどで、エジーラーブ、アフランダ、ベイト・マアラ、バラウ、ベイト・アスガデ、アルマダといったクランを確認したが、その多くがアゲタイ村周辺に居住していなかった。

犠牲獣には成メスウシ一頭と成ラクダ一頭が捧げられた（図１）。成メスウシをサダカ（喜捨）として提供したのは、村に定期的にローリーを走らせて村人の移動と物資や家畜の運搬に貢献しているトラック運転手で、ポート・スーダンで購入してきたと聞いた。成ラクダの方は、聖者バシールの兄弟でサワーキンに住む聖者アフマドが、亡き父の命日祭へ提供した。これもポート・スーダンから連れてきたという。

この聖者命日祭では、草食者のウシと葉食者のラクダの両方が捧げられた。聖者命日祭で犠牲にされる家畜は、数百～千キロ離れたところにいる家畜であった。参加者も同様に数百～千キロの範囲から訪問していた。これとは対照的に、雨乞い儀礼においてはヤギ、ヒツジ、ウシといった犠牲用の家畜が村周辺の数～数十キロ範囲から連れてこられていた（表１）。肉がふんだんに盛られたハレの食事を共食した後、ズィクルが行われた。このような命日祭に付随した行事は、共食という点からも雨乞い儀礼と共通する。一方で両者は、定期的

表1 雨乞い儀礼と聖者命日祭の実施頻度，参加者の居住圏と規模，犠牲獣の種に関する比較

	実施頻度	参加者の居住圏	参加者の規模	犠牲獣の種
雨乞い儀礼	不定期，干ばつ時	数km～数十km圏	数人～数十人	ヤギ，ヒツジ，ウシ
聖者命日祭	定期的，年１回	数十km～数百・千km圏	数百人～数千人	ウシ，ヒトコブラクダ

に行われるか否かという点、また参加者の数や出身地域の広がりという点においては異なっている。

このような在地の実践は、国民国家の国境という近代世界の産物、さらには民族の境界という前近代世界の産物、これら二つの人為的な障害・限界を乗り越える力も併せもっていたといえる。

(3) 資源をめぐる異民族間と異種間の共生

セーフティーネットとは、社会全体で個人のリスクを分散・軽減して生活を保障する社会的安全網のことで、社会経済的安全網といわれることもある。ただ多くの場合は、国家の存在を前提とする。

それに対して、これまでに分析してきた事例からは、特定地域に暮らす民族集団が国家の境界を越えて、どのように相互扶助のセーフティーネットと呼べるものを構築しているのかが浮き彫りとなった。スーダン東部紅海沿岸ベジャ族においては、在来の牧畜システムと文化装置の相関関係が最も明確に表出する時があり、それは雨乞い儀礼と聖者命日祭であった。

雨乞い儀礼では、地域的、季節的、また年ごとに大きく変動する自然環境のもと、非生物的な出来事の偶発的な変動がもたらす干ばつという事態に対処するために、草本に依存する草食者であるウシ、ヤギ、ヒツジといった家畜を間引きする頭数削減を行い、また放牧域を調整することにより、植物群落と草食動物の採食圧との間でバランスをとっていた。

その際、一定の民族集団の単位で放牧地を共有する体制をとっているからこそ、社会が譲り合うことができているることを強調した。その一方、降水量の増減により規定される草本量に依存していない葉食者のラクダは、降雨の変異がもたらす干ばつ時の頭数削減の対象になっていなかった。

それとは対照的に聖者命日祭では、草食者のウシと葉食者のラクダの両方が犠牲として捧げられた。干ばつといった危機的な状況が発生する前に定期的に地域社会のメンバーが顔を合わせることにより、家畜の頭数や放牧域の調整をうながす文化装置であると解釈できる。聖者命日祭で犠牲にされる家畜の放牧域が数百〜千キロと広域であり、命日祭に参加する人間もより広域のネットワークを構築している点が重要である。

現地住民は、雨乞い儀礼と聖者命日祭という儀礼を通じて、狭域・広域のネットワークを構築しつつ、環境収容力・牧養力を調整しながら家畜という「資源」を維持し、自然環境の変動、特に干ばつという危機的状況に対処してきた。このような在地の伝統的かつ統合的な対処法、すなわち相互扶助のセーフティーネットは、国境さらには民族の境界を乗り越える力をもった「異民族間」の「共生の枠組み」と結論づけられる。

人間は、他の生物を殺《あや》めることなしには、生きていけない。それでも殺める時には、それなりの掟を社会はつくる。いつ、どこで、どのような状況下で、誰と、どういった理由から、一つの命を頂《いただ》くのか。その対象が動物、とりわけ人間の管理下に置かれて生かされている家畜であった場合、人間はその命を殺める時を迎えることができるだけないように望んではいる。なぜならば、牧畜という生業における家畜の第一の役割は、人間集団がその群れと共存することにより、メス個体から乳という分け前をもらうことであり、そのためには群れ全体の個体数をできるだけ多く維持したいからである。したがって、社会が家畜の屠殺を必要とするのは、よほどの理由が生じた場合に限られる。家畜の群れ全体の維持のため、ひいてはその群れに依存して生活を成り立たせている、人間集団自体が生きのびていくためには致し方ないという判断に至った場合といえる。そこで重要になるのが、人間集団といっても一体どの共同体やコミュニティかに関わる行為主体の属性、そして屠殺される家畜の種、性別、成長段階に関わる被行為者の属性、さらには屠殺に至る理由とそのタイミングに関わる社会的文脈である。

家畜とは、人間にとって役に立つ草食動物の個体群という意味で「資源」である。人間が家畜を殺める際の掟とは、最も適切なタイミングで屠殺すべき家畜に対して、その種、性別、成長段階を共同体の成員がともに決断し共食することにより、人間集団と家畜の群れ全体との共生ならびに生き残りを計りつつ、社会の存続に貢献することである。この掟が、人間と家畜という「異種間」の「共生の枠組み」を形づくっているといえる。

それでは、アゲタイ村の人々は資源をめぐる共生の枠組みを維持することができているのか。アゲタイ村は、マフディー運動時代を経て第二次世界大戦中まで英国・エジプトの共同統治下にあった。一九三九年六月頃、イタリア空軍が現在の国境の町ガローラを中心とする南トーカル地域を空爆した。アゲタイ村も空爆された。一九四〇年二月までには英国・エジプト軍が権威を回復し、イタリア軍はケレンまで押しやられた。共同統治時代は一九五五年に終わり、スーダンが国家として独立して以降、この地域は比較的安定していた。

エリトリア解放戦線（ＥＬＦ）・エリトリア人民解放戦線（ＥＰＬＦ）の独立運動が勃興し、スーダン政府がそれらを支援する体制が続いたため、アゲタイ村周辺の沿岸域には解放軍の拠点が存在するようになった。解放軍はトラックで定期的に村の井戸の水を汲みに訪れていた。そのためか、一九八六年にこの地域がエチオピア軍により空爆され、今も島にはその痕跡が残る。空爆時には、島で放牧していたラシャーイダ族のラクダの群れに死傷個体も出た。一九九三年のエリトリア独立後には、スーダン政府とエリトリア政府間の関係が悪化したため、エリトリア軍が村を訪れることはなくなった。その一方、スーダン政府軍が村に駐屯するようになった。国境付近で放牧していた村人の中にはエリトリア軍に捕らえられ、半年以上エリトリアの首都アスマラで拘束される者も出た。一九九七年にはガローラなどの山岳部の国境地域において、スーダン政府軍とスーダン人民解放軍（SPLA）・エリトリア軍との交戦が始まり、スーダン政府軍側の民兵として戦闘に参加した数十人の村人の中には負傷者も出た。

アゲタイ村周辺は広域にわたってスーダン人民解放軍が地雷を埋設し、地雷原となった。放牧は実質上ほとんど不可能となり、現在は限られた家族が細々と狭い地域で少数の家畜をかろうじて維持していると聞く。異民族間と異種間の共生の場は、地雷により破壊された。生態学・進化生物学においては、「資源」とは生物の環境を構成するものであり、それが手に入りやすくなると種の個体数の増加に結びつき、かつ各個体によって消費されると定義される（巌佐庸ほか編『岩波生物学辞典 第五版』岩波書店、二〇一三年）。このような意味において地雷埋設は、生物の生きる環境すなわち「資源」そのものを破壊してしまった人間の愚行である。

参考文献

縄田浩志「ベジャ――ヒトコブラクダを介した紅海沿岸域への適応」綾部恒雄監修、福井勝義・竹沢尚一郎・宮脇幸生編『講座ファースト・ピープルズ第五巻　サハラ以南アフリカ』明石書店、二〇〇八年。
縄田浩志「現地住民は干ばつにどうやって対処してきたか――雨乞い儀礼にみる生態的・社会的・文化的・宗教的応答」縄田浩志・篠田謙一編著『砂漠誌――人間・動物・植物が水を分かち合う知恵』東海大学出版部、二〇一四年。

コラム7　銀製から金製へ——女性用装身具の現在

遠藤　仁

中東の人々が身に着けている装身具は、男女とも体の大部分を覆う衣服が多いこともあり、あまりイメージが湧かないかもしれない。しかし、中東の都市部の市場に行けば装身具を扱う専門店がその一角にあることが多く（図1）、注意深く人々をみれば、男性は貴石等をあしらった銀製指輪を、女性は金製指輪をしている者が多いことにも気づくだろう。現在の中東では、日常的に装身具を身に着けている者が多く存在するのである。

装身具とは、一般的には美的、精神的（宗教や占い等）、社会的（集団・階層・嗜好等）、経済的価値を他者に示すために身に着けるものである。そのほかにも音を鳴らしたり（鈴や装飾同士があたって音を鳴らす）、匂いを発したりする（香木等使ったビーズ）ものもあるため、自分の存在を他者に認識させる、もしくは儀式や音楽の補助的な機能を有することもある。中東においても装身具の文化的機能は上記の枠組みに収まるものとして日常的に用いられている。そして、アラビア半島の遊牧民の女性が身に着ける装身具は、危機的な状況下では売却し、家族の財産とするという社会的意義があったという。中東の男性は指輪や腕輪等、限定された使用が多いが、女性は髪飾りや、耳飾り、鼻輪、飾面、首飾り、腕輪、指輪、腰飾り、足輪、足指輪と頭の先から足の先まで装身具を身に着けることもある。

装身具を構成する素材は、銀や金、銅、真鍮、貴石、サンゴ、木、ガラス、プラスチック等多岐にわたるが、中東で嗜好され特に価値が高いとされるものが銀と金である。中東では、イエメンやイラン、トルコ、モロッコ等で銀が産出し、隣接する南アジアのインドでも産出する。そのため、中東では約五〇〇〇年前から銀製装身具は作られ、多くの階層の人々が男女ともに身に着けてきた。特に中世以降は、ベドウィンジュエリーと呼ばれる、遊牧民の女性が身に着けていた大きな装飾が付いた銀製装身具が特徴的なものとして広く知られている。一方、金はエジプトやスーダン、イラン等で産出し、近隣ではインドや中央アジア諸国でも産出する。これらの産出量は、銀と比べて少なかったため、歴史的には銀より稀少であった。そのため、銀製装身具のように装身具として首や腕に着けるというよりも、服のボタンや金歯というような形で身に着けられることが多く、中東では金を身に着けるのは女性のみに限定されていた。

ここまで、銀、金製装身具の歴史的な使用状況を簡単に説明したが、近年では流通が世界規模になり、必ずしも近隣の産出地は重要ではなくなっている。より稀少性、経済的価値の高いものが求められて世界各地から市場にものが集まるようになっている。そして、原油や天然ガス等の豊富な地下資源により経済力をもった中東諸国の人々は、より経済的価値が高い金製装身具を求めるようになっている。そのような流れの中で、伝統的に用いられることが多かった銀製装身具は、あまり用いられなくなっている。

例えば、筆者が調査を行っているサウジアラビア西部、ジッダとマッカの中間に位置するワーディ・ファーティマ地域の村では、数十年前までは女性が様々な音が鳴る銀製装身具を身に着けていた。それにより、移動時に音が鳴り、自分の存在を周囲に知らせ、男女の不要な接触を避け、トラブルを事前に回避する役割をもっていた。それらの装身具は、鈴等が付けられ、一見して音が鳴ることがわかるものが多かったが、その中には一見すると音が鳴ることはわからない指輪も含まれていた（図2）。この指輪は、筒状の装飾が付けられ、その中に玉を入れることにより振ると音が鳴る構造となっている。筆者が二〇一八年に行った調査では、村人の多くも指輪が音を鳴らすことを認識しておらず、装身具が音を鳴らす意味も多くの者が認識できていなかった。このように、装身具の素材やそれらがもつ社会的意義等も、使用状況や嗜好の変化により変容していくのである。

図1　サウジアラビアのジッダ旧市街にある装身具店
（筆者撮影）

図2　音が鳴る銀製指輪
（ワーディ・ファーティマ社会開発センター蔵，筆者撮影）

14

変貌するオアシス農業――市場経済とナツメヤシの品種多様性をめぐって

石山　俊

（1）ナツメヤシとオアシス農業

アフリカ大陸からインド北西部にかけて広がる熱帯・亜熱帯沙漠には、多数のオアシスが点在する。これらのオアシスにおいて人々の生活を支えてきたのが、ナツメヤシ灌漑《かんがい》農業である。ナツメヤシの栽培地域は歴史的に熱帯・亜熱帯沙漠オアシスの分布域と重なっていたが（図1）、二〇世紀以降、アメリカ、南部アフリカ、南インドなどへと栽培地域が拡大した。FAOの統計数値によると、ナツメヤシの実（以下、デーツ）の主たる生産国における二〇一七年の総生産量は八三〇万トンに達した。一九八〇年の総生産量は二六〇万トン程度であったので三七年間でデーツ生産量が三倍にも増加したことになる。

ナツメヤシは、二六〇〇種にも及ぶヤシ科植物の一種で、高温と乾燥に強いことから、熱帯・亜熱帯オアシスにおいて広く栽培されてきた。

ナツメヤシの植物学的、文化的特徴は以下の五点にある（縄田 二〇一三）。

生育条件

①最寒月の平均気温が摂氏一八度以上であること、その反面高温と乾燥に強いこと

②枝をつけず上部方向に成長する。樹高が二五～三〇メートルにまで達するこ

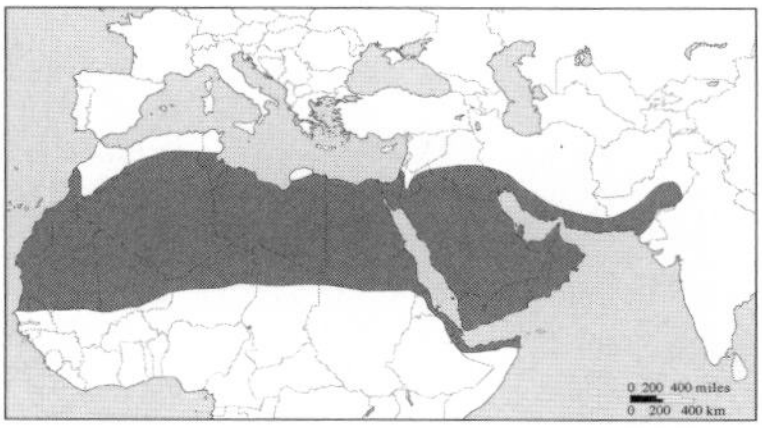

図1　ナツメヤシの歴史的分布域

出典：Zohari et al. 2012：132 より。

図2　ナツメヤシの樹間で栽培されるトウジンビエ

とがある

③雌雄異株であり、株分けによって母個体と同じ遺伝子型をもつ個体の栄養繁殖が可能

④唯一の生長点は先端にあり、ここがダメージを受けると枯死する

⑤性別の存在、樹齢、頭（生長点）の重要性などの類似性から、人間にたとえられることがある

オアシスの人々はナツメヤシをあますところなく利用してきた。その実であるデーツの栄養学的特徴は、高カロリーで繊維質に富むことにある。デーツを食することによって、オアシスの人々は貴重な甘味を享受することもできる。さらに、オアシスで営まれる農業システムにも、ナツメヤシは欠かすことができない。ナツメヤシの葉は、樹間に日陰をもたらすとともに、地表面の湿気を保持する役割を担ってきた。この樹間において、コムギ、オオムギ、トウジンビエなどの穀物栽培が可能となり、オアシスの人々の生活に必要な食糧が生産されてきたのである（図2）。これに加えて、ナツメヤシの葉は、敷物やバスケットなどの材料となり、樹幹は屋根の梁、扉などの材料として建築物にも利用されてきた。ナツメヤシは、オアシスの人々の生活文化と密接に結びついてきたのである。

（2）オアシスの水

高温と乾燥に強いナツメヤシであるが、その生育には水が不可欠である。沙漠に点在するオアシスの人々は、貴重な水資源を多様な方法で有効利用してきた。その水源は、地下水と河川水である。

地下水は、湧水を利用する場合と、横穴式地下導水路を用いる場合がある。後者は、イランでは「カナート」、アルジェリアでは「フォッガーラ」、モロッコでは「ハッターラ」など異なる名称で呼ばれるがその仕組みは同様である（図3）。しかし、この横穴式地下導水路を用いる灌漑は、近年衰退の傾向にある。それにかわって普及してきたのが動力ポンプを利用した深井戸揚水である。深井戸揚水の導入によって、オアシスでの可耕域が大きく拡大し、オアシス農業が大きく発展している一方で、地下水の枯渇の問題が危惧される。

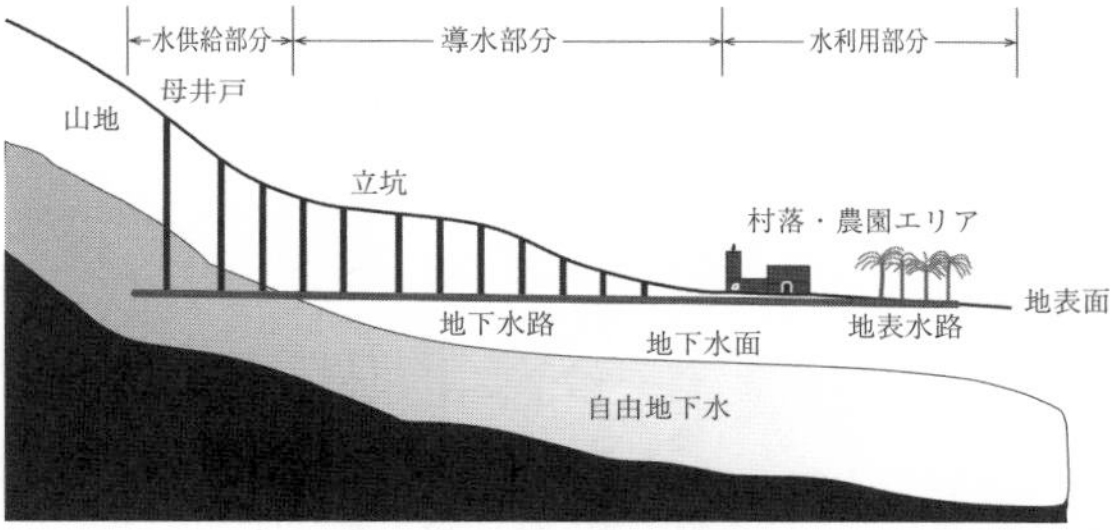

図3　横穴式地下導水路の構造

出典：筆者作成。

沙漠地帯において、年間を通じて恒常的水流がある河川は稀で、流域における降雨時にのみ地表面水流が生じる季節河川が大多数を占める。こうした季節河川の水流をナツメヤシ農地灌漑に利用するシステムも、沙漠地域の中でも降雨が比較的多い場所において発達してきた。

（3）ナツメヤシの品種多様性

ナツメヤシを理解する上で欠かすことができないのが品種多様性である。ナツメヤシの大産地の一つであるサウジアラビアでは少なくとも四〇〇の品種があるし、同じく大産地のアルジェリアではデーツの形態分類によって二〇〇六年時点で九六〇もの品種が確認されている。ナツメヤシがもつ品種多様性は雌雄異株という植物学的特性に由来する。

農園主は、繁殖させたいナツメヤシ品種を株分けによって比較的容易に増やすことが可能である。母個体の「ひこばえ（下部側芽）」を切り離したのちに移植すればよいのである。移植された個体は、母個体と全く同じ特性をもつものへと成長する。こうして、多数のナツメヤシ品種が誕生した。サハラ・オアシスにおけるナツメヤシの品種構成は、それぞれのオアシスごとに異なる。品種構成が決まる要因は、農地の環境、株の入手の難易度、デーツの味や経済的価値などである。農園主は、所有する農地の状況を判断して、最適かつ入手可能な株を移植する。たいていの場合、自分の農園にある個体から株分けをするが、希望する品種をもたない場合は、近隣の農園、他のオアシスから株を入手することもある。

また、性質が不明な実生苗をあえて育てることもなされる。生育後、その個体が雌株とわかり、もたらされるデーツが良質であると判断されたら、株分けによって増やすことが可能である。

ナツメヤシの品種多様性を、筆者が一〇年来調査を続けてきた、アルジェリア中央に位置する二箇所のオアシス、イン・ベルベルと、マトリーウェンの事例からみていこう。この二つのオアシスは、サハラにあっては小規模なオアシスであるといえる。二〇〇九年の時点で、前者の人口はおよそ九五〇人、後者では三〇〇人を切る程度であった。二つのオアシス同士の距離は近いものの（およそ一〇キロ）、これらから最も近いオアシス都市、人口二万人を抱えるアウレフへは南方へ一〇〇キロもの距離がある。五万人の人口を擁するアドラール県の県都であるオアシス都市、アドラールへも西に一五〇キロもの距離がある。

規模が小さくかつ人口が多いオアシス都市から離れているイン・ベルベル、マトリーウェンのようなオアシスで収穫されるデーツの主用途は自給目的にある。そしてこの二つのオアシスにおけるナツメヤシの品種構成は多様である。イン・ベルベル・オアシスでは二六、マトリーウェン・オアシスでは三一もの品種が確認された。こうした多品種栽培の中でも、栽培比率が高い品種を認めることができる。イン・ベルベルでは、ティンナーシル、ティッガーザ、ヒミーラ（ティルムスー）が主たる品種で、この三品種をあわせた比率は六〇％に

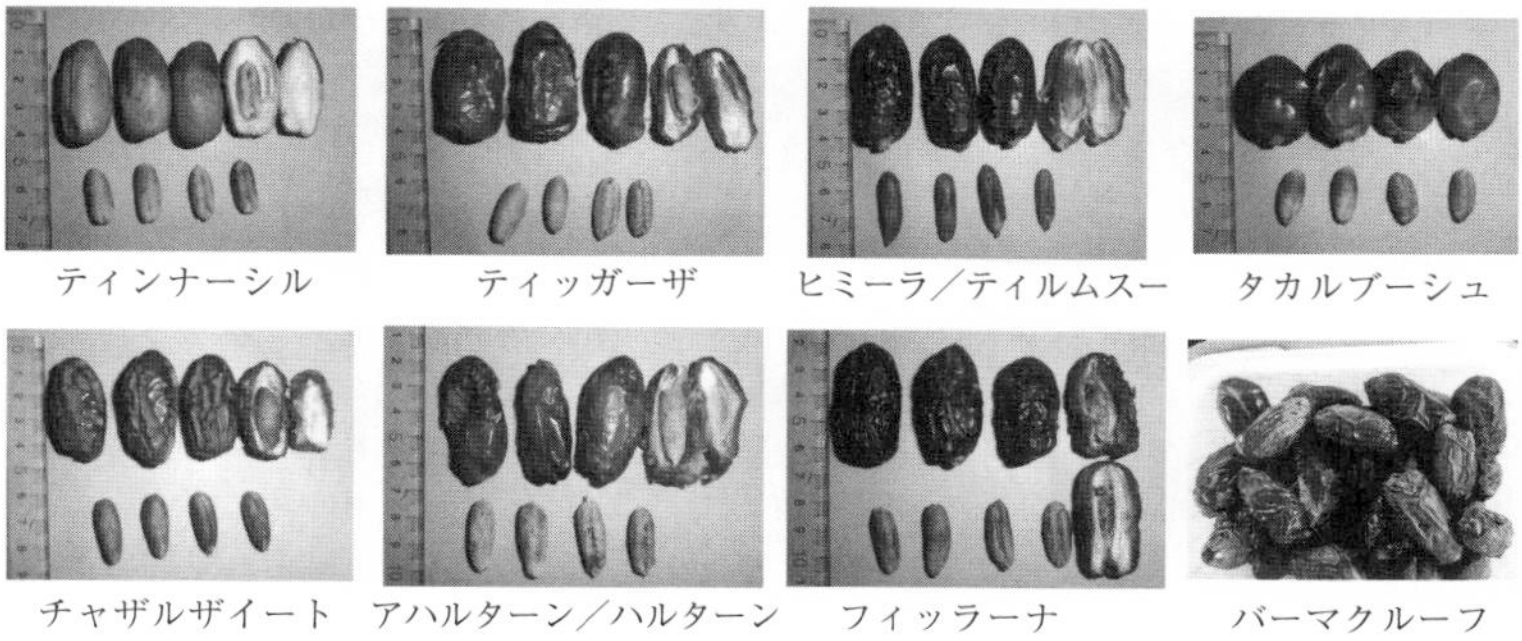

図4　イン・ベルベル，マトリーウェンで栽培される主なナツメヤシ品種の形態的特徴
出典：ベンハリーファほか 2013：230-231より。

達していた。他方、マトリーウェンにおいては、ティンナーシルが全個体の約半分を占めていた。両方のオアシスに共通して頻度が高い品種は、タカルブーシュ、チャザルザイート、アハルターン（ハルターン）、フィッラーナ、バーマクルーフの五品種であった（図4）。

上記の八品種の特徴を比較したのが表1である。これらの品種の中で、実の質が高く評価され、保存性も高い品種はタカルブーシュとアハルターン（ハルターン）である。しかし、栽培本数が最も多いのは、保存性が高いものの実の質が普通と評価されるティンナーシルである。そしてティンナーシルは八品種の中で唯一硬く乾燥するデーツを実らす。ティンナーシルの評価がそれほど高くないにもかかわらず、多くの個体が栽培される理由は、ティンナーシルの耐乾性にあると考えられる。このことは、水不足に備えた対策であるとともに、灌水回数を減らすこと、つまり作業の省力化にもつながっていく。イン・ベルベルとマトリーウェンで栽培されるナツメヤシ品種の比率からわかることは、オアシスの人々は、デーツの質と保存性とともにナツメヤシの耐乾性と栽培の容易性を考慮していることである。

しかしその一方で、実の質に対して関心を失ったわけではない。人々が集うと、デーツの品種談義に興じることも多い。その中で、デーツの味が話題にあがることもたびたびあるからである。

表1　イン・ベルベルとマトリーウェンにおいて栽培されるナツメヤシ主要品種の特徴

品種名	実の質に対する住民の評価	保存性	収穫期	実の硬柔と乾湿
ティンナーシル	普通	良い	10月	硬／乾
ティッガーザ	良い	良い	9月	柔／湿
ヒミーラ（ティルムスー）	良い	良い	8月	柔／湿
タカルブーシュ	非常に良い	良い	10月	柔／湿
チャザルザイート	良い	良い	10月	柔／湿
アハルターン（ハルターン）	非常に良い	良い	9月	柔／湿
フィッラーナ	良い	悪い	6月	柔／湿
バーマクルーフ	非常に良い	悪い	6－7月	柔／湿

出典：ベンハリーファほか 2013：230-231より。

（4）商業栽培化に伴う品種多様性の低下

アルジェリアにおいて、ナツメヤシの商業栽培地として最も発展しているのは、サハラ北辺に位置するオアシス都市、ビスクラ周辺地域である。この地域では、フランスの植民地下にあった一九世紀にナツメヤシの商業栽培が取り入れられた。ビスクラから地中海沿岸都市までの距離は二〇〇キロ程度である。宗主国であるフランスへの輸出に距離の面から有利であったことが、ビスクラ地域においてナツメヤシ商業栽培が発展してきた主な理由である。

商業栽培のために、ナツメヤシ栽培品種の特化もおこった。選ばれた品種はビスクラ地域が原産地であるデグレット・ヌールであった。原産地であるがゆえ個体が多く、繁殖が容易であったからであろう。さらに生産性の高さもデグレット・ヌールが選ばれた理由であると考えられる。デグレット・ヌールの一本あたりのデーツ生産量は五〇～八〇キログラムと、他の品種よりも多い。デグレット・ヌール以外の栽培品種は、実が大きいガルス、加工用となるミッシュ・デグラ（デグレットではないという意味）の二品種がみられるにすぎない。

ビスクラ地域で収穫されたデーツは、ナツメヤシ栽培が不可能な地中海沿岸地域に向けて出荷されてきたが、近年では欧米にデーツを輸出する会社も現れはじめている。

商業化に伴うナツメヤシ農園の変化は、品種の単純化だけではない。オアシス農園の空間構造も商業化によって変化した。最初に記したように、ナツメヤシは甘いデーツを人間の食生活に提供するに留まらない。オアシス農業においては、ナツメヤシの葉陰がもたらす、地表面の温度低下と湿気保持という栽培環境の形成が不可欠な要素となる。この環境の成立によって、上層はナツメヤシ、下層は穀物等の栽培というオアシス灌漑農業が可能となる。中層として低木果樹がこれに加わる場合もある。

しかし、ナツメヤシ商業栽培地域になるとこの多層構造が消え、ナツメヤシだけの一層構造となってしまう（図5）。農園主は、ナツメヤシの栽培、デーツの収穫のみに集中するようになる。

ナツメヤシ栽培の商業化によって、ナツメヤシの品種多様性が失われるだけではなく、ナツメヤシ灌漑農園の、作物多様性も失われることにつながっていく。

図5　単層構造のナツメヤシ農園

（5）オアシス農業の現代的様相

ここまでみてきたように、ナツメヤシを基点にして最近のオアシス農業を考えてみると、二極化の方向性がみえてくる。一つ目は、イン・ベルベルやマトリーウェンのような小規模かつ「僻地」に位置するオアシスにおける、自給的ナツメヤシ栽培である。こうしたオアシスでは、ナツメヤシ品種の多様性が保持される傾向があり、ナツメヤシ樹間での作物栽培も継続される。ただし、従来おこなわれてきた穀物にかわって、近年では換金目的の野菜栽培が盛んになりつつある。例えば、イン・ベルベル・オアシスで収穫された野菜の大半は一〇〇キロ離れたオアシス都市アウレフまで出荷される。かつてはラクダで三日かかった行程も、今では小型トラックで、三〜四時間程度に短縮された。穀物が栽培される場合でも、人間が食べるためのコムギよりも、家畜の飼料としてのオオムギが中心となる。アフリカ起源の穀物でかつてはオアシスの人々の食糧であったトウジンビエも飼料として栽培される。

では、現在でもオアシスの重要な食糧となるコムギはどのように調達されるのか。その背景には、オアシスから流出し、都市（大規模オアシスを含む）において賃金労働に従事する子どもからの仕送りと、オアシス外部からの食糧流入がある。実際、イン・ベルベル・オアシスの商店では、オアシス外から流通する袋詰めのコムギが販売されており、多くの住民がこれを利用する。日常生活においてコメやパスタ類が利用されることも珍しくなっている。小規模オアシスでは、ナツメヤシの多様性が保持されているものの、その日常の食生活は、大きな転換点を迎えているのである。

二つ目の方向性はナツメヤシ栽培品種の単純化である。先に記したビスクラなどの換金栽培地域では、デーツの生産量は多いものの、品種の多様性は喪失する。それと同時に、長い時間をかけてはぐくまれてきたオアシス農業の多層構造も消失する。ここでは、生産性に重点が置かれたナツメヤシ栽培が営まれるようになる。サハラ・オアシスの例でみると、オアシスのナツメヤシ灌漑農業は大きな転換点を迎えていることがわかる。大規模な商業栽培地では、ナツメヤシの品種多様性が失われつつあり、ナツメヤシ灌漑農業の特徴であった、農地の複層構造も失われた。また、自給的農業の要素が強い、イン・ベルベル、マトリーウェンのような小規模オアシスにおいても、ナツメヤシ品種多様性は安泰であるとはいえない。実際、これらのオアシスでかつて栽培されていた七品種がすでに消滅してしまっている。

地域の環境、歴史、人々の知恵、すなわち地域で育まれてきた固有の文化の結晶の一つが地域固有の作物品種であるといえるだろう。地域固有品種は、決して静的なものではなく、歴史的な地域間交流を裏づける重要な資料でもある。ナツメヤシの品種とその多様性も同様で、その消失を防ぐことは地域文化を継承していくことでもある。ナツメヤシの地域固有種の消滅をいかに防ぐかは、オアシス文化の継承にとって大きな課題である。

参考文献

A・ベンハリーファほか（石山俊ほか訳）「サハラ・オアシスのナツメヤシ栽培品種にみる農業生物多様性」石山俊・縄田浩志編『ナツメヤシ アラブのなりわい生態系 2』臨川書店、二〇一三年。

縄田浩志「ナツメヤシ栽培化の歴史――栄養繁殖、人工授粉、他作物栽培のための微環境の提供」石山俊・縄田浩志編『ナツメヤシ アラブのなりわい生態系 2』臨川書店、二〇一三年。

Zohari, D. et al. *Domestication of Plants in the Old World: The Origin and Spread of Domesticated Plants in South-west Asia, Europe, and the Mediterranean Basin*, Fourth Edition, Oxford: Oxford University Press, 2012.

15 石油を輸入する産油国?——新時代を迎える中東とエネルギー問題

堀拔功二

(1) 中東を取り巻くエネルギー情勢の変化

「二〇三八年にサウジアラビアが石油の純輸入国になるかもしれない——」。驚くべき予測が、二〇一一年にイギリスの研究機関から発表された。ラーンとスティーブンスが執筆したレポート『石油を燃やして涼をとる——サウジアラビアにおける隠れたエネルギー危機』によると、世界有数の産油国であるサウジアラビアでは、国内におけるエネルギー消費量が増え続けており、石油の輸出余力に影響を与えているというものである。この原因は、補助金によって安価に設定された燃料価格や、夏季の冷房使用によって電力需要が急増することなどが挙げられる。そして、今後仮に石油生産量が頭打ちすることになれば、サウジアラビアは二〇三八年頃に石油を国外から輸入しなければならなくなるのだ。このことは、中東はエネルギーを生産する一方で、エネルギーを消費する地域でもあるという、極めて当たり前の事実を我々に突き付けたといえる。

実際、中東のエネルギー需要は旺盛だ。大手石油会社のBPによると、一九八九年の中東(一三カ国)における一次エネルギー(石炭、石油、天然ガスなどの採掘されたままのエネルギー)の消費量は一〇・五一EJ(エクサジュール)であった。しかし、三〇年後の二〇一九年には四倍近い三八・七八EJにまで増大した。このエネルギー消費量は、人口一三億人を抱え経済成長著しいインド(三四・〇六EJ)を上回っている。中東でエネルギー消費量が増加する理由は、経済発展と人口成長、近代化による自動車や家電などエネルギー消費機器の普及である。例えばアラビア半島の国々は、真夏に五〇度近い気温になるため、冷房が不可欠である。また自動車社会であるため、ガソリン消費量も少なくない。さらには、降水量が少なく水資源にも恵まれていないため、海水から飲料水を作る必要があり、この時にも大量のエネルギーを消費する。つまり、中東の近代的発展は、大量のエネルギー消費と極めて高い環境負荷の上に成り立っているのである。

これまで中東は、主にエネルギー供給側として注目されてきた。特に日本のように石油の九割、天然ガスの二割を中東から輸入する国において、エネルギー資源はあと何年分埋蔵されているのか、中東情勢は日本へのエネルギーの安定供給に影響を与えないのか、という点に関心が集まってきたのも当然である。しかしながら、中東においてエネルギー消費量が増え続けると、これらの国や地域で産出した石油や天然ガスの輸出量が減少するかもしれない。そうなると、日本は一体どこの国からエネルギー資源を輸入すればよいのであろうか。

世界中には未発見のものを含め、今でも多くのエネルギー資源が眠っている。また太陽光発電や風力発電など、再生可能エネルギーも普及してきた。先進国ではガソリン自動車から電気自動車への政策的な転換も進められており、石油の生産量がピークを迎える前に、需要がピークを迎えるという見方も出ている。しかしながら、国際エネルギー機関（IEA）が発表する『世界エネルギー見通し』（二〇一九年版）によると、二〇四〇年時点でも一次エネルギー消費量に占める化石燃料の割合は七四％もあり、必ずしも石油が不要になるわけではない。したがって、世界的なエネルギー供給地域である中東のエネルギー消費問題は、無視することはできないのである。

本章では、中東を取り巻くエネルギー情勢の変化とその影響について詳しくみていきたい。なお、ここでは主要な石油および天然ガスの生産国であり、かつエネルギー消費量の増加が著しい湾岸諸国（アラブ首長国連邦〔UAE〕、オマーン、カタル、クウェート、サウジアラビア、バハレーン）を念頭に議論を進めることにする。また本章で使用する資源データについては、断りがない限りBP『世界エネルギー統計レビュー二〇二〇』を用いる。

（2）エネルギー生産国としての中東

二〇一九年現在、世界で埋蔵を確認されている石油のうち、八三三八億バレル（四八・一％）が中東地域（北アフリカおよびトルコを除く）にある。一方で天然ガスの確認埋蔵量は七五兆六〇〇〇億立方メートル（三八％）である。とはいえ、これらの資源は中東地域でも偏在しており、湾岸諸国やイラン、イラクに多い。また、資源の採掘可能年数を示す「可採年数」も各国の生産量によって異なる。例えば世界第二位の石油生産国であるサウジアラビアでは、現行の生産量を維持した場合、あと六八・九年間にわたり石油生産が可能である。その一方で、オマーンではあと一五年ほどで石油生産が停止する可能性も出てきた。なお、石油や天然ガスの埋蔵量は今後も既存油田やガス田における回収率の改善や新規資源の発見により増える可能性が高い。中東全体でみるとエネルギー資源が枯渇することは、当分先のことであろう（表1）。

ただし、地下に眠るエネルギー資源のすべてを採掘することはできず、商業生産が不可能なものを資源とみなすことはできない。また、個々の油田における生産量は、時間の経過とともに低下する。そのため、生産者は老朽化した油田に二次回収法や増進回収法（ＥＯＲ）と呼ばれる技術を導入し、石油生産量の維持に努める。これは、石油生産の過程で出てくる随伴性ガスや水蒸気、二酸化炭素などを油田に注入して地層内部の圧力を高めることで生産量を維持・増加させる技術である。ところが、この方法は生産コストの上昇を招く。二〇〇〇年代後半のように石油が一バレル六〇ドル以上で取り引きされた時代には、ＥＯＲを含む生産コストが二〇ドルでも十分に採算がとれたものの、一バレル三〇ドルで取り引きされる時代には収益の悪化が避けられない。

世界におけるエネルギー資源の生産動向は、二〇〇〇年代後半から大きく変化した。いわゆる「シェール革

表１　中東・北アフリカ諸国におけるエネルギー資源

国名	石油 埋蔵量 (億バレル)	石油 可採年数 (年)	石油 生産量 (万バレル／日)	天然ガス 埋蔵量 (兆立法メートル)	天然ガス 可採年数 (年)	天然ガス 生産量 (億立方メートル)
アラブ首長国連邦	978	67.0	399.8	5.9	95.0	625
アルジェリア	122	22.5	148.6	4.3	50.3	862
イエメン	30	84.2	9.8	0.3	458.2	6
イスラエル	N/A	N/A	N/A	0.5	46.2	N/A
イラク	1,450	83.1	477.9	3.5	328.7	108
イラン	1,556	120.6	353.5	32.0	131.1	2,442
エジプト	31	12.3	68.6	2.1	32.9	649
オマーン	54	15.2	97.1	0.7	18.3	363
カタル	252	36.7	188.3	24.7	138.6	1,781
クウェート	1,015	92.8	299.6	1.7	92.1	184
サウジアラビア	2,976	68.9	1,183.2	6.0	52.7	1,136
シリア	25	291.2	2.4	0.3	72.1	37
スーダン	15	40.2	10.2	N/A	N/A	N/A
チュニジア	4	23.2	5.0	N/A	N/A	N/A
トルコ	N/A	N/A	N/A	N/A	N/A	N/A
バハレーン	N/A	N/A	N/A	0.1	4.6	169
モロッコ	N/A	N/A	N/A	N/A	N/A	N/A
ヨルダン	N/A	N/A	N/A	N/A	N/A	N/A
リビア	484	107.9	122.7	1.4	151.5	94
レバノン	N/A	N/A	N/A	N/A	N/A	N/A

出典：BP（2020）をもとに筆者作成。

命」である。技術的進展と世界的な資源価格の高騰により、それまで採掘されていなかった頁岩《けつがん》層に含まれるシェール・オイルとシェール・ガスの生産がアメリカで本格化した。その結果、アメリカの石油生産量は二〇一四年にロシアとサウジアラビアを抜いて世界一位になり、同国の天然ガス生産量も二〇一一年から世界首位を維持している。

アメリカにおけるシェール革命は、中東にも影響を与えている。第一に、アメリカにおける石油・天然ガス生産量の増加により、国際的なエネルギーの需給バランスが崩れて、二〇一四年頃から資源価格が落ち込んだことである。油価の低迷が長引けば、資源開発に向けた投資が削減され、将来のエネルギー供給にも影響をきたす。第二に、その結果として湾岸諸国の財政が悪化していることである。湾岸諸国は「レンティア国家」と呼ばれており、国家財政は税収ではなくエネルギー資源輸出収入に依存してきた。またその収益を国民に配分することにより、君主体制を維持してきたのである。現在、湾岸諸国ではエネルギー補助金の削減や石油依存経済からの脱却を目指して、様々な取り組みが進められている。

もっとも、湾岸諸国のエネルギー生産コストはアメリカと比べて相対的に安く、国際的にも競争力がある。また、ＩＥＡはアメリカのシェール・オイル生産が二〇二五年に頭打ちになるとの見通しも示している。したがって、膨大な資源埋蔵量を誇る中東の重要性は、今後も続くことになるだろう。

（3）エネルギー消費国としての中東

続いて、エネルギー消費国としての中東に目を向けてみよう。一般的にエネルギー消費量は、経済成長や人口増加と相関関係にある。工業化の進展を含む経済活動の活発化によりエネルギー消費量が増え、また経済成長に伴い一人あたりの所得が拡大し、エネルギーを消費する家電や自動車が普及するからである。中東諸国のＧＤＰ合計は一九九〇年に八八八四億ドルであったのが、二〇一七年には約三倍の二兆六五六八億ドルにまで増加した。また同時期の人口も一億三一九一万人から二億四三九六万人へと増加し、エネルギー消費量も三倍以上の伸びを示している（図1）。

この時期の湾岸諸国は、急速な経済発展と人口成長を遂げた。二〇〇〇年代に入ると高油価に支えられて投資や開発が進み、ＵＡＥのドバイに代表されるように各国に近代的な都市の整備が進んだ。また経済成長に伴い大量の外国人労働者が流入し、電力やガソリンの消費量が増えた。さらに、エネルギー料金は市場価格の変動の影響を受けず、補助金によって安価に抑えられてきたため、人々をエネルギーの浪費に向かわせたのであ

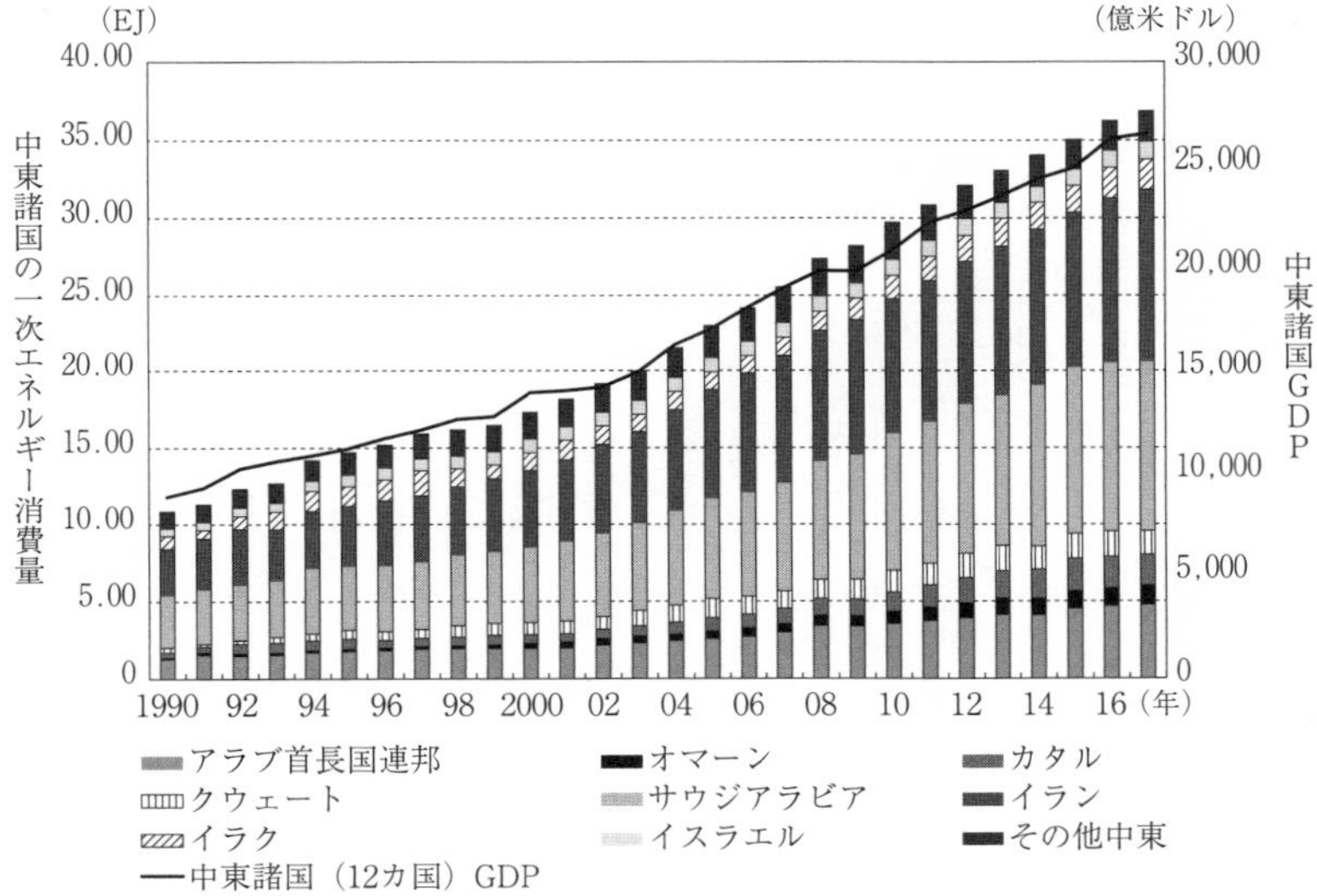

図1 中東諸国における一次エネルギー消費量および GDP の推移

注：GDP は実質（米ドル，2010年基準）で，シリアを除く中東12カ国の合計。ただし，カタル GDP は2000年から，クウェート GDP は1992年から組み込まれている。
出典：BP（2020）および World Bank Open Data をもとに筆者作成。

る。今日、湾岸諸国の一人あたりのエネルギー消費量は世界有数であり、上位一〇カ国中に湾岸諸国の五カ国が入っている（図2）。カタルは世界で一人あたりのエネルギー消費量が最も多く、日本の約五倍の消費量に相当する。

湾岸諸国のエネルギー消費について、ほかにも忘れてはならない問題がある。それは水の問題である。前述のように、湾岸諸国は降水量が少なく、また利用可能な水資源が限られている。しかしながら、増え続ける人口に対して安定的に水を供給し続ける必要がある。そこで、これらの地域では海水を淡水化（脱塩化）して利用している。海水の淡水化には、大きく二つの方法がある。第一に、海水を沸騰させて発生した水蒸気を冷やして真水を得る方法である。第二に、海水を特殊な浸透膜に通して塩分を濾過する方法である。問題は、いずれの方法にしてもエネルギーを大量に使

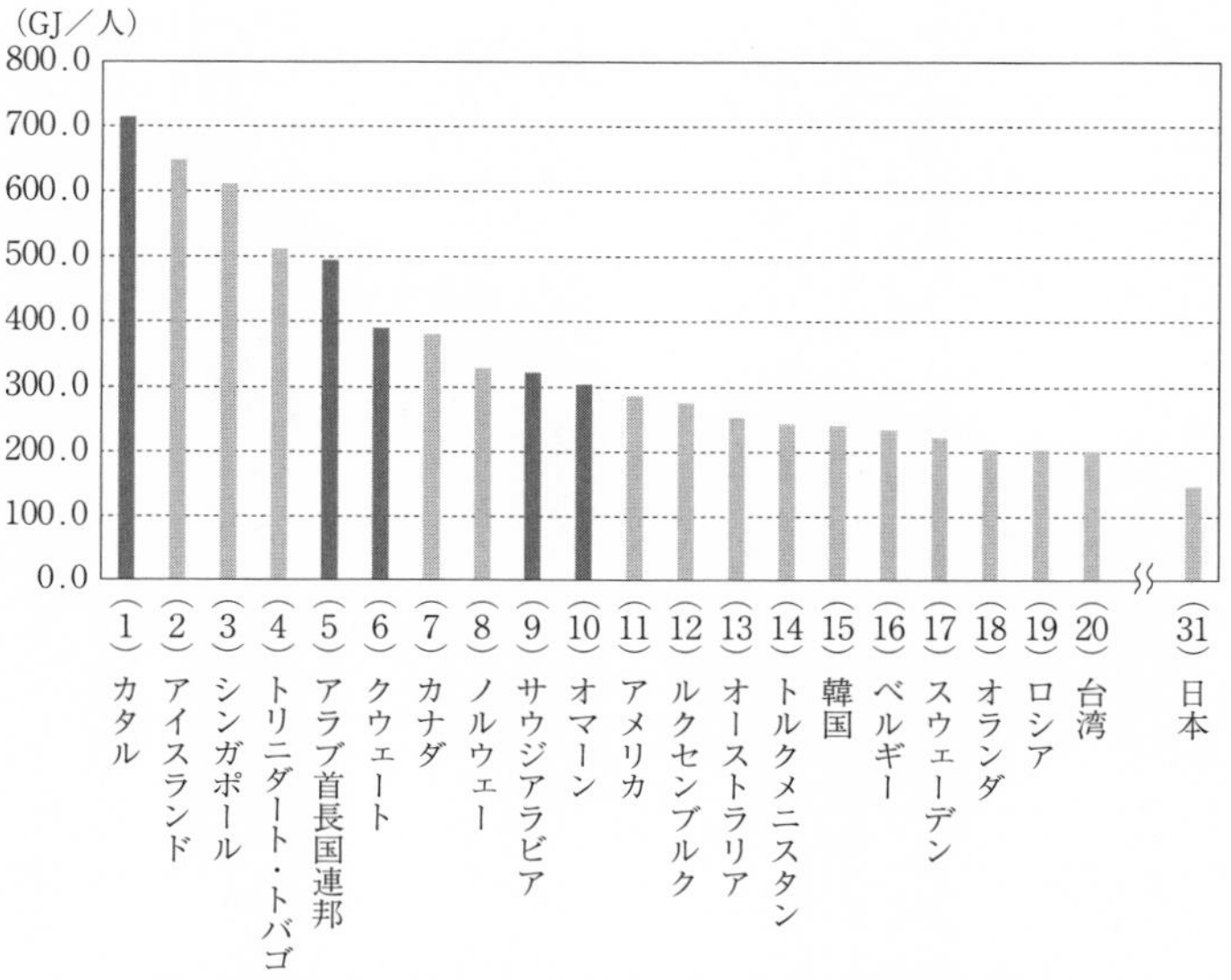

図2　世界における一人あたり一次エネルギー消費量（2019年）

出典：BP（2020）をもとに筆者作成。

うことである。また、海水を処理する過程で発生する塩分濃度の濃い排水や廃棄物の処理も問題である。一九〇七年にサウジアラビアのジェッダに最初の造水施設が建設されると、湾岸諸国の各地にも次々と建設された。二〇〇八年時点で一三二カ所の造水施設が稼働しており、世界の淡水化容量の約半分が集中している。海水淡水化は極めて環境負荷が高いものの、湾岸諸国にとって必要不可欠なインフラである。

それでは、湾岸諸国で消費されるエネルギーはどこからやってくるのであろうか。もちろん、世界有数の資源埋蔵量と生産量を誇る地域であるため、エネルギーは地産地消である。二〇一九年に中東で生産された石油は日量約三〇〇〇万バレルで、そのうち九四二万バレル（三一％）が中東で消費された。同じく中東で生産された天然ガスは年間六九五三億立方メートルで、消費量は五五八四億立方メートル（八〇％）にのぼる。とはいえ、他の国・地域から安い価格でエネルギー資源を輸入することも経済合理性がある。実際、ＵＡＥは天然ガス生産国であるものの、国内でのガス需要増加に対応するために、隣国カタルからパイプラインを通じて天然ガスを輸入している。さらに、液化天然ガス（ＬＮＧ）の受け入れ基地もＵＡＥ各地に建設されており、将来的にアメリカからシェール・ガスを輸入する計画もある。

このように、湾岸諸国をエネルギー消費国として捉え直すことは、決して不自然な話ではない。例えばエネルギー安全保障の議論についても、これまでとは性質を変え、中東がいかに安定的にエネルギーを確保することができるか、という議論もなされるだろう。また、国内でエネルギー消費が拡大して資源輸出が減少すれば、国民への手厚い社会福祉が削減されかねず、これまで頑健さを誇ってきた君主制に揺らぎが生じるかもしれない。中東や湾岸諸国をエネルギー消費国として捉え直した時、エネルギー問題は政治、社会、経済、外交、安全保障、環境など、極めて複合的な問題によって構成されていることがわかるだろう。

（4）持続可能なエネルギー利用を目指して

これまで、中東においてエネルギー消費量が増大しており、一部では国外からの輸入が始まっていることを説明した。今日この問題は、決して中東だけの問題ではない。中東からエネルギー資源を輸入する日本やアジア諸国のエネルギー安全保障の問題であり、また世界経済とも連続する問題なのである。それでは、中東が抱えるエネルギー問題はどのように解決されるのであろうか。現状における代表的な二つの取り組みをみていこう。

第一に、石油や天然ガスなどの化石燃料の消費量を抑え、代わりに太陽光や風力などの再生可能エネルギーや、水素などの新エネルギーの導入・利用拡大を目指すものである。近年、湾岸諸国では広大な土地と豊富な

表２　湾岸諸国における再生可能エネルギー導入および省エネ目標

	再生可能エネルギー利用目標	省エネ・エネルギー効率化目標
アラブ首長国連邦	2050年までに総発電量に占めるクリーン・エネルギーの割合を25〜50％にする。クリーン・エネルギーの内訳は再生可能エネルギーが44％，天然ガスが38％，クリーン化石燃料が12％，原子力が６％	2050年までにエネルギー効率を40％改善，発電過程で発生する炭素排出量の70％削減を目指す
オマーン	全エネルギー消費量に占める再生可能エネルギーの割合を2030年までに20％，2040年までに35〜39％を目指す	GDP あたりのエネルギー消費量の世界順位（130カ国中97位，2014年）を2030年までに世界20位以内，2040年までに世界10位以内を目指す
カタル	2030年までに太陽光エネルギーの使用率を20％にまで引き上げる	2022年までに一人あたり電力消費量を８％削減，水消費量を15％削減
クウェート	2035年までに総発電量に占める再生可能エネルギー割合を16％にまで引き上げる	エネルギー料金体系の見直しとエネルギー効率化プログラムを導入。特に運輸部門や建築基準におけるエネルギー効率化の規制見直しを実施
サウジアラビア	2032年までに総発電量に占める再生可能エネルギーの割合を23〜30％にまで引き上げる	2030年までに建設・産業・陸上交通におけるエネルギー消費量をそれぞれ20％削減
バハレーン	総発電量に占める再生可能エネルギーの割合を，2025年までに５％，2035年までに10％に引き上げる	2025年までにエネルギー効率を６％改善

出典：IRENA *Renewable Energy Market Analysis: GCC 2019* および各国政府資料をもとに筆者作成。

日照環境を生かし、安価な太陽光パネルを敷き詰めた大規模太陽光発電所の建設が進んでいる。太陽光発電の発電コストは年々低下しており、例えば二〇二〇年一月にカタルで発表された太陽光発電計画では、発電コストが世界最安値となる一キロワットアワーあたり一・五六七セントで契約された。二〇一八年時点での太陽光発電の世界的な平均発電コストは八・五セントであったので、八〇％近く下がった計算になる。この発電コストは、化石燃料を用いた発電に対しても競争力をもつようになっており、天然ガスを燃料とした火力発電と比べても遜色のない水準である。さらに、大量にエネルギーを消費する海水淡水化や石油の増進回収法にも太陽光発電の利用が進められている。このほか、原子力発電の建設も進んでいる。UAEでは二〇二〇年八月にアブダビのバラーカ原発が運転を開始した。今後、UAEは合計四基の原発によって、国内消費電力の二五％を賄う計画である。

第二に、省エネルギーやエネルギー利用の効率化である。電力や水の消費量について具体的な削減目標を設定したり、「省エネモデル」のような家電製品の普及を通じてエネルギー効率を高めたりする取り組みが行われている。特に省エネに関しては、関連技術や制度で先行する先進国からの支援がますます重要になってくるだろう。また、湾岸諸国では二〇一四年頃からエネルギー補助金改革が始まり、ガソリンや電力がより市場価格に近い料金で利用されるようになった。ただし、エネルギー料金の値上げは人々に省エネを意識させる上で有効であるものの、国民の不満を招きかねず、政治的に難しい側面もある。

現在、湾岸諸国では再生可能エネルギーの導入や省エネ実施に向けて、具体的な数値目標を設定している（表2）。エネルギー消費量を削減することは、湾岸諸国で生産されるエネルギーの効率的な利用につながり、エネルギー資源の輸出余力の確保や、エネルギー補助金の負担削減を通じた財政改革に役立つ。さらには、二酸化炭素の排出量削減という国際目標にも貢献することができ、「産油国」というマイナスな環境イメージの向上にも役立つだろう。一部では野心的な数値目標が示されており、実際に目標を達成できるかどうかは、各国政府の取り組み方にかかっている。

参考文献

（一財）日本エネルギー経済研究所計量分析ユニット編『改訂4版　図解エネルギー・経済データの読み方入門』（一財）

省エネルギーセンター、二〇一七年。
堀抜功二「エネルギーと資源問題の研究と理論」私市正年・浜中新吾・横田貴之編著『中東・イスラーム研究概説――政治学・経済学・社会学・地域研究のテーマと理論』明石書店、二〇一七年。
BP, *BP Statistical Review of World Energy 2020 edition*, BP, 2020.
Krane, Jim, *Energy Kingdoms: Oil and Political Survival in the Persian Gulf*, New York: Columbia University Press, 2019.
Lahn, Glada and Paul Stevens, *Burning Oil to Keep Cool: The Hidden Energy Crisis in Saudi Arabia*, London: Chatham House, 2011.

コラム8 エネルギー資源企業のCSR――サウジアラビアの沙漠文化をめぐる協働

藤本悠子

企業が社会に与える影響は、ますます増大し多様化している。EUが一九九〇年代の深刻な失業率上昇の教訓から二一世紀の課題として「企業の社会的責任（CSR：Corporate Social Responsibility）」を世界に呼びかけ、二〇〇〇年の国連グローバル・コンパクト、二〇一〇年の国際標準化機構（ISO）によるISO26000など、CSRの国際的指針が多く提唱されてきた。二〇〇六年に国連責任投資原則は投資側に環境、社会、企業統治への配慮を求め、二〇一五年国際サミットで採択された「持続可能な開発目標（SDGs：Sustainable Development Goals）」は、幅広い課題への取り組みを企業に要請している（神戸CSR研究会編『CSRの基礎――企業と社会の新しいあり方』中央経済社、二〇一七年）。

CSRの実践にあたって、地域性の影響はまぬがれない。中東社会では、イスラームを柱とする社会福祉システム（個人・企業を問わず保有財産に賦課される「ザカート」など）がある。その上でサウジアラビアは、石油収入依存からの脱却を模索して、二〇一六年に「ビジョン2030」を発表し、二〇三〇年までに「活気ある社会」「盛況な経済」「野心的な国家」を達成目標に定めている。

ビジョンの中心的企業として、石油生産・輸出量ともに世界最大の国営企業サウジアラムコが挙げられる。従業員と家族をはじめ、地域、国家のニーズをひろいあげ、二〇〇九年三月にはより充実した効率的なCSR活動を目指して社会貢献部門を設けた。二〇一八年に開設したアブドゥルアジーズ王世界文化センター（King Abdulaziz Center for World Culture：Ithra）は、アラビア半島随一の蔵書量を有する図書館や研究所、児童対象のエネルギー教育フロア、映画館、劇場を含む複合施設であり、観光価値も注目されている。

一方、サウジアラムコはアジア、欧州、南北米に展開するグローバル企業としての役割も期待されている。日本法人のアラムコ・アジア・ジャパン株式会社（以下、AAJ）は、環境保全（海洋環境、乾燥地）の研究・教育活動を、日本の大学・研究機関・NGOと協定を締結して積極的に支援してきた。文化面も、奨学金給付、日本の高等学校におけるアラビア語授業支援、アラビア文化講座、東京競馬場でのロイヤルカップの開催など多岐にわたる。

さらに、二〇一四年から五年間、AAJは一般財団法人「片倉もとこ記念沙漠文化財団（MOKO-FDC）」

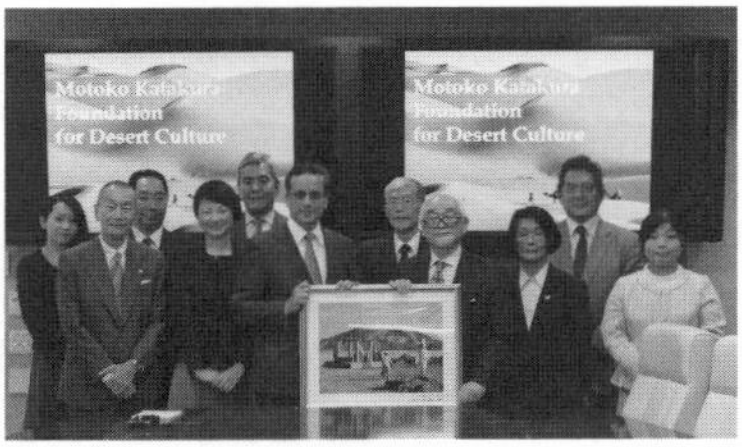

図1「アラムコ・片倉沙漠文化協賛金」調印式（2014年12月）

と協定を結び（「アラムコ・片倉沙漠文化協賛金」）、沙漠文化に関する調査・研究、芸術活動、講演・展示事業が実施された。MOKO-FDCは、主に中東地域の遊牧民やイスラーム文化の研究に従事した文化人類学者・人文地理学者の片倉もとこ（一九三七～二〇一三年）が遺言に示した「沙漠のままの文化を大切にする」事業への支援を目的に設立された。

協賛金事業の機軸は、片倉がサウジアラビアのワーディ・ファーティマ（WF）で行った現地調査の資料研究・調査と公開である。対象地域は二大都市のマッカとジッダを結ぶオアシスとして発展したが、片倉が調査した一九六〇年代末当時は国家経済が化石燃料資源への依存を深め、社会全般が急激に変容しつつあった。人々と寝食をともにして片倉は個人の世界を生き生きと記録した。

MOKO-FDCはまず片倉の調査資料リストを作成し、著作、写真、カセットテープ、八ミリフィルムのデジタル化を行った。写真と生活用具については、国立民族学博物館と共同でデジタルアーカイブ化を進めた。二〇一五年にはWFを訪れ、片倉が撮影した人物に会うことができた。片倉の築いた信頼関係をもとに、二〇一八～一九年に住民と共同調査を行い、景観や日常生活の半世紀の変化を考察した。現地の社会開発センターをはじめ、博物館学芸員など有識者も片倉の資料を文化遺産として評価し、調査への協力を得た。一連の調査成果は日本で一般公開された（二〇一九年国立民族学博物館、横浜ユーラシア文化館企画展「サウジアラビア、オアシスに生きる女性たちの五〇年――『みられる私』より『みる私』へ」）。展示では、サウジアラムコによる片倉へのインタビュー映像（DVD『架け橋』二〇一六年）が使用された。

また、MOKO-FDCは二〇一六年に秋田大学において、AAJ社長（当時）を基調講演に招き資源開発とCSRについての国際シンポジウムを共催した。二〇一七年には、Ithraとキング・ファイサル・センターから学芸員を招聘し、文化遺産保全に関する国際シンポジウムを横浜で開催し、日サの博物館交流を促進した。

本事業は、半世紀前から蓄積された学術・人的資源に新たな学術的価値を付加し、人的・社会的ネットワークの創出につなげた事例だといえる。二〇二〇年以降のポストコロナ社会においても、このような持続可能な協働が中長期的に社会の脆弱性を補うのではないだろうか。

16 宗教がツーリズムと出会うとき——観光資源化する宗教遺産

安田　慎

（1）市場経済下の宗教とツーリズムの邂逅を考える

宗教とツーリズムをめぐる関係は、中東においても重要なトピックとなっている。その背後には、世界各地で宗教が生み出してきた人・モノ・資本・情報のモビリティ（移動）が、観光産業の発展や観光客の流入というツーリズムの浸透によって、その性質を大きく揺るがされている現状が横たわる。中東の場合、歴史的にも現代においても、特定の宗教に対して人々が時間や労力、資金の投資を促した結果として現れる「宗教資源」を、様々な空間や文化の中で見出すことができる。ユダヤ教やキリスト教、イスラームの一神教や他の宗教に関わる聖地や宗教遺産を数多く抱えるこの地域では、聖地が信徒たちによる巡礼や宗教実践が生み出すモビリティによって宗教資源の蓄積の場となるだけでなく、当地への非信徒たちの興味関心をも喚起する場としても機能してきた。三つの一神教に共通する聖地であるエルサレムのほかにも、ヘブロン、ティベリア、ツファットといったイスラエル／パレスチナ国内のユダヤ教の聖地、エジプトの聖カタリーナ修道院やヨルダン・マダバのネボ山をはじめとするキリスト教関連の巡礼地、サウジアラビアのマッカ（メッカ）、マディーナ（メディナ）、イラクのアタバートやイランのゴム、マシュハドにおけるシーア派参詣地といったイスラームの聖地たちが、著名な場として知られている。そのほかにも、地域コミュニティレベルでも一神教をはじめとする多様な宗教の聖地への巡礼や、日々の宗教実践、知識人たちの交流を通じて、ローカル・レベルで様々なモビリティや宗教資源が蓄積されてきた。

これらの信徒たちの実践の積み重ねによって生み出されてきた宗教資源としての宗教文化や宗教景観は、非信徒たちにも魅力的なものとして、様々な「まなざし」が投げかけられてきた。特に、一九世紀以降のマス・ツーリズム（大衆観光）の発展の中で、これらの宗教資源は非信徒にとっても常に魅力的な観光資源となっていく。宗教が生み出す空間や時間、行為が他者の楽しみのための消費の対象となる中で、それらを見学、あるいは体験しようとする非信徒たちが大挙して押し寄せることになる。信徒たちもまた、従来の互酬的関係の中で遂行してきた宗教実践が、商品として市場関係の中で消費されていく動きを戸惑いも持って受けとめてきた。

宗教文化や宗教景観がツーリズムによって様々な変化にさらされる中で、信徒の間でも一連の変容を積極的に受容する取り組みも展開されてきた。一部の聖地では空間の宗教的正当性を担保するために、様々な形で観光客や非宗教的動機に基づく訪問者を排除する制度設計を模索してきたものの、「宗教の観光資源化」と呼びうる状況にあらがえない中で、ツーリズムとの友好的な関係を構築する動きが続いてきた。

以上の議論を踏まえ、本章では中東における宗教の観光資源化を取り上げながら、宗教とツーリズムの関係について考えていきたい。その際、観光研究・宗教学を中心に展開してきた宗教資源の市場化や大衆化をめぐる議論を援用しながら、中東における両者の関係について論じていきたい。

（2）中東地域における宗教資源の三つの流動化をみる

中東地域における宗教とツーリズムの関わりを考えた際、宗教遺産の流動化、宗教空間の流動化、宗教経験の流動化、という三つの領域での流動化の動きを示すことができる。

第一に、宗教遺産の流動化について述べたい。非信徒たちも観光市場を通じて宗教遺産へとアクセスできる環境は、これらの宗教遺産へのアクセスを商品・サービスとして効率よく市場の中で提供するとともに、従来の宗教的意味づけとは異なる意味づけを付与する圧力ともなってきた。この圧力をここでは、宗教遺産の流動化の動きとしてまとめていきたい。

一九世紀にはすでに西洋社会におけるオリエンタリズム（東方趣味）の隆盛に伴って、中東諸国の宗教的な遺物を収集して保全する試みがなされてきた。その成果は、大英博物館やルーブル美術館、ベルリンの新博物館、スミソニアン博物館、カナダ・トロントのアーガー・ハーン美術館をはじめとする世界各地の博物館・美術館での展示や、個人コレクションの蓄積に見て取ることができる。他方で、国外への宗教遺産の流出を防ぐために、中東諸国内でも多数の専門博物館・美術館を設立することで、保全に努めてきた。カイロやドーハにあるイスラーム専門の博物館・美術館の設置に、その一端を垣間見ることができる。

これらの宗教遺産の保全と商品化をめぐる機運は二〇世紀以降も続く。一九六〇年代のアスワン・ハイ・ダムの建設に伴って起こったヌビア水没遺跡救済キャンペーンでの国際的な文化財保全の隆盛を踏まえて、ユネスコ主導で制定された「世界の文化遺産および自然遺産の保護に関する条約（世界遺産条約）」を通じて、様々な宗教遺産の保全が図られてきた。国際的な遺産保全の機運の中で、ユネスコや宗教組織だけでなく、アメリカ合衆国国際開発庁（ＵＳＡＩＤ）やＥＵ、アーガー・ハーン文化財団、トルコ共和国文化・観光省といった多様な国際開発援助機関が、宗教遺産の保全に関与するようになっていく。

これらの宗教遺産の保全活動では、宗教資源を人類が後世に残すべき遺産として保全していくとともに、人々が訪問する動機を喚起する商品として、観光市場の中で効率よく管理するための仕組みや手法を生み出してきた。繰り返しになるが、一方ではそれらの商品化の圧力は従来の宗教実践や価値観との軋轢を生み出しながらも、他方では宗教資源の新たな活力として積極的に信徒たちに受容されている状況を見て取ることができる。

次に、第二の領域である宗教空間の流動化についてみていこう。宗教空間の流動化の進行は、観光インフラを気軽に利用する、強い宗教的動機をもたない人々や非信徒といった観光者の流入や参画も促してきた。特に、宗教空間や宗教実践に「まなざし」を向ける観光者の流入と参画は、様々な軋轢を生み出す一方で、宗教文化に新たなビジネスや活力を生む契機ともなってきた。

宗教施設への非信徒の流入では、観光者が宗教施設の歴史的・社会的・審美的側面に「まなざし」を向ける中で、多種多様な動機を持った訪問者で溢れる現象を見て取ることができる。特に、ユネスコ世界遺産をはじめ観光資源としての価値が高いとみなされる宗教施設では、多数の非信徒が押し寄せることが日常と化している。

宗教実践の領域でも、メヴレヴィー教団のセマーをはじめとするイスラーム神秘主義教団の儀礼や、キリスト教の修道士たちの姿も、中東における宗教文化を示す観光資源として認知されてきた。宗教行事についても同様で、キリスト教のクリスマスやイースターだけでなく、ユダヤ教の二つの祭（プーリーム、ヨム・キプル）、イスラームの二つの祭り（イード・アル＝フィトル、イード・アル＝アドハー）も、国際観光市場において魅力ある観光資源とするための試みがなされ、観光メディアにおいても取り上げられている。実際、域外の国際観光メディアだけでなく、中東域内の各国政府観光局や地元旅行メディアによっても、一連の宗教行事について、宗教文化を表象する代表的な観光資源として社会のなかで発信されてきた。

個別の宗教施設や宗教実践が観光資源として認知される状況を受けて、宗教ガイド・ツアーの設定やイベントでの開放を通じて、宗教空間を非信徒とのコミュニケーションを活性化させる場として機能させる試みが広がっている。その際、どこまでの領域を非信徒に開放するのかについては、様々な試みがなされている。トルコのように博物館として個人の宗教に関わりなく料金を徴収する場所から、非信徒のみから徴収するパターン、すべての訪問者に無料で開放するところまで、様々なバリエーションが存在する。その他にも、宗教施設の周辺に広がる宗教グッズ店や土産屋の数々や、土産物のモチーフとなる宗教実践にも、宗教空間の流動化が反映されている。

最後の宗教経験の流動化では、信徒たちの宗教的動機に基づくモビリティと近代的な旅行システムとの融合を見て取ることができる。既に、一九世紀のトーマス・クックによる近代的な旅行会社の設立や、マス・ツーリズムの発展にみられる国際的な旅行システムの形成の中で、中東域内外の旅行者たちはこの新たに構築されたシステムを積極的に活用してきた。さらに、二〇世紀中盤の世界的なジャンボジェット機の相次ぐ導入に伴う国際航空網の整備は、中東諸国各地の聖地への訪問者を飛躍的に増やすことになった。特に一九七〇年代以降、数百万人を巡礼（ハッジ）の時期に受け入れるマッカの混雑状況は、セキュリティや宗教儀礼の円滑な遂行のために、空間や制度設計を大きく変容させる契機となってきた。

さらに、従来は各地の宗教コミュニティによる寄付や接待といった互酬的関係の中で維持されてきた宗教モビリティが、旅行インフラや観光産業との関わりを深めていく中で、市場経済の中で展開されるようになっていく。「宗教観光」と呼ばれる独自の観光市場の中で、世界各地で宗教ツアーを組織することで収益をあげる、宗教旅行会社や宗教組織が多数設立されてきた。これらの宗教旅行会社によって、聖地への訪問や宗教実践に対する訪問者たちの便宜が図られていくとともに、一連の便宜が商品・サービスとして市場のなかで提供されていく。その結果、宗教モビリティが量的拡大を通じて大衆化していくことになる。特に、ツアー代金や内容がサービスとして明示されたことによって、資金や宗教経験の内実に関する不確実性が著しく減少し、人々の心理的ハードルが低くなった。一連の変化は、より多くの社会階層が中東地域の聖地に訪れることを可能としただけではなく、人生の中で何度も繰り返し行うことをも可能としてきた。

さらに、サービスとして宗教経験が提供されていく市場環境は、サービスの質と量の向上による、聖地空間の更なる流動化と、宗教ガイドの増加という二つの動きを宗教観光にもたらした。前者については、宗教ツアーによって世界各地から聖地を訪れることが可能となり、その結果聖地における許容量の制限や空間管理を徹底する気運を生み出した。特に、マッカにおける急激な巡礼者の拡大は、当地での混雑に伴う死亡事故や犯罪行為を多数生み出し、適切に巡礼者を管理するシステムの構築が求められてきた。その結果、カアバ聖殿周辺の再開発に伴う受入許容量の拡大や、宗教ガイドを通じた巡礼者の管理が徹底されていく。

宗教経験の流動化は宗教空間の更なる流動化を招くだけでなく、宗教経験やモビリティを促す資本の流動化も同時に生み出した。特に、聖地における外部資本による投資によって、ホテルや移動手段をはじめとする旅行インフラが充実していく姿は、資本が巡礼者とともに動いていく点を示している。二〇〇〇年代のマッカにおける拡張工事を通じた宗教景観の変化をみた場合、大型高級ホテルが外部の投資によって建設されてきた点や、国際ホテル・チェーンによって運営されることで、宗教経験が国際資本の集積を促す場に転換してきた。他の聖地でも同様の現象が起こり、宗教景観の急激な変化や商業空間化、地域住民の生活の変質といった問題を突き付けることになった。

後者の宗教ガイドの増加については、宗教ツアーをめぐる旅行会社間の競争が激しくなる中で、宗教ツアーの差別化を推し進めるために、宗教ガイドを商品の目玉として積極的に宣伝するようになる。その中で、従来の伝統的な宗教教育を受けた層だけでなく、様々な経歴をもった人々が宗教ガイドとして参画するに至っている。その結果、宗教ツアーの内実が多様化して利用者たちの選択肢が広がるとともに、宗教経験の内実も多彩化してきた。

ツーリズムの浸透に伴って様々な領域で進行する宗教資源の流動化の動きは、非信徒や信徒といった訪問者の属性に関係なく、幅広く見られる現象である。その結果、従来の研究の中で言われてきた宗教とツーリズムを区別する考えや、信徒／非信徒として区分する議論が必ずしも有効ではなくなっている。

（3）所有する宗教資源から、利用する宗教資源へ

前節で述べた宗教資源の流動化をめぐる多様な動きをみていくと、そこでは誰が保有し、誰がアクセスできるのか、という宗教資源の所有と帰属をめぐる変質と継続の議論へと収斂していく。その背景には、聖地においてて多様な動機をもつ訪問者が訪れる中で、コミュニタスのような単一の支配的な宗教言説が聖地すべてを覆うモデルが変質していった状況が横たわる。そこではむしろ、異なった訪問者や言説が空間に溢れかえって「競合的な場」が発生し、画一的なマネジメントが困難になってきている点も指摘できる。その中で、巡礼者と観光者を動機や行動様式、属性によって腑分けする議論がなされてきたものの、宗教資源を必ずしも信徒や巡礼者のみに帰属するものとして描き出すことは、現実との乖離を生み出す。宗教資源への帰属度合をグラデーションとして捉えようとする議論も存在するが、際限のない細分化を招くこととなり、モデルとして提示する際の困難さを伴ってきた。

先行するモデルたちに対して、宗教市場理論を中心とする宗教社会学の議論は、この宗教資源の帰属をめぐる問題を、異なったアプローチから描き出している。特定の宗教に対する愛着を、時間や労力、資金の投資を通じて蓄積・拡散していく、宗教市場理論における宗教資源をめぐるモデルは、宗教資源の帰属よりも利用に焦点を当てる。すなわち、誰が宗教資源を保持するのかというメンバーシップや帰属をめぐる権力関係の側面よりも、宗教資源がいかに利用されるのかという消費の側面をこれらの議論では強調する。市場化や大衆化によって多様な商品やサービスが宗教市場の中に溢れかえることによって、人々が自らの属性に関わりなく、選

好に基づいて自由に宗教資源にアクセスすることが可能となる。その結果、イアン・リーダーのいうところの、宗教資源が特定の個人・組織に帰属するといった既存の状況から解放される、「民主化」の動きが進展する。中東においても聖地において既存の宗教的伝統を踏まえながらも、その枠組みを超越するヒーリングやスピリチュアリティといったサービスが、人々の間で生み出されて活発に消費されていく状況を踏まえると、宗教資源の帰属が流動化していく状況を見て取ることができる。

宗教資源の流動化に伴う「民主化」の動きは、一見すると無秩序な宗教資源の利用と既存の宗教性の減退を招くものとして捉えられる。しかし、諸アクターが自由に宗教資源を利用していく中で、むしろ利害関係者の間で緩やかなイメージや規範といったコンセンサスが生み出され、次第に共有されていく様子が窺える。ツーリズムによる宗教資源の市場化と大衆化に伴って、宗教資源の利用に関わる、ある種の共通の認識が構築されていく。この状況を、筆者は『イスラミック・ツーリズムの勃興――宗教の観光資源化』（二〇一六年）の中で、「私事化されたコミットメントの社会化」という言葉で示した。そこでは、人々がある特定の効用を期待して宗教商品・サービスを積極的に消費していく中で、人々により選好される宗教資源が蓄積されていく環境が生み出されていく状況を描き出す。それら蓄積される宗教資源がさらなる利用を生み出していくなかで、市場における循環システムが構築されてきた。

一連の議論を踏まえると、中東における宗教とツーリズムをめぐる関係は、単なる宗教の減退や競合的環境の発生ではなく、市場化を通じた宗教資源の帰属と利用をめぐる活用方法が新たに見出されていると捉えることができる。そこでは、宗教資源が特定の主体によって所有される状況から、様々なアクターによって利用されていくことによってむしろその価値を高めていくさまを見て取ることができる。

（4）宗教がツーリズムと出会った先に

本章では、中東における宗教の観光資源化を取り上げながら、宗教とツーリズムの関係について考えてきた。特に、宗教資源の市場化と大衆化をめぐる状況をみながら論じてきた。最後に本章での議論をまとめていきたい。

中東における宗教の観光資源化の動きは、宗教資源、宗教空間、宗教経験の三つの領域での流動化を生み出している点を確認した。その中で、従来は宗教に必ずしも強い関わりをもたなかった諸アクターが市場を通じて宗教資源にアクセスすることが可能となり、その結果として宗教資源を用いた多種多様な商品・サービスが展開されるようになっている点を確認した。

これらの動きは、従来の議論を踏まえるのであれば宗教性の減退や宗教空間における競合的環境の発生、宗教経験の細分化として捉えられてきた。しかし、宗教社会学における近年の議論を参照するのであれば、流動化によってもたらされる「民主化」の動きが、宗教資源の所有と帰属という従来の考えから、宗教資源の利用をめぐる考えへと変化している姿が見て取れる。特に、多種多様なアクターによって展開される宗教商品・サービスの数々が、人々の自由な選好を引き出す一方で、大量消費を通じて好まれる宗教資源と好まれない宗教資源の選別が行われてきた。その結果、人々により好まれる宗教資源が利用を通じてより蓄積され、可視化されていく環境が生み出されていく。

以上の議論を踏まえると、中東における宗教とツーリズムをめぐる議論では、宗教資源の流動化を通じた宗教資源の所有と帰属の大衆化と、人々の消費による宗教資源の活用と蓄積が促進される環境が構築される点を指摘することができる。この宗教資源の流動化に伴う動きが、信徒／非信徒の関わりなく人々の積極的な関与を引き出すだけでなく、現代社会における宗教の重要性を認識させる一因になっている。むしろ、中東の多様な宗教資源は、観光市場を通じて世界各地で活用されるようになったことで、現代社会の中でその重要性を増すに至った、と考えることもできる。

本章で取り上げた話題以外にも、中東の宗教とツーリズムの関係を考えた際、論じ切れない内容があるだけでなく、いまだに議論の俎上に載っていないトピックや議論も数多く存在する。特に、近年の世界的な観光研究の推進と深化の中で、多様な宗教資源をもつ中東における事例は、域内だけでなく他地域や他学術分野との比較可能性をもつ、非常に示唆に富む議論を想起する可能性を秘めている。

参考文献

田中英資『文化遺産はだれのものか——トルコ・アナトリア諸文明の遺物をめぐる所有と保護』風響社、二〇一七年。

野口淳・安倍雅史『イスラームと文化財』新泉社、二〇一五年。

安田慎『イスラミック・ツーリズムの勃興——宗教の観光資源化』ナカニシヤ出版、二〇一六年。

Junad, B., Khalil, G., Weber, S. and Wolf, G. eds., *Islamic Art and the Museum : Approaches to Art and Archaeology of the Muslim World in the Twenty-first Century*, London : SAQI, 2013.

Reader, I., *Pilgrimage in the Market Place*, London : Routledge, 2016.

コラム9　変わるモロッコの「博物館」

山口　匠

モロッコには、世界中から観光客を惹きつけるに足る観光資源が豊富にある。世界遺産となっているローマ遺跡や、中世の雰囲気を色濃く残すメディナの旧市街、サハラ砂漠をはじめとする壮大でバラエティ豊かな自然、緻密でかつどこか素朴さを残す色鮮やかな手工芸品などは、日本のメディアでもしばしば特集が組まれ、このようなエキゾチックな観光地としてのモロッコのイメージがすでに定着しつつあるといえるだろう。近年では、日本から年間二～三万人の観光客が同国を訪れている。

中東諸国にあっても豊富な原油等の天然資源に恵まれない国々にとって、観光産業は外貨獲得のための貴重な手段となっている。とりわけモロッコは、二〇一一年の「アラブの春」以降も政情が比較的安定していることもあり、新型コロナウイルスのパンデミックが起きるまで、観光産業が堅調な成長をみせていた。二〇一八年の観光客到着数は約一二三〇万人であり、過去五年での増加率は実に二割近くに及ぶ。同年のデータでは、多くの業種に関わる観光産業は対ＧＤＰ比で七％ほどを占めるといわれ、主要産業である農業と製造業がそれぞれ約一三％と一四％であることを踏まえれば、その経済的重要性は明らかだろう。

迷路のようなメディナの路地を歩き回り、その活気に直接触れることは、何ものにも代え難い体験である。しかし他方で、それだけで現地の文化や人々の暮らしについて、ガイドブック以上の知識を得ることまでは難しい。そのような要望に応えるべく、モロッコ文化やイスラーム美術の典型を表す事物を展示し、客観的で正確な情報を伝えることを目的として建設されたのが、大都市を中心に各地に点在する民族誌博物館であった。民族（学）博物館が人類全体の文化的多様性を少なくとも理論的な前提とした施設であるのに対し、ここでいう民族誌博物館は特定の集団の文化や歴史の表象に主眼が置かれており、日本であれば民俗博物館と呼ばれるものにより近い。

モロッコに限らず、北アフリカの旧仏領マグリブ三カ国の近代的博物館の歴史は、宗主国フランスの存在、そして観光という現象と切り離すことができない。フランスによるモロッコの保護領化からわずか三年後の一九一五年には、モロッコ国内の最初期の博物館である首都ラバトとフェズの民族誌博物館が建てられた。植民地時代に相次いで開館したこれらの民族誌博物館は、フランス人の専門家が科学的・審美的に同定した植民地の伝統文化や美術の精髄を、フランスをはじめヨーロッパから訪れた観光客へ向けて展示するための施設だった。同時に、現地の手工芸の職人を再教育するための職業訓練機関でもあったため、これにより伝統工芸や美術の体系化と規格化が進んでいった。

一九五六～六二年にかけてマグリブ各国が独立を果たした後も、民族誌博物館を含め植民地時代に建てられた博物館は、基本的にそのまま引き継がれた。しかし、政治的に不安定な新興国家において、独立運動の「正史」を扱う歴史博物館の建設を別にすれば、博物館政策に関して長期的な戦略や十分な予算が与えられることは稀であった。近年のモロッコでは、博物館行政を執りしきる専門の機関が設立されるなど、改革の兆しがみられる。とはいえ、長年十分な管理を受けられずに保護領期の遺構と化したままの民族誌博物館は、現地の一般の人々はもとより、現代の観光客にとっても魅力的な存在とは言い難い。

博物館行政にみられるような文化領域における国家の側の「腰の重さ」は、民間に活躍の機会をつくってもきた。特に近年では、モロッコ各地の民間団体が、その地域に固有の伝統芸術や特産品を称揚する大小様々なイベントを盛んに開いており、少なからぬ経済効果を生み出している。その背景としては、九〇年代以降の新自由主義的転換に伴って、市民によるNGO活動が活性化したことや、先住民族のベルベル（アマズィグ）語の公用語化に象徴される、モロッコ文化の内的な複層性への関心の高まりがあったことなどが指摘できる。

そうした中で、国内の文化的多様性を記録し、国内外へ発信するための新たなアプローチも現れはじめた。筆者が数年来聞き取りを行っている団体は、「マロコペディア（marocopedia.com）」という名のデジタル・ミュージアムを運営し、各地域を取材して制作した様々なテーマの短編ドキュメンタリー映像を公開してきた。亜仏英の三カ国語で展開される教育的で質の高い映像コンテンツと、オンライン・プラットフォーム構築のノウハウは、文化省や観光局などの公的機関からも関心を集めており、大口の資金援助や新たなプロジェクトが稼働しつつある。観光産業を筆頭に、多くの分野がコロナ禍によって既存の体制の見直しを迫られる中、今後、インターネットを駆使したどのような取り組みが展開されるのかが注目される。

17 変わるハラール――食の安全と産業化の先で

黒田賢治・高見　要

（1）ハラルの紐解き方

イスラームやムスリムへの関心の高まりに伴い、ハラルという用語が日本社会で知られるようになってすでに久しい。二〇一〇年代にムスリムの訪日旅行者が増加したことで、彼らにどのような「もてなし」を提供すればよいかというインバウンド・ビジネスの課題とともに、ハラルという言葉も一般に普及するようになった。またイスラーム圏での市場開拓を狙う飲食・製造業を中心に「ハラル認証」に関心を寄せる企業も少なくない。

しかし、宗教と食文化が結びつくことはイスラームに限ったことではない。例えば東アジアでは、仏教の戒に影響されて素食や精進料理が発展してきた。またユダヤ教では食物規程に合致していることを示すカシェル（コーシャー）認証があるように、宗教的実践と結びついた認証制度もイスラームに限ったことではない。本章では、ムスリム社会のハラル概念やハラル認証をイスラームに特有で不変の事象として捉えるのではなく、現代社会における問題に応じて変化するものであるとした上で、現状とその課題について紐解いていく。

（2）ハラールとハラームという二分法への理解

ハラルは、アラビア語のハラールがインドネシア語あるいはマレー語に転訛した用語である。ハラールは「許された／合法な／正当な」を原義とし、イスラームの文脈ではイスラーム法の規定としてモノやコトを対象として、一般状況で使用や履行について「許容」されていることを意味している。「許容」する主体とは、究極的にはイスラーム法の制定者たる神である。つまりハラールとは「神によって許容されたモノ・コト」を意味する。ハラールの対概念として、「禁じられた」を原義とするハラーム（転訛してハラム）という用語もあり、こちらは反対に使用や履行の「禁止」を意味している。日本語では一文字違いの似た響きであるが、ハラールは ḥalāl、ハラームは ḥarām であるので、まったく別の用語である。

モノ・コトはハラールであることを出発点としており、基本的にはよき信仰者であるには限られたハラームを避ければよい。ハラール／ハラームの区分が適用される対象は、食品に限らず多岐にわたっている。それゆえ両者への分類とは、その二分法に基づいて遡及的に理解できるイスラームの「人間観」を示すものであるともいえる。

口に入れることが想定されているモノ、つまり飲食物に限ってみると、聖典クルアーンで明確にハラームとされているのは、死肉や流れ出た血、豚肉、不適切に屠られた肉、特定の期間に狩猟した動物、邪神にささげられた不浄な食べ物、そしてハムル（「酒」）である。預言者ムハンマドの言行やシーア派ではそれと「同列」の知的資料として扱われる歴代イマーム（指導者）の言行をみても、食品としてハラームとされているのは、家畜化されたロバ、肉食獣や象のように牙のある動物、鉤爪のある鳥類（猛禽類）、カエルやミツバチなどといった具合である。こうしてみればわかるように、主に食肉に関する規定が占めており、野菜・果物・穀物などの植物性の食材や卵・乳製品類についてはいずれも摂取は自由である。

イスラームの食の禁忌として、豚肉とならび一般的にも馴染み深いのは飲酒であり、上で挙げたハムル（「酒」）である。歴史的にみても、飲酒を大っぴらに推奨するムスリム社会はない一方で、幾度となく禁酒令が出されてきたように、飲酒文化も存在してきた。というのも、禁じられているハムルが、葡萄など特定の原材料から作られたものだけを指すのか、あるいは特定の原材料から作られたハムルと同様の酩酊作用をもたらすもの一般を指すのかは解釈の余地があったからだ。この解釈の余地が生まれるのは、イスラームには異端と正統を判別する教会制度がなく、それぞれの時代でイスラーム法学者（以下、法学者）による大まかな合意形成がとられてきたためである。

法学者たちの解釈がより複雑になっていくのが、水生生物に関する解釈である。クルアーンでは漁撈とその獲物を口にすることが許可されていることから、一般的な魚類やエビについては、スンナ派・シーア派のどの法学派も議論の余地がなく口にすることができる。しかし一部の魚類や貝類、イセエビを含んだ甲殻類、イカやタコなどの軟体動物については、法学派により見解が異なる。また概ねハラームである爬虫類に関しても、トカゲなどについては見解の相違がある。

ハラールかハラームか判別できないモノ・コトもあり、それらは「不明瞭」や「疑い」を意味するシュブハ（あるいは「疑いのあるもの」を意味するマシュブーフ）として扱われる。「疑わしいもの」を過剰に避けようとすれば、信仰生活は難しいものになっていく。しかし、詮索しすぎることや疑に囚われることも忌避すべきこととして考えられている。加えて、生命の危機など緊急の事態には、ハラームとされているモノやコトを使用・履行しても赦される。例えば、食料もなく遭難した際に、たまたま事故死したイノシシをみつけた場合、これを食することは、イスラーム法上問題はない。むしろ生命の危機のような状況で、モノやコトを使用・遂行しないことは、禁止された振舞いとなる。

飲食物をめぐるハラールとハラームとは、食べ物と食べ物でないものを分類する思考の様式であるという風にも言い換えられる。食欲旺盛で好奇心も豊かな読者であっても、蝿を食べようという人は非常に珍しいと言っていいだろう。それは蝿が日本の社会では食べ物として一般的に認識されていないからだ——だからといって蝿を食べる人の人格を筆者は否定する気はない。

（3）グローバル化時代の東南アジアのハラール認証

近年の欧米社会で一般化してきたエシカル・コンサンプション（倫理的消費）のように、商品として陳列されているモノの裏側にある世界を想像していくことの重要性が、様々な社会で意識されつつある。食品を含む消費財がどこで、誰によって、どのような材料や環境で作られたのかは、現代においては特定が困難であり、グローバル化が進んだ近年ではより複雑な様相を呈し、全体像の把握は一般的に不可能である。だからこそ解決方法として、公的機関や団体による認証が発達した。類似のことが、現代のムスリム社会においても行われてきた。その一つがハラール性を担保する認証制度である。

国家レベルで制度的にハラールの認証を始めたのはマレーシアであり、一九七四年に首相府直属のイスラーム局によって食品にハラール証明が付されたことに遡る。翌年には、食品の取引表示のための条件が定められた。また今日では一般化しているロゴラベルによるハラール表示も一九九四年から始められた。一九九七年になると、前述のイスラーム局がイスラーム発展局（ＪＡＫＩＭ）として改組されるとともに、同局がハラール認証を取り扱うようになった。二〇〇三年からはハラール・ハブ政策が推進され、政府出資のハラール産業発展公社（二〇〇六年設置）とイスラーム発展局との間でハラール認証の管理主体が揺れ動きつつ、発展してきた。また同国では、各州のイスラーム局に加え、民間団体によるハラール認証も可能な状況にあったが、中央政府によって基準の統一や認証一元化が進められてきた。そして二〇〇七年には国際ハラール統合連盟を設立して、マレーシア政府は非ムスリムも取り込んだグローバルなハラール・ビジネスの展開を試みてきた。

二〇〇〇年に科学技術革新省はＭＳ（マレーシア産業規格）として、ハラール認証に関連した規格ＭＳ一五〇〇を策定し、その後も最新の二〇一九年版まで改訂を行ってきた。汎用性の高さでも知られる同規格では、食品・飲料・サプリメント、食品提供施設、消耗品・消費財、化粧品・トイレタリー、医薬品、屠畜場、ロジスティックなど、食品・飲料だけでなくその対象は多岐にわたる。加えてムスリム対応のホスピタリティとして、宿泊施設やパッケージツアーなどのハラール認証基準である規格MS二六一〇のような、新たなハラール関連規格も策定されてきた。マレーシアは、経済成長戦略と結びつけてハラール認証をビジネスとして展開させてきた中心地と言っていいだろう。

世界最大のムスリム人口を抱えるインドネシアでも、マレーシアとならび、国家レベルでのハラール認証制度を展開させてきたが、その背景は異なる。一九八九年に、乳製品への豚由来成分の含有問題を背景として、政府の指示によりインドネシア・ウラマー評議会（以下、ウラマー評議会）がハラール性の検査・認証を行う「食品・医薬品・化粧品検査機関」を設置したことからハラール認証制度が始まった。一九九六年からはロゴラベルによるハラール表示も始められた。しかし二〇〇一年には良質性に基づいたハラール理解と矛盾した、残留農薬問題など食品の安全性への不信感を募らせる事件が続けて起こった。また二〇一〇年頃に、「豚脂肪が混入した材料リスト」なるものがインターネット上で流布する事件も起こった。

ウラマー評議会は二〇一二年以降にハラール認証取得のための規格についてシリーズで順次発行したが、次第にハラール認証取得の義務化が希求されるようになった。二〇一四年に公布された「ハラール製品保証法」によって、ハラームと明示された製品を除き、国内で搬入・流通・売買される食品を含んだ製品に関しては、ハラール認証の取得が義務づけられた。ハラール認証権限についても、ウラマー評議会から宗教省に設置された「ハラール製品保証機関」に委譲された。そして二〇一九年一〇月一七日から同法が施行され、五年間の猶予をもってハラール認証の取得が義務づけられた。

ハラール認証は両国だけにとどまらず、東南アジアを中心に進んでいった。人口の約一四％がムスリム住民であるシンガポールではすでに一九七八年から認証が行われてきたし、人口の約五％がムスリムであるタイでも一九九七年以降ハラール証明が発行されるようになった。またマレーシアのＪＡＫＩＭやインドネシアのウラマー評議会は、国外のハラール認証団体に対しても相互認定を行ってきた。厳しい認証基準を定めてきた両機関による認定は、非ムスリム諸国の団体にとってみれば一種の権威づけとしても作用している。

（４）現代中東における食とハラール／ハラームの境界

現代の中東諸国で、東南アジア諸国のようなハラール認証に関心が寄せられるようになったのは、マレーシアやインドネシアの動きが一段と高まった二〇一〇年代である。とはいえ食品・飲料の分野だけをみても、中東のムスリムがハラール性を気にしてこなかったというわけではない。国内で流通するようになった目新しい食品・飲料に重大な関心が払われることもあった。例えば、エジプトにおけるコーラの例である。

エジプトでコーラが広まる中、一九五一年に同国の保健省はイスラーム法上の見解を公的に示すファトワー庁に、コカ・コーラとペプシ・コーラの合法性について尋ねた。あわせて保健省は麻薬・アルコール成分の検査を行い、かつてはペプシ・コーラに含まれていた豚由来の成分ペプシンも含まれておらず、成分上まったく問題がないという科学的な情報を同庁に伝えた。その結果、コーラが合法、つまりハラールであるという法的見解が示され、新聞によって広く流布させるために記事として掲載された。

エジプトのコーラの事例は政府機関が直接法的見解を問うという珍しい例であるが、法学者に新規の事象の合法性について問うということそのものは、ムスリムが暮らす社会では珍しいことではない。非ムスリム諸国からの輸入食材、とりわけ国外で屠畜された輸入肉については関心が払われてきた。すでに述べたように、食肉についてはクルアーンにおいても言及されている注意が必要な食材であり、適切な処理が必要とされる。そのため一九七〇～八〇年代には輸入国側が、ハラールな屠畜であることを確認するムスリム団体を認定して輸入肉のハラール性を担保する方法や、輸入国から承認を受けた輸出国側のムスリム団体が農場経営を行い、屠畜した食肉を輸出するという方法がとられた。

サウジアラビアや革命後のイラン（一九七九年〜）のように、イスラームによる社会運営を標榜する国では、輸入食品だけでなく国内で消費・生産される食品・飲料について、ハラール／ハラームの判断に基づく規制も行われてきた。だが、食品・飲料に関するハラール／ハラームの判断は、時に国家運営上、伝統的な見解を覆すこともあった。例えば、イランの法学者であり革命後に最高指導者となった故ホメイニー師によるチョウザメをめぐる見解である。

シーア派が多数派を占めるイランでは、二〇世紀半ばまでチョウザメもその卵であるキャビアもハラームとされてきた。世俗主義路線の政策をとった王政下で、一九五三年に公社として設置されたシーラート社によって輸出目的でキャビア製造が開始されたが、一般には食用の習慣はなかった。一九八一年半ばにホメイニー師の支持勢力によって政権が掌握され、社会のイスラーム化が一段と進められると同時に、キャビア製造の合法性について判断が迫られる中、シーラート社からホメイニー師にチョウザメがハラールか否かの質問状が送られた。ハラームなものを製造・販売することもハラームであり、チョウザメがハラームであると判断されれば同社も廃業となるからだ。一方で、革命後から国際社会で経済的にも孤立する中で、キャビアが大きな外貨収入源になることも十分に理解されていた。

チョウザメがハラームとされた一つは「ウロコ」がないと判断されていたからである。シーア派の法学では、水生生物については、イスラームにとっての姉妹宗教であり、先行するユダヤ教の聖典に立ち返って判断するということも行われてきた。ユダヤ教の聖典では、魚類は定義された「ウロコ」概念の有無によって分類し、「ウロコ」のある魚類だけを合法としている。

ホメイニー師の指示を受けた法学者たちは、チョウザメを検分し、チョウザメという和名の由来ともなった側面にある蝶形の鱗を「ウロコ」として判断を下し、これに従いホメイニー師はチョウザメがハラールであるという見解を示した。後には水生生物をめぐる科学的知見も加え、最終的に一九八三年九月にテレビとラジオを通じて、チョウザメが「ウロコ」をもつということを国内に向けて放送した。しかしユダヤ教においてチョウザメが禁止されているように、堅い鱗の場合には「ウロコ」は引きはがせることが条件であり、伝統的な法学者は否定的な見解を示した。またホメイニー師も国外から寄せられた質問状には、チョウザメについてあいまいな見解を示すにとどめ続けた。

このように現代の中東社会においても、食品・飲料をめぐるハラール／ハラームは認証制度というかたちを伴わずに展開してきた。ところが、二〇一〇年代になるとハラール認証は、中東社会においても行われるようになってきた。例えば、湾岸諸国（アラブ首長国連邦、オマーン、カタル、クウェート、サウジアラビア、バハレーン）の間では湾岸協力会議標準化機構（GSO）で共通のハラールの規格を作成してきた。二〇一五年以降は、上述の湾岸諸国間で認められたいくつかの機関が認証活動を行っている。イランでも近年には「保健・医療・医療教育省」に設けられたハラール研究所が政府関係機関としてハラール証明を発行するようになってきた。湾岸諸国もイランもともに、東南アジアの認証にならい食品・飲料に限らず展開している。

（5）認証制度の問題とムスリム理解への課題

東南アジアのムスリムの間で始められたハラール認証は、いまや現代ムスリム社会のスタンダードとして再帰的にムスリム社会で展開している。しかし認証制度に対して疑義をもつ立場のムスリムも少なくはない。彼らは、そもそも人間がハラールを認証することに懐疑的な立場である。ハラールとはイスラーム法上の概念であり、「神によって許容されたモノ・コト」であった。それゆえ神によって許されたものを、人間が判別し認証し、さらにはその責任をもつことに疑義を投げかけるのだ。

ハラームなものをハラールであると言うことは許されないし、ハラールなものをハラームであると言うことも許されない。しかし食品製造において、どれほど厳格な管理を行ったとしてもエラーは発生しうる。悪意をもった人間の介入もまったくありえないことではない。さらに、法学者による見解が時代により変化しうることも、先に述べたチョウザメの例から明らかである。ハラール認証とは、ハラームなものをハラールと言うことと隣り合わせの制度であり、神の命に背く危険を伴う制度とも言いうるのだ。

ハラール認証における基準はイスラーム法学の伝統に則って議論され設定されたものであるものの、それぞれの製品に適用する際の判定に神は直接介在しえない。また、その製品を神が認めるのかを確かめる術もない。ハラール認証とは、この基準に沿ったものであれば神は食用を許すだろうとみなす営みであり、品質保証に関する規格の一つにすぎない。

近年では、認証機関によって定められた基準を満たすことを意味する「ハラール」という認証制度の文脈から生まれたあらたな用法もある。この「ハラール」の対概念は、「ノンハラール」であり、認証基準を満たさないものを意味する。もちろん「ノンハラール」はハラームを意味しない。ハラール認証の規定に従っていないことは、神に禁じられていることの証明にはならないからだ。しかし「この製品はハラール（神が許すもの）かもしれないが、『ハラール』（認証基準に適合した商品）ではない」という奇妙な見解が成り立ってしまう。

前者のハラールと後者の「ハラール」が混同されると様々な問題が生まれてしまう。最大の問題はムスリムの食事を制限することにつながりかねない点である。前述のとおり、ハラール認証を受けていないこと、認証の基準に適合していないことはハラームであることを意味しない。だが、ハラール認証というフレーズだけが独り歩きし、ムスリムはハラール認証された食品しか食べられないという誤解が生まれてはいないだろうか。「もてなし」のためにハラール認証取得するということには、少なからず誤解も含まれているだろう。しかしそれは、ムスリムの食事を不当に制限することにもつながりかねない。

イスラームは食に限らず生活の様々な面に対して規定をもつ。これに対してムスリムは個々人の育った環境や文化、嗜好、知識により、それぞれが判断し行動していく。神が何を認めるのかを直接確認できない以上、一人ひとりが考え選択していくほかかない。終末の日に神と向き合うムスリムは、自らの行動について神に対して責任を負っており、一般的に他人の選択に対して口出しするのを控える傾向にある。食についても、重要なのは選択のための十分な情報提供であって、先回りして選択肢を奪うことではないだろう。

グローバル化が進み、様々な文化、言語が入り混じって生活する現代において、食の安全性・信頼性が議論の的となっている。その中でハラール認証（ハラールロゴ）の果たす役割は確かに大きい。特に慣れない環境で食事を選択しなければならない旅行者にとって、簡便であることは疑いえない。だが選択の際の手助けとなるべきハラールロゴが、個人の選択の幅を狭めることになれば本末転倒であると言わざるをえない。

参考文献

阿良田麻里子「ハラールな飲食品とハラール認証」小杉泰・黒田賢治・二ツ山達郎編『大学生・社会人のためのイスラーム講座』ナカニシヤ出版、二〇一八年。

東京工業大学「ぐるなび」食の未来創成寄附講座監修、阿良田麻里子編『文化を食べる文化を飲む――グローカル化する世界の食とビジネス』ドメス出版、二〇一七年。

八木久美子『慈悲深き神の食卓――イスラムを「食」からみる』東京外国語大学出版会、二〇一五年。

18 新しい経済を構想する――ポスト資本主義とイスラーム

長岡慎介

（1）ポスト資本主義の夜明け

経済格差、貧困、低開発、環境破壊――私たちが暮らす資本主義は様々な解決困難な課題を抱えている。二一世紀に入り、資本主義の危機を叫ぶ声がますます大きくなっている。二〇〇七年にアメリカを震源として起こった世界金融危機は、金融技術のめざましい進化に牽引されてきた二〇世紀後半の金融資本主義モデルが、いかに脆弱な基盤の上に成り立っていたのかを白日の下にさらした。危機の張本人は金融資本主義の頂点に君臨していた欧米の名だたる巨大投資銀行であったが、その多くが倒産に追い込まれ、強欲な資本主義を象徴する存在として歴史に汚名を刻むことになった。

世界金融危機以降、人々の間で一部の者が富を独占する既存のグローバル金融秩序への不信感が増していっている。二〇一一年九月に世界の金融中心地であるニューヨークのウォール街で始まった占拠運動はその最たる例である。また、二〇一五年にアメリカの調査会社が若者世代に対して行った銀行に関する意識調査（Millennial Disruption Index）によると、回答者の七割以上が今の銀行の話を聞くよりも歯医者に行く方がマシだと考え、グーグルやアマゾン、アップルのような異業種が金融業に参入することに大きな期待を寄せているという結果が出されている。

他方、このような現状を一大好機と捉え、ポスト資本主義に向けた新しいお金の流れを作り出そうとする試みが世界各地で盛んにみられるようになってきている。「フィンテック（FinTech：finance と technology を組み合わせた造語）」という呼び名で総称されるこうした取り組みは、サイバー技術を巧みに活用しながらグローバル経済の世界地図を大きく塗り替えようとしている。

フィンテックの例として、個人や企業がインターネットを通じて資金を調達するクラウドファンディングがある。日本でも社会貢献や大学の研究開発を目的として、この方法で資金を募る手法が知られるようになってきている。その仕組みは、資金調達者がインターネット上でどんなプロジェクトにお金が必要なのかを説明し、その趣旨に賛同した人々がお金を出すというものである。寄付型クラウドファンディングと呼ばれるこの仕組みでは、少額から社会貢献ができることに主眼が置かれており、プロジェクトに寄付者の名前が載ったり、「お礼の品」を配ったりすることはあるものの、お金による対価の受け取りはない。このほかにも、新しく商品を開発したい人が、目標金額を決めてインターネット上で出資を募り、それにお金を出した人が完成した商品を受け取ることができる報酬型クラウドファンディングと呼ばれるものもある。

こうしたクラウドファンディングの仕組みでは、お金の出し手、使い手の双方にこれまでにないメリットが生まれている。お金の出し手にとっては、自分の好みに合ったプロジェクトに少額からでも直接出資することができ、自分のお金がより有効に活用されているという実感が湧きやすい。他方、使い手にとっては、不特定多数の人々から幅広くお金を募ることができるようになり、アイデア次第で大きな資金を獲得することが可能になっている。

近年では、個人間のお金の貸し借りにもクラウドファンディングの技術が応用されるようになってきている。P2P（Peer-to-Peer）レンディングと呼ばれるこの仕組みでは、サイバー空間上のビッグデータを活用して個々人の信用能力を評価し、貸し手と借り手のマッチングを行うことでオンライン上での一対一のお金の貸し借りを実現している。P2Pレンディングは世界金融危機以降、急速にその市場規模が拡大してきている。

また、近年大きな注目を集めているのが暗合通貨（仮想通貨、暗合資産）である。暗合通貨とは、その名の通り、暗号技術を使った電子データとしてやりとりされる通貨である。暗合通貨の先駆けであるビットコインは日本でも大きな話題を呼んだように、特定の通貨を介さずに、世界中どこでもお金のやりとりを安全かつ即時に行うことができることから、次世代のグローバル通貨としての期待が寄せられている。

（2）フィンテックにおける脱集権性と追跡可能性

既存の金融システムは、集権性と追跡不可能性によって特徴づけることができる。第一の集権性とは、特定の組織が金融システムを一元的に管理しているということである。例えば、預金やローンでは、銀行がお金の貸し借りに強く関与するだけでなく、中央銀行や国際機関（最も有名なものとして国際決済銀行〔ＢＩＳ〕）による規制と監督を受けている。また、本来は証券の売り手と買い手を仲介するにすぎない存在である投資銀行（証券会社）でも、二〇〇七年の世界金融危機の時に、返済能力のほとんどない人々が組んだ住宅ローンをあたかもリスクがないような金融商品に組み替えて全世界の投資家に売りさばいたことが明るみになり、その関与の強さがわかる。

第二の追跡不可能性とは、自分のお金が誰から誰に渡っていったのかを知ることができないということである。預金やローンでは、貸し手（預金者）と借り手の間に銀行が介在することで自分のお金がどこから来てどこに行くのかが完全にみえなくなる。預けたお金本体に自分の名前を刻むことはできず、私が預けた一〇円とあなたの預けた一〇円は銀行が貸し出す時には相互に代替可能だからである。

これに対して、フィンテックは脱集権性と追跡可能性で特徴づけることができる。クラウドファンディングでは、インターネット上でお金の出し手と使い手が直接対面することになり、銀行の出番はそこにはない。銀行の一番の強みは誰に貸すべきかを適切に判断しうる高い信用調査能力であった。しかし、P2Pレンディングのように、そうした顧客の信用調査をサイバー空間上のビッグデータを使ってより正確に行うことができれば、お金の貸し借りに銀行を関与させる理由がなくなってしまう。例えば、世界最大の規模をもつ中国のオンラインビジネス企業であるアリババは、芝麻《ゴマ》信用という個人信用評価システムを開発している。このシステムでは、電子マネー決済やネット取引の履歴といったサイバー空間上の様々な個人情報を使って、個人の信用能力を点数化し、オンライン上の様々な取引を行う際の信用能力の評価に活用している。

暗合通貨では、脱集権性と追跡可能性がさらに徹底されている。暗合通貨の特徴は、政府や中央銀行によって発行された法定通貨ではなく、裏づけとなる資産や一元的管理者がない点である。したがって、既存組織からの関与を受けることなく、ボーダーレスに取引することが可能である。近年、各国の政府は暗合通貨に関する規制監督基準を定めてきているが、裏を返せば、それは、暗合通貨の台頭が国家の大きな権限の一つである通貨発行権を脅かす存在になりかねないという警戒感の表れであるといってよい。

それでは、暗合通貨ではその信用と価値はどのように担保されているのだろうか。それが暗合通貨の説明でよく出てくるブロックチェーンと呼ばれる技術である。具体的な例で考えてみよう。AさんからBさんに一〇〇口分の電子マネーを送金する場合、既存の金融システムでは、その送金記録は銀行や電子マネーの発行体が管理している。そのため、よほどのことがない限り送金データを改ざんすることはできない。一方、そうした送金記録の一元的管理者がいないと仮定すると、AさんはBさんに一〇〇口分の電子マネーを送金すると同時に、同じ一〇〇口分の電子マネーをCさんへの支払いにも使うような二重払いを行う余地が出てきてしまう。その場合、Aさんの一〇〇口分の電子マネーは、BさんとCさんのどちらのものになるだろうか。電子マネーを一元的に管理する権限をもつ組織がなければその判断をすることができないだろう。結果として、この電子マネーの信用と価値は大きく低下してしまうことになる。

ブロックチェーンの技術では、すべての取引の情報があたかも新聞に掲載するかのように公開され、どのお金がどこに向かっているのかをみんなでチェックできるようになっている。それによって、二重払いのような不正な改ざんが行われることを抑止している。先ほどの例では、AさんがBさんに一〇〇口分の暗合通貨を送金したという事実が公開されることで、Aさんは二重払いをするような不正ができなくなり、結果としてお金の信用と価値は保たれるのである。このように、特定の一元的管理者がいなくても、お金がお金として成り立ちうる暗合通貨は、脱集権性な金融システムの究極の形であるともいえる。

他方、暗合通貨の追跡可能性については、過去のすべての取引情報が公開されるということでお金の流れを逐一把握することが可能になっている。近年では、このブロックチェーンの技術を応用して、フードトラストと呼ばれる食品の生産から消費までの流れを追跡できるような仕組みもＩＢＭによって開発され、世界各地で採用が進んでいる。

さて、こうした脱集権性と追跡可能性によって特徴づけられるフィンテックは、人類史上初めて登場した全く新しい仕組みなのだろうか。実は、そうした仕組みが前近代にもみられた場所がある。その一つがイスラーム世界なのである。

（3）イスラーム世界にポスト資本主義の原風景をみる

近代最大の発明の一つが銀行制度であるといわれるように、前近代には、様々な金融取引を一元的に管理するような制度はなかった。代わりに、様々なアクターが金融取引を分担して担うようなシステムが広くみられた。前近代のイスラーム世界も、イスラーム中世史家のアブラハム・ユドヴィッチが「金融システムなき銀行

図１　ムダーラバの仕組み

家（Bankers without Banking）」と表現したように、両替商や地元の富豪、航海商人などあらゆる人々がお金の貸し借りに関わることで、イスラーム世界の繁栄を支えていたのである。そこでみられた取引手法は、当然、イスラームの教えに沿ったものであった。イスラームでは、聖典『クルアーン』にも言及があるように、利子を取ることが禁じられている。そのため、利子を取らない金融手法が編み出され、広く使われていたのであった。

その代表的な手法の一つがムダーラバと呼ばれるものである（図1参照）。これは、潤沢な資金はあるが商才に欠ける地元の富豪（図1の富豪A）が、商才はあるが資金力のない商人（図1の商人B）に資金を託し、彼が手がけるビジネスからの利益を二人で分け合うものであった。例えば、当時の世界最大の都市でもあったアッバース朝の首都バグダードに住んでいる富豪が、航海に長けてインドの事情に詳しい商人に一〇〇ディルハムを託す。そして、商人はインドまで行き、その一〇〇ディルハムで香辛料を仕入れて、バグダードの市場でそれを売る。もし、一五〇ディルハムの儲けを手に入れることができれば、富豪から預かった一〇〇ディルハムを返した残りの五〇ディルハムを、あらかじめ決めた割合（半分ずつなど）で分け合うのである。この例では、登場人物が二人であったが、資金の出し手とビジネスの担い手がそれぞれ二人以上いる場合も多くみられた。

ムダーラバでは、ビジネスからの儲けが多くなればなるほど、当事者が受け取る利益は多くなる。そのため、富豪はビジネスがより上手そうな商人を探したり、時には商人にアドバイスをしたりする。他方、商人は多くのお金を出してくれそうな富豪を探したり、儲けが多くなるようにビジネスをより工夫したりする。そのようなたゆまない努力の対価として、富豪と商人が手にする利益がイスラーム的に正当化されるのである。

このようにあたかも共同事業者のように皆が一つのビジネスに取り組むのがムダーラバの大きな特徴であり、不特定多数の人々から銀行を介さずに資金を募ってビジネスを行い（脱集権性）、自分の出したお金が何に使われているのかを追いかけることができる（追跡可能性）という点で、クラウドファンディングにとても似ていることがわかるだろう。当時はインターネットなどもちろんなく、資金を募るのもお金の使い道を追跡するのもすべて人海戦術で行わなければならなかった。しかし、イスラーム世界では同じ宗教を信仰しているという同胞意識に根差した水平的な人的ネットワークが古くから密であり、私たちが想像する以上に、こうした情報のやりとりは容易だったのである。

ちなみに、ムダーラバは、その後、地中海を南から北に渡って株式会社の制度に発展し、資本主義の礎となったといわれている。その過程で、ムダーラバがもっていた脱集権性や追跡可能性といった特徴が失われていったのは、現在の金融システム（集権性と追跡不可能性）からもわかるだろう。そのことが、今、登場してきているフィンテックを私たちが余計に「新しい」と感じるゆえんなのかもしれない。

（4）イスラーム経済の再興とポスト資本主義的転回

近代に入るとイスラーム世界に西欧諸国が進出し、それまでの信仰に根差したイスラーム経済の代わりに資本主義が浸透していった。しかし、二〇世紀半ば以降、イスラーム世界の自立の動きが強まり、資本主義がもたらした弊害が顕在化してくると、イスラーム経済を再興しようという動きが強くなっていった。そして、一九七〇年代に、利子を取らないイスラーム金融が装いも新たに登場したのである。イスラーム金融では、前近代のイスラーム世界の金融手法が再び用いられたが、金融手法をそのまま復活させるのではなく、既存の銀行

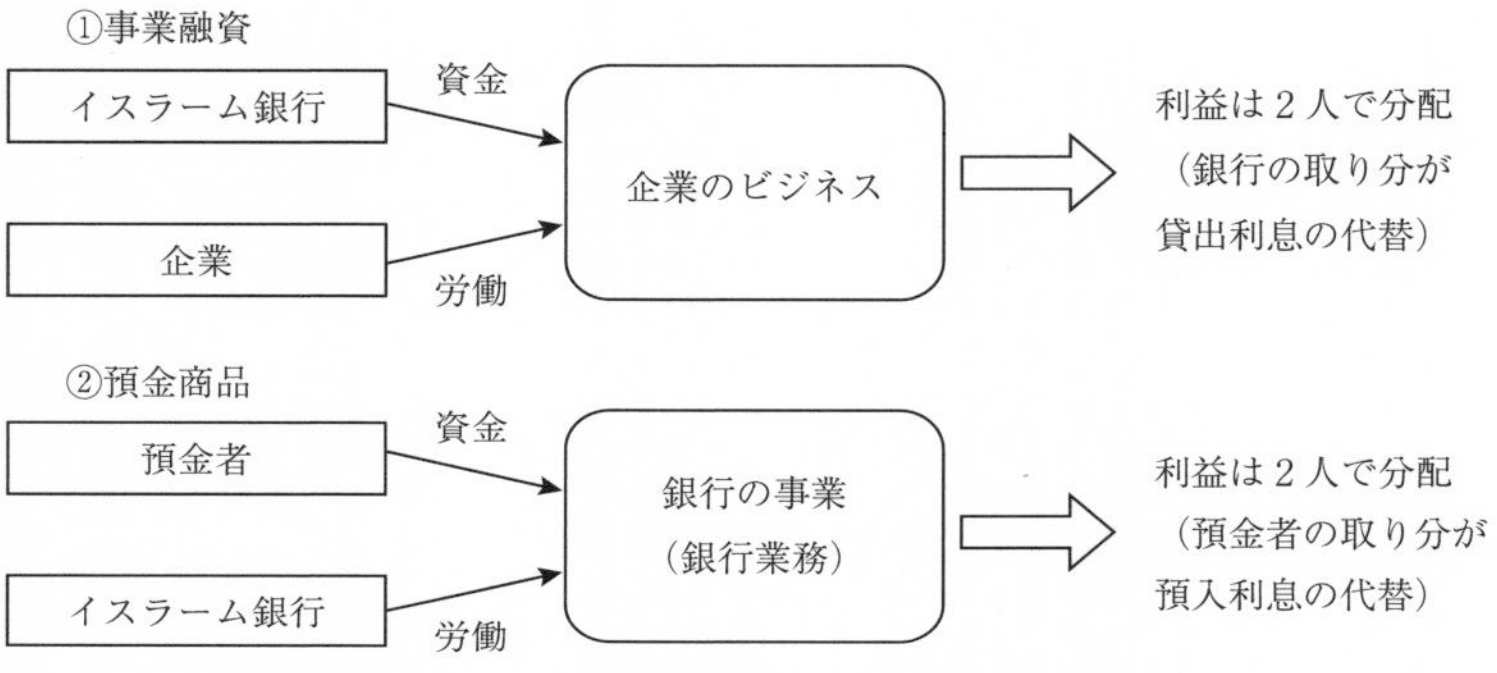

図２　ムダーラバを応用したイスラーム銀行の仕組み

との市場競争を生き抜くために様々な改良が加えられた。その最も大きな改良点が、近代の発明である銀行制度を活用して「イスラーム銀行」を作った点である。

例えば、イスラーム銀行では、ムダーラバは事業融資と預金商品の二つの用途に使われている（図2参照）。事業融資では、イスラーム銀行が企業に資金を提供し、企業が手がけたビジネスからの利益を両者で分け合い、そこでの銀行の取り分が貸出利息に代わる銀行の利益となる。他方、預金商品では、預金者が銀行のビジネスに投資するという形を取ることで、預金利息の代わりに銀行の利益の一部を受け取ることになっている。このような仕組みを作り出すことによって、イスラーム銀行は既存の銀行と同等の機能をもつことができるようになった。そのため、信仰にも適い、かつ、現代人にとって使い勝手のよい金融システムとして、世界中のムスリムたちに歓迎されたのだった。今では、世界五〇カ国以上、六〇〇以上の金融機関でイスラーム金融サービスが提供されている。

イスラーム金融が大成功を収めた反面、既存の銀行制度を活用したことで、ムダーラバが本来もっていた脱集権性と追跡可能性という二つの特徴は大きく損なわれることになった。イスラーム銀行の仕組みでは、ムダーラバ預金を使って預金者からお金を集めた銀行は、それをいったんひとまとめにしてから必要額に応じて借り手に貸し出すことになる。

そのため、必然と銀行を核とする集権的な金融システムにならざるをえず、預金者と借り手ともども、自分のお金がどこに使われ、どこからやって来ているのかが把握しづらくなってしまっている。

イスラーム銀行も、ムダーラバ本来の特徴をなんとか保持しようと、ムダーラバの共同事業的性格（預金者と銀行、銀行と借り手）を強く打ち出したり、預金者や借り手に対する情報開示を積極的に行ったりしている。しかし、あくまでも既存の銀行制度に「似せて」作ったものであるため、どうしてもイスラーム銀行が既存の金融システムの派生形という印象をぬぐい切れなかった。二〇〇〇年代には、イスラーム金融の成長と市場競争力をより重視する新しい金融商品が次々と開発され、イスラーム金融は大きく成長した。しかし、それらは本章冒頭で触れた金融資本主義モデルに酷似していたため、ますます資本主義化するイスラーム金融は強い批判を浴びたのであった。

こうしたイスラーム金融が抱えるジレンマを克服し、資本主義のオルタナティブになりえる独自の経済システムを再構築しようとする動きが二〇一〇年代に活発になってきている。その動きは、本章で取り上げたポスト資本主義を志向するフィンテックの盛り上がりと軌を一にしている。例えば、ムダーラバを活用したイスラーム型クラウドファンディングは、イスラーム世界の各地で取り組みが始まっている。そこでは、単にムダーラバの本来の仕組みを生かした脱集権的なお金の流れが生まれるだけでなく、前近代から育まれてきた様々なイスラーム的経済制度（寄進や喜捨）の再生のために、クラウドファンディングの仕組みが積極的に活用されようとしている。

そうした取り組みの先駆けが、二〇一六年にマレーシアで作られた「ワクフ・ワールド」である。このファンドの名前にもある「ワクフ」とは、イスラーム独自の財産寄進制度である。ワクフは、豊かな富豪が巨額のお金を出して、地元に学校や病院などの公共社会福祉施設を建設すると同時に、市場や隊商宿のような商業施設も併設することで、後者からの収入で前者の運営を賄うという市場経済と社会福祉が絶妙に両立する仕組みである。前近代のイスラーム世界では、都市インフラの整備のためにワクフが盛んに利用された。ワクフ・ワールドでは、クラウドファンディングの技術を活用してワクフを現代に再生させている。前近代までのワクフにはない特徴は、一つは少額からワクフに出資できる点、もう一つは地理的に離れた人々からも資金を募ることができる点である。

暗合通貨については、アラブ首長国連邦（ＵＡＥ）でイスラーム型の暗合通貨取引所の設立を模索する動きが報じられるなど、イスラーム世界でも独自の暗合通貨の発行への関心が近年高まってきている。しかし、日本でも問題になったように、通貨としての安定性に対する懸念がイスラーム世界でも大きく、多くのイスラーム法学者たちは現時点では暗合通貨を認めるべきではないと考えている。しかし、マレーシアの法学者のムハンマド・ダウド・バカルが指摘するように、暗合通貨の特徴の一つである追跡可能性は、ワクフや喜捨で自分の差し出したお金が有効に使われているかどうかを把握するために有用であり、暗合通貨のイスラーム的展開の可能性は必ずしも閉ざされていないのである。実際に、オマーンでは暗合通貨とクラウドファンディングの両方を活用した新しいワクフの開発プロジェクトが動き出している。

二〇〇七年の世界金融危機を一つのきっかけとして台頭してきたフィンテックは、確実にポスト資本主義への道を歩み始めている。他方、脱集権性と追跡可能性というフィンテックの特徴をいち早く体現していたイスラーム経済は、二〇世紀後半に復活し、資本主義との長い格闘を経ながら、フィンテックという頼もしい伴走者を得て、再び資本主義のオルタナティブの構築に向けて走り始めている。歴史が証明しているように資本主義の力はとても強い。そして、新しい経済パラダイムを軌道に乗せるのも至難の業である。しかし、同じ特徴をもち、ポスト資本主義というゴールを共有するフィンテックとイスラーム経済が手を携えるならば、そのゴールに辿り着くことも夢ではないはずである。ポスト資本主義へと地球社会が動き出している今の時代だからこそ、イスラーム経済の意義と役割はますます高まっているのである。そして、イスラーム経済が紡ぎ出す知恵は、ムスリムだけでなく人類全体にとっても役に立つ普遍知になりうることを、フィンテックの隆盛とイスラーム経済のポスト資本主義的展開は物語っているのである。

参考文献

柏木亮二『フィンテック』日経文庫、二〇一六年。

長岡慎介『現代イスラーム金融論』名古屋大学出版会、二〇一一年。

長岡慎介『お金ってなんだろう？——あなたと考えたいこれからの経済』平凡社、二〇一七年。

Billah, Mohd Ma'Sum ed., *Halal Cryptocurrency Management*, Cham: Palgrave Macmillan, 2019.

Oseni, Umar A. and S. Nazim Ali eds., *Fintech in Islamic Finance : Theory and Practice*, Abingdon and New York: Routledge, 2019.

第Ⅳ部　政治の扉

——現代中東・イスラーム世界を知るために——

19

制度の裏に潜むもの——多様な選挙と政党

松本　弘

（1）選挙と政党への制度論的アプローチ

制度論とは、制度とその運用から対象国の特質を見出そうとするもので、政治制度に関しては民主化などの研究に多用される。中でも、選挙制度の特徴に起因する政党制や政治状況を考察し、対象国の特殊性や固有性を指摘する例が多い。選挙制度は、同じ小選挙区制や比例代表制であっても、国ごとにその内容や運用は千差万別であり、実際は世界各国で多種多様な制度が採用されている。

中東諸国にも、ほかに例のない選挙制度をとっている例が多く、それが選択された理由やそれによって形成される政治状況を通して、その国の理解を深めることができる。本章では、その中から特に興味深い国を選び、いわば制度の裏に潜む本質を垣間見てみたい。なお、政治学では定数（当選者）一人の小選挙区以外は、すべて大選挙区としている。しかし、日本のメディア用語である中選挙区が解説に便利であるため、本章では国を分割する定数二人以上の選挙区を中選挙区、国全体を一つの選挙区とするものを大選挙区と呼ぶことにする。

（2）非アラブ諸国：イスラエル、トルコ、イラン

イスラエルは一院制議会（定数一二〇、任期四年）による議院内閣制で、総選挙は大選挙区比例代表制で行われる。その最大の特徴は、阻止条項（足切り率）が極めて低いことにあった。阻止条項とは、政党が議席を獲得するために必要な最低得票率のことで、これに達しない政党には議席は配分されない（日本の比例代表制は小

選挙区制との並立なので阻止条項はない）。ドイツなどの五％が一般的な設定値だが、イスラエルでは一九四八年の建国から一九八八年までは一％、二〇〇三年までは一・五％、二〇一三年までは二％であり、改定のたびに生じる激しい議論の果てに、ようやく現在の三・二五％となった。

しかし、得票率が現在の三・二五％でも、政党は三議席を獲得できるので、総選挙結果は常に小党乱立の多党制となる。建国以来、議席の過半数を獲得した政党はなく、すべての内閣が連立となっている。イスラエルが、小党乱立による政治的不安定をあえて受け入れながら、建国時から非常に低い阻止条項を維持した理由は、世界中からの移民によって成り立つ国家であるがゆえに、少数意見の尊重（小党でも議席獲得可能）が、国政の大前提となっているからである。

ただ、一九九二年の総選挙まで、比較第一党は四〇台の議席数を獲得し、四党程度の連立で議会の過半数（六一議席以上）を確保できた。ところが、一九九三年オスロ合意以降の総選挙では、比較第一党の議席数が三〇台、二〇台と減少を続け、それに伴って連立参加政党の数も、一時七～八党まで増加した。定数一二〇で、第一党の議席数が二〇台であれば、議会政治はほぼ機能しない。この変化は、中東和平プロセスの崩壊過程と軌を一にしている。オスロ合意の是非に関わる票の分散が、特殊な選挙制度によって、そのまま多様な政党が参加する連立政権につながった。最近は三〇台まで回復しているものの、阻止条項の低さと連立参加政党の多さによる政治的不安定は、中東和平などに関わる大きな政治的決断を、依然として困難にさせている。

阻止条項が三・二五％の二〇一九年五月の総選挙では、与野党が伯仲して連立内閣を形成できず、九月に異例の再選挙となった。しかし、この選挙でも与野党伯仲に変化なく、再び連立交渉が頓挫した結果、二〇二〇年三月に三回目の再選挙を実施した。

一方、トルコの阻止条項は一〇％という非常に高い設定値となっている。トルコは一院制議会（定数六〇〇、任期五年）で、総選挙は中選挙区比例代表制で行われる。選挙後に全国での得票を集計し、得票率が一〇％を超えた政党からのみ、各選挙区での当選が決まる。毎回、得票率が全体の一〇％に満たない政党が複数あるので、それら死票の合計は一〇％を超える。比例代表制の長所は死票が少なく、民意の総体が議会にそのまま反映されることにあるが、阻止条項がこれほど高ければ、その長所は失われてしまう。

比例代表制をとりながら、阻止条項を高く設定する理由は、EU加盟のために多くのEU加盟国が採用する選挙制度を維持しているが、それによる小党乱立や政治的不安定は忌避して、上位政党の獲得議席数を増やすためといわれている。現在の与党である公正発展党が、初めて勝利した二〇〇二年総選挙（定数五五〇）では、その得票率三四・三％に対し議席占有率は六六％であった（獲得議席数三六三）。この時、ほかに得票率が一〇％を超えたのは共和人民党のみであり、死票はおよそ四五％に達した。

その後の総選挙における死票は一〇％台で推移しているが、公正発展党は勝利を続け、その党首エルドアンの強権化が進んだ。議院内閣制の下で、形式的な国家元首である大統領を議会が指名していたが、エルドアン首相はこの大統領に公選制を導入したあと、二〇一七年の憲法改正と二〇一八年の大統領選挙（エルドアン当選）をもって、強い権限をもつ大統領制に移行した。

イランは一院制議会で、定数は二九〇、任期は四年である。その選挙制度は中選挙区制で、一九六の選挙区で議会定数を争う（一人区を含む）。投票は完全連記制であり、選挙区の定数まで候補者に一票ずつ投票できる。最大の定数は首都テヘラン選挙区の三〇であり、有権者は投票所で候補者リストに三〇人までチェックを入れることができる。当選させたい候補者が一人であれば、一人にのみチェックを入れ、五人であれば五人にチェックを入れて、残りの票を放棄することもできる。優先度の低い候補者に入れるほど、優先度の高い候補者には不利となるため、有権者は様々な可能性や作戦を考える。このため、イランの総選挙は盛り上がる。大統領選挙（任期四年、三選禁止）も、予想に反した当選者を出す例が多く、やってみなければ結果がわからないため、これも盛り上がりをみせる。政党は認められているが、選挙では保守派と改革派、最近では保守強硬派と保守穏健派と呼ばれる、ゆるやかなまとまりをもつ勢力が争っている。

ところが、総選挙でも大統領選挙でも、その候補者には憲法擁護評議会の審査が入り、体制に批判的な人物は、立候補を認められない場合もある。また、この評議会には、議会で可決成立した法案に対する拒否権も与えられている。憲法擁護評議会は、最高指導者が指名する法学ウラマー（イスラーム法の専門家）六人と、議会が指名する世俗の法律家六人からなるが、実際は最高指導者の意向がより強く働くといわれる。行政府でも、その長は大統領であるにもかかわらず、最高指導者の指示に忠実な省庁や組織があり、国民からの直接選挙で選ばれた大統領の権限が、十分に保障されていない。さらに、裁判所と検察の双方を指揮下に置く司法府の長官も、最高指導者による任命となっている。

イランには民主主義の長い伝統があり、それは総選挙や大統領選挙に如実に表れている。しかし、一九七九年のイスラーム革命により導入されたイデオロギーである「法学者の統治」は、最高指導者や憲法擁護評議会、司法府の役割に反映されている。民主主義の側面とイスラーム統治体制の側面がせめぎ合う中で、選挙はイランという国家そのものへの評価を左右する重要な場面となっている。

（3）アラブ共和制諸国：レバノン、イラク、チュニジア

アラブ地域での最初の選挙は、おそらく一八六一年にレバノンで実施されたものと思われる。この年、オスマン朝下のレバノンに特別自治地域が設けられ、総督を補佐する地方行政評議会の議員一二人が選出された。特別自治地域の設置は、レバノンのキリスト教徒保護を求めたヨーロッパ列強の圧力によるものであったため、

議員定数はキリスト教とイスラームの各宗派に割り振られ、現在まで続く宗派制度の原型となった。

現在、レバノンの一院制議会は定数一二八、任期四年で、選挙制度は中選挙区比例代表制である。議会定数は、キリスト教とイスラームに半数ずつ配分され、さらにそれぞれの各宗派に配分される（キリスト教マロン派三四、スンナ派二七、シーア派二七など）。議会で選出される大統領、首相、議会議長は、それぞれがマロン派、スンナ派、シーア派に割り当てられている。しかし、宗派別の議席配分や要職の割り当ては既得権益化し、それを崩す恐れのある正式な人口調査は、フランス委任統治領時代の一九三二年に実施されて以降、現在まで行われていない。

一五ある選挙区には、それぞれに各宗派の人口に応じた定数が割り振られている。例えば、定数が最も多い山岳レバノン四区（一三）では、マロン派五、ドルーズ派（イスラームの一宗派）四、スンナ派二、ギリシャ正教一、ギリシャ・カトリック一となっており、それぞれの宗派から立候補者が出る。宗派ごとに政党や政治団体が存在しているが、選挙は宗派間で争うのではなく、宗派横断的な政党連合が複数結成され、それぞれが合同候補者リストを作成して争う。それゆえ、例えば前記選挙区の有権者が、表記した宗派以外の信徒でも、自らの宗派からの候補者が含まれる政党連合の候補者に投票することができる。レバノンの宗派はすべて少数派であるため、単独での政権は不可能であり、例えば親シリアと反シリアという姿勢の違いで、異なる宗派の政党が連合して政権を目指す。

二〇一九年一〇月、無料通話アプリへの課税発表をきっかけに、行政サービスの麻痺やそれを招いた宗派制度の弊害に抗議する大規模な反政府デモが発生し、首相が辞任する事態となった。

レバノンとは違って、宗派・民族ごとに政党連合を形成して選挙を争うのが、イラクである。二〇〇三年イラク戦争で、サッダーム・フサイン体制が打倒され、その後の国家再建プロセスにより一院制議会（定数三二

九、任期四年）と議院内閣制が設けられた。選挙制度は、一八ある州を選挙区とする中選挙区非拘束式比例代表制である。イラクの人口構成は、南部を中心とするアラブ人シーア派が推定六〇％、中西部を中心とするアラブ人スンナ派が推定二五％、北部のクルド人（大半がスンナ派）が推定一五％となっており、シーア派・スンナ派・クルド人ごとに、多くの政党が存在している。そのほとんどが小党のため、選挙では同じ宗派・民族の政党同士が複数の連合を組んでいる。シーア派ではダアワ党を中心とした「法治国家連合」やサドル派を中心とした「変革のための行進」、クルド人ではクルド民主党とクルド愛国同盟を中心とした「クルディスタン同盟」などが、その代表的な例である。選挙後は、シーア派・スンナ派・クルド人の各政党連合による連立内閣を形成することが、国民統合のための不文律となっているが、フサイン体制の支持基盤であったスンナ派の連立政党は、政府内で冷遇された。

毎回、選挙後の連立交渉に手間取り、内閣形成に長時間を要する。特に、二〇一八年五月の総選挙では、一〇月にようやく首相が決まった後も組閣ができない状態が続いた。一年後の二〇一九年一〇月、政府の不在や汚職に抗議する大規模な反政府デモが発生し、ここでも首相が辞任する事態となった。

イラクは、憲法で議会における女性議員の割合を二五％以上と定め、各政党連合は候補者リストの三分の一を女性としていることから、女性議員の割合も実質ほぼ三分の一となっている。これを上回り、女性議員の割合を五〇％としているのが、チュニジアである。

チュニジアは、二〇一一年「アラブの春」の先駆をなし、反政府デモがベン・アリー政権を打倒した。ベン・アリー体制下での総選挙は中選挙区議席総取り制で、これは政党名への投票の結果、一位となった政党が議席の定数すべてを獲得するものであった。実際の選挙では、すべての選挙区で当時の与党である立憲民主連合が勝利し、選挙区での全議席一五二を独占した。選挙区での死票を集計し、分配する三七議席のみが、野党に割り当てられた。

ベン・アリー体制崩壊後は、定数二一七、任期五年の一院制議会となり、選挙制度は中選挙区比例代表制となった。二〇一一年総選挙では、イスラーム政党のエンナハダ（ナフダ党）が比較第一党となったが、選挙後に与野党の対立が激化し、二〇一三年にエンナハダ内閣が総辞職した。新内閣の下で、二〇一四年に新憲法が成立し、総選挙での政党の候補者リストには、男女が交互に記載されることになった。この年の総選挙および大統領選挙では、新憲法案作成や選挙制度整備を主導した世俗主義の政党「チュニジアの呼びかけ」が勝利した。しかし、二〇一九年の大統領選挙および総選挙では、一転して既存の政党への批判や幻滅が強まり、それまでリベラル志向をリードした「チュニジアの呼びかけ」は惨敗した。

（4）アラブ王制諸国：モロッコ、クウェート

サウジアラビア、アラブ首長国連邦（UAE）、カタル、オマーンには、立法権を有する議会が存在せず、立法権は国王のみに属する。立法権のない諮問評議会のメンバーに選挙が導入されているものの、極めて限定的なものである例が多い。一方、モロッコ、ヨルダン、クウェート、バハレーンでは議会が立法権を有し、議会のための選挙制度もある。

モロッコの議会は、下院と上院からなる二院制議会である。下院は定数三九五、任期五年で、総選挙は中選挙区と大選挙区の比例代表制で行われる（上院は任期六年で、地方議会などからの間接選挙）。中選挙区では、三〇五議席を九二の選挙区で争い、阻止条項は六％となっている。しかし、この六％はトルコのような全国での得票率ではなく、選挙区ごとの得票率であるので、全国での得票率が六％未満の政党でも、議席を獲得している例がある。大選挙区では、各政党が女性枠六〇議席と四〇歳以下の青年枠三〇議席のための候補者リストを作

成して争い、阻止条項は三％となっている。中選挙区の阻止条項が全国規模ではないために、ほとんどその意味をなさず、総選挙結果は常に小党乱立の多党制となる。二〇〇七年の総選挙（定数三二五）まで、選挙結果第一党の獲得議席は五〇台であり、定数が三九五になった二〇一一年総選挙以降、やっと一〇〇を超えるようになった。ただ、大政党に有利であるはずの小選挙区制で行われた一九九七年総選挙でも、第一党の獲得議席は五七（定数三二五）であったので、モロッコの多党制は制度的な理由のみならず、有権者による票の分散傾向が常に強いことにも求められよう。

モロッコでは、このような選挙を、国王による操作や作為とみなす傾向が強い。確かに、国王は対抗する勢力に内部分裂を生じさせたり、新たな国王支持勢力を形成したりして、多くの政治アクターを存在させ、自らはアクター間の対立や連携に関わる調停者としてふるまい、その権力を維持してきた。しかし、総選挙に限った場合、いわゆる無風区といった選挙区は存在せず、総選挙のたびに選挙区ごとの結果も、全体の結果も異なっている。現実には、このような結果をもたらす操作や作為は不可能であり、わざわざ多党制を人為的に導くメリットや理由も想定できない（国王支持の大政党を作り、作為的な選挙で勝利させる方が効率的）。国王の影響力は、選挙そのものよりも、選挙の結果である多党制とそれに起因する連立内閣の形成という政局に発揮されているとみた方が、現実的であろう。

湾岸協力会議（GCC）の加盟六カ国（サウジアラビア、クウェート、UAE、カタル、バハレーン、オマーン）すべてで、政党が禁止されているが、立法権を有する議会とそのための選挙があるクウェートとバハレーンでは、実質的に政党の役割を果たす政治団体が選挙に参加しており、それらは疑似政党と呼べる存在になっている。

クウェートは一院制議会で、定数は選挙で選ばれる五〇議席に首相と閣僚を加えたもの、任期は四年である。モロッコは二〇一一年の憲法改正で、「国王は総選挙結果第一党の党首を首相に任命する」と規定したが、クウェートは選挙結果に関係なく、国王が王族を首相および閣僚に任命している。女性参政権が認められたのは、二〇〇五年であった。

クウェートの議会では、イスラーム主義の団体やナショナリストの政府批判派と、部族系などの無所属を中心とした国王支持派が拮抗する状態が続いた。その選挙制度の特徴は、連記制投票にあった。長く、定数二の二五選挙区において完全連記制（二人まで投票できる）による投票を続けてきたが、二〇〇六年の選挙法改正で、定数一〇の五選挙区にて四人まで投票できる制限連記制に変更された。これは、主に都市部に居住する政府に批判的なシーア派やナショナリストに不利とされてきた選挙区の区割りを、より大きな選挙区に改編することによって、その弊害をなくそうとするものであった。

しかし、二〇〇八年の総選挙で政府批判派の当選者が増加すると、国王は議会の解散と総選挙を繰り返し、さらに二〇一二年には制限連記制を、候補者一人のみに投票する単記制に変更する勅令を発した。クウェートの有権者には、まず国王支持派の候補者に投票し、次いで政府批判派の候補者に投票する傾向があったため、単記制への変更は政府批判派に不利とされる。単記制への変更後も、国王は議会の解散と総選挙の実施を行っており、それによる政治的混乱は現在も続いている。

参考文献

現代中東地域研究プロジェクトＡＡ研拠点政治変動研究会「中東・イスラーム諸国　政治変動データベース」（https://dbmedm06.aa-ken.jp/）。
松本弘編『中東・イスラーム諸国　民主化ハンドブック』明石書店、二〇一一年。
松本弘編『アラブ諸国の民主化――二〇一一年政変の課題』山川出版社、二〇一五年。

Cavatorta, Francesco, and Lise Storm eds., *Political Parties in the Arab World: Continuity and Change*, Edinburgh: Edinburgh University Press, 2018.

Hamad, Mahmoud, and Khalil al-Anani eds., *Elections and Democratization in the Middle East: the Tenacious Search for Freedom, Justice, and Dignity*, London: Palgrave Macmillan, 2014.

コラム10　君主制とイスラーム

渡邊　駿

今日のアラブ世界には、君主を戴く国家として、アラブ首長国連邦（UAE）、オマーン、カタル、クウェート、サウジアラビア、バハレーン、ヨルダン、モロッコの八カ国が存在する。これはアラブ連盟加盟国の約三分の一にあたり、アラブ世界は今日、ヨーロッパと並び立つ君主制の中心地となっている。

それでは、これらのアラブ君主制とイスラームはどのように関係しているのだろうか。イスラーム揺籃の地の諸国であるから、イスラームという伝統的な価値観による支配が行われているように思われるかもしれない。しかし、事はそれほど単純ではない。今日の国民国家として君主制が成立するにあたり、鍵となったのは、英仏による分断統治戦略やナショナリズム運動と支配王家の結びつきという、極めて世俗的・近代的な要因である。

加えて、イスラーム政治思想の観点からみると、これら君主制の成立・安定にイスラームが果たす影響力は限定的だと考えられる。イスラームの統治理論においては、統治における公正・正義が尊ばれるとともに、秩序の維持が特に重要視され、イスラーム帝国のもとで統治が安定した中世においては、こうした理論は君主制支配の正当化原理として機能した。しかし、西洋列強に蚕食され、政治的不安定の高まった近代以降は、君主制統治は無謬のものではなくなった。実際、第二次世界大戦後の一九五〇～六〇年代に、アラブ世界では五カ国の君主制が共和制へと道を譲っている。この観点からすれば、現在アラブ世界に残る君主制は、イスラーム統治理論上、暫定的な秩序の担い手として認識されているにすぎず、政治的不安定が高まれば、イスラームは体制打倒を承認する方向へと作用することもありうる。

今日的な現象に目を転じると、二〇世紀の終わり頃から、アラブ君主制は体制の「イスラーム性」を積極的に発信している点が目を引く。例えば、国王の名前を冠したモスクの建設が進められている。アブダビの「国父」とされる故ザーイド首長の名を冠した、シェイフ・ザーイド・モスクはその代表例といえるだろう。さらに、自らを穏健なイスラームの代表と位置づけて、宗教間対話、寛容を訴えるメッセージの発出も注目できる。例えば、ヨルダンによる「アンマン・メッセージ」（二〇〇六年）、モロッコによる「マラケシュ宣言」（二〇一六年）、バハレーンによる「バハレーン王国宣言」（二〇一七年）などが注目に値する。

このような近年のイスラーム性の発信は、第一に、国内社会・国際社会に向け、秩序の安定を司る存在として体制を位置づけることにより、体制への支持を調達する戦略だと考えられる。イスラーム性の積極的な発信の背景には、ジハード主義者によるテロリズムの全世界的な流行がある。欧米諸国に限らず、アラブ君主制諸国でもテロ事件が相次いで発生し、二〇〇三年にモロッコのカサブランカで発生した自爆テロ事件では、四五名が犠牲となった。アラブ君主制諸国は、自らをジハード主義者に対抗する「穏健なイスラーム」の担い手であるとし、米国主導の「テロとの戦い」に歩調を合わせる姿勢を明確化した。その上で、国内での治安対策強化を正当化したのである。

さらに、この治安強化の正当化は、反体制派への統制を正当化する戦略に援用されている。その例は、二〇一四年以降、サウジアラビアやUAE、バハレーンがムスリム同胞団をテロ組織とし、統制を強化している点に見て取ることができる。今日、ムスリム同胞団はアラブ世界各国で勢力を減退させており、アラブ君主制諸国の試みは成功しているようにみえる。一方で、アラブ君主制諸国での社会経済状況の悪化と腐敗の蔓延は、社会からの不満蓄積を招き、ムスリム同胞団を越えた、社会横断的な大衆抗議運動をもたらしている。二〇一六～一七年のモロッコ・リーフ地方での抗議運動、二〇一八年のヨルダンでの税制改革反対の抗議運動などがその典型例である。これらの抗議運動では、「正義・公正」という、「秩序」とともにイスラームの統治理論の中核を占めるキーワードが用いられている。イスラーム性の積極的な発信によって、自らの統治のイスラーム的正当性を主張しようとするアラブ君主制の試みは、イスラームの価値観への訴えを通じて君主制支配が社会から支持されるという力学を目指しつつも、それがうまく機能しなければ、権威主義的な支配体制を保持するためのレトリックに終わる危険性も秘めている。

図1　シェイフ・ザーイド・モスク
（アブダビ，筆者撮影）

20

イスラーム過激派は、いかに勃興したか──政治変動とテロのあいだで

小杉　泰

（1）九・一一事件の世界的衝撃と「テロ対反テロ」の時代

二〇〇一年に幕を開けた二一世紀は、「国連文明間対話年」として始まった。しかし、九月一一日にイスラーム過激派組織であるアルカイダが「米国同時多発テロ事件」、いわゆる「九・一一事件」を起こすと、その衝撃で文明間対話の気運は吹き飛ばされ、国際社会は「テロ対反テロ」という暴力の応酬に揺り動かされるようになった。

その日、すでにアメリカに滞在していた実行犯一九人は四機の旅客機をハイジャックし、そのうち二機がニューヨークの世界貿易センターのツインタワービルに突入して、二つのビルを崩壊させた。もう一機はペンタゴン（国防総省）に突入した（最後の一機は途中で墜落）。高さ四〇〇メートルを超える超高層のツインタワーが崩落する様子がテレビで放映され、世界中に衝撃を与えた。世界貿易センターという自由貿易の大国アメリカの象徴がテロ攻撃で崩落したことも、米国本土への直接攻撃という未曾有の事態も、米国民と国際社会に計り知れない衝撃を与えた。犠牲者数はほぼ三〇〇〇人に及んだ。

任期一年目のジョージ・ブッシュ（息子）大統領は、この衝撃に対応して「テロとの戦争」を宣言した。ブッシュ大統領は「戦争」という考え方にその後もこだわり、事件後の対応を軍事力（すなわち暴力）による対決へと誘導した。アルカイダのような武装ＮＧＯとの紛争は「低強度紛争」、つまり正規軍同士の戦争ではない複雑な紛争に区分され、正面からの軍事対決では容易に解決できないとされる。しかし、ブッシュ政権は

反テロ戦争の一環として、アフガニスタン戦争（二〇〇一年）、イラク戦争（二〇〇三年）に踏み切り、その後長く駐留を続けた。武力が前面に出る状況はイスラーム過激派に大きな存在感を与えるものであった。それは、イスラーム世界の穏健派の影響力を削ぐことにもつながった。

当時のアメリカは二〇世紀後半の「冷戦」に勝利して、唯一の超大国として世界に君臨していた。アルカイダによる挑戦に対して、絶大な力で制圧しようとしたのも当然であった。その一方で、冷戦の終焉、ソ連と社会主義陣営の敗北と自由主義の勝利は、貧困や格差の拡大などを解決するものではなく、「テロの温床」はむしろ広がることになった。

一九五〇年代から八〇年代までの冷戦期には、数々の地域紛争が起き、東西両陣営は自分たちが支持するアクターに援助を与えていた。一九七九年にソ連軍がアフガニスタンに侵攻すると、それに対してムジャーヒディーン（戦士たち）の反ソ闘争が高まり、彼らを米国、サウジアラビア、パキスタンが支援した。さらに反ソ闘争に外から参戦するムスリム義勇兵を組織する運動も生まれた。

汎イスラーム主義に基づくジハードや同胞的責任としての参戦義務を理論化したのは、パレスチナ人思想家のアブドゥッラー・アッザーム（一九四一～八九年）であった。それ以前は、ジハードは敵に直面している土地の統治者と住民の責任であり、異国へ義勇兵として出向く発想はなかった。アッザームは、ウンマ（イスラーム共同体）が外国軍の侵略を受けているとき、ムスリムはその前線で戦う責務があると主張し、義勇兵の思想を一般化した。本人はパレスチナ難民であったから、イスラエルと戦いたかったであろうが、ヨルダン政府の規制でそれもかなわず、ペシャワールに移住してアフガンの闘争を支援する立場となった。

彼とともに活動して思想的影響を受けたのが、サウジアラビア人ウサーマ・ビン・ラーディン（一九五七～二〇一一年）であった。アフガニスタンでの義勇兵の役割が一九八九年のソ連軍の撤退でいったん完了すると、義勇兵たちはボスニア、チェチェンなどの紛争地に転戦したり、出身国に帰って「アフガン帰還兵」として現地の武装闘争組織に加わったりした。ビン・ラーディンは新たな組織「ジハードの基地（カーイダ・アル＝ジハード）」、いわゆるアルカイダを設立した（一九八八年とされる）。この組織がやがて反米路線を採り、グローバル・ジハードへと向かうことになる。

（2）分水嶺としての一九七九年

冷戦の最盛期でも、一九七〇年代のイスラーム世界ではイスラーム復興が進展し、東西陣営とは無縁に大きな変化が生じていた。特に一九七九年は分水嶺とされる。この年二月にイランでイスラーム革命が成立した。シーア派の高位法学者ホメイニーは「神のためのジハードとして革命行動に決起せよ」「不法な王政を打倒せよ」「闘争の中で斃《たお》れることは殉教」と主張し、当時中東最強の王政とされていたパフラヴィー朝打倒に成功した。イランは「イスラーム共和制」という新政体を選択し、ホメイニーが最高指導者となった。打倒された王朝は親米の「ペルシア湾の憲兵」としてふるまっていたが、革命政権は逆に激しい反米路線を採った。

さらに、イランは周辺国に対する「革命の輸出」を呼号した。具体的には、すでに革命の気運が生じている国の革命派への支援である。すぐ西隣のイラクや南側の湾岸諸国はそれを恐れた。同じように革命の波及を恐れたのは東隣のアフガニスタンであり、ここの共産党政権がイスラーム派に倒されることを危惧したソ連は、一九七九年一二月に軍を同国内に侵攻させた。すでに触れたように、それがかえってムジャーヒディーンのレジスタンスを誘発することになった。

この年には、もう一つ大事件が起きた。一一月に聖地マッカのカアバ聖殿で、サウジアラビア反体制派が武装蜂起したのである。しかも、蜂起の首謀者は終末の「マフディー（救世主）」が現れたと主張して、世界各地から集まっていた巡礼者にマフディーへの忠誠を求めた。サウジ王朝の打倒を目指すだけならば政治的な反体制運動であるが、ある意味でカルト的な主張を持ち出したため、この事件はイスラーム世界の中でも困惑をもって受け止められた。サウジ政府は二週間に及ぶ攻防の末、反体制派を鎮圧した。

これら三つの事件は、イランにおける大衆的な「イスラーム革命」、アフガニスタンにおけるゲリラ組織による「イスラーム闘争」、サウジアラビアにおける宗教的な反体制派、という三つの流れを代表している。第一のイスラーム革命の成功はイスラーム世界に広く影響を与え、各地の反体制派を鼓舞した。また、第二のイスラーム闘争から、アルカイダなど多くの武装闘争の流れが生じた。第三の事件についてはカルト的な特殊性もあって評価は分かれているが、この事件で、保守的で安定していると思われていたサウジアラビアでさえ、過激なイスラーム的主張の標的になることが示された。

これらの事件は、中東・イスラーム世界における革命や変革の声が、世俗的な思想からイスラーム復興へと転換したことを物語っている。オリヴィエ・ロワの表現を借りれば、「一九七〇年代、中東における過激派の運動が依拠していたのはマルクス主義だったが、一九八〇年代以降、それはイスラーム主義にとってかわった。かつての『世界同時革命』というスローガンは、現在の『グローバル・ジハード』の前身だった」（オリヴィエ・ロワ〔辻由美訳〕『ジハードと死』新評論、二〇一九年、一頁）。

（3）自爆テロの始まり

パレスチナでは、イスラエル軍に占領されて二〇年たったヨルダン川西岸地区とガザ地区で、一九八七年暮れにインティファーダ（民衆蜂起）が起きた。武器を持たず石を投げる少年たちを重武装のイスラエル軍が弾圧するイメージが広まり、国際的な同情がパレスチナ側に集まった。ＰＬＯは国際世論を味方にしつつ、武装闘争を捨ててイスラエルとのオスロ合意へ進んだが、逆にそのような宥和的なＰＬＯに失望して、被占領地でイスラーム武装闘争に決起する組織も生まれた。ハマース（イスラーム抵抗運動）とパレスチナ・イスラーム・ジハード組織である。この二組織は、九〇年代になると自爆テロを数多く決行して、欧米から新しいテロ組織とみなされるようになった。

自爆テロは、爆弾満載のトラックで敵地に突入したり、爆弾ベストを着て目的地に入り込み自爆する戦術である。当初メディアでは「自殺攻撃」という表現が用いられ、イスラーム諸国でも、この戦術がテロであるだけではなく、イスラームの教義で禁じられている自殺に当たるか否かが大きな議論を呼んだ。やがて、実行者は敵の攻撃が目的なのであって、結果としての死は「決死攻撃」の常であるという議論に概ね落ち着いた。

敵地に飛び込んで「決死攻撃」をするという点から、ＰＦＬＰ（パレスチナ人民解放戦線）といわゆる日本赤軍によるイスラエルのロッド空港乱射事件（一九七二年）を自爆テロの先駆とみなす考え方がある。さらに歴史を遡り、ハマースなどは自爆攻撃の先例として、日本の太平洋戦争中の「カミカゼ」（アラビア語ではカーミーカーズィ）を英雄的な愛国行為とみなしている。

とはいえ、イスラーム政治思想の流れでは、自爆による決死攻撃を理論化したのはレバノンのムハンマド・フサイン・ファドルッラー（一九三五〜二〇一〇年）の『イスラームと力の論理』（一九七六年）であった。彼はレバノンのシーア派の高位法学者で、「ムスリム大衆は自らを弱者と思っているが、被抑圧者は常に多数派であり、彼らが献身的に闘争に立ち上がるならば圧政者と戦うことが可能」と唱えた。

その観点からいえば、自爆攻撃とは自己犠牲の精神による「殉教作戦」であり、武力において劣勢な者が用いる「弱者の武器」ということになる。それが実践に移されたのは、一九八三年のレバノンであった。当時はレバノン戦争の直後で、南部がイスラエル軍の占領下にあり、米海兵隊と仏軍が体制再建を助けるために首都周辺に進駐していた。トラック爆弾攻撃は、海兵隊本部、仏軍本部、イスラエル軍占領本部に対して実行され、海兵隊の死者二四〇人を筆頭に、甚大な被害を生んだ。このため、海兵隊と仏軍はまもなく撤退することになった。

トラック爆弾攻撃の実行者として名乗りをあげたのが、ヒズブッラー（神の党）であった。この組織も米国からテロ組織に指定されているが、ヒズブッラーは自らを占領者に対する「レジスタンス」と位置づけ、レバノン国内ではイスラエル軍の占領こそ悪とみなす国民からかなり広範な支持を受けている。イスラエル軍はレバノン南部の占領を継続したが、自爆攻撃を含むヒズブッラーのレジスタンスは止まず、二〇〇〇年には一方的に撤退することになった。イスラエルが占領地から無条件で撤退したのは、初めてであった。

アルカイダが実行した九・一一事件の場合も、ハイジャックした旅客機を標的に衝突させるのは、自爆テロの一種である。自爆攻撃はジハードと殉教のモチーフを組み合わせたもので、明らかにイスラーム過激派の特徴をなしている。

その一方で「弱者の武器」論は、軍事的に劣勢であることが前提の戦術論であるため、自爆攻撃だけでは当該組織が過激であるとは言い切れない。一九八〇年代に登場したときには思想的なインパクトも強かったが、その後は有効な戦術として様々な武装闘争派が採用するようになり、思想的な意義は薄れた。

ヒズブッラーにしても二一世紀に入ってからは、イランの支援を受けて独自の武装化を進め、自爆攻撃には依拠しなくなっている。二〇〇六年夏に、イスラエルと交戦した際には多数のロケット弾をイスラエル国内に撃ち込み、正規軍との戦いにも対抗できる軍事力を示して、世界を驚かせた。さらに、ヒズブッラーもハマースも草の根の福祉組織を広げ、選挙に参加し、国民ないしは住民に基盤を置いているため、武装部隊だけをみて過激派と断じることはできないであろう。

（4）アルカイダの広がり、ＩＳの登場

アルカイダの創設者ビン・ラーディンは、一九五七年にサウジアラビアの首都リヤドで生まれた。ビン・ラーディンは「ラーディンの息子」を意味する家名（アラブ人は姓がないことが少なくない）で、ラーディンは祖先の名である。イエメンに出自をもつこの一家は、父親の代にサウジアラビアで建築業を中心に財閥を築き上げた。ビン・ラーディン財閥は係累も多く、過激な政治運動に走ったウサーマは一族の中ではマイナーな存在であった。ただ、九・一一事件以降は、ビン・ラーディンといえば誰もがまず彼を思い起こすようになった。

前述のように、ビン・ラーディンは八〇年代末にアルカイダを結成し、ソ連軍が撤退したアフガニスタンを離れ、次の闘争の地を探した。その間、一九九〇年八月にイラク軍が突如としてクウェートに侵攻、全土を占領したため、湾岸危機が生じた。これに対して、サウジアラビアは国土と油田の防衛とイラクに対抗するため米軍の派遣を要請し、大規模の進駐が行われた。湾岸に結集した米軍を中心に多国籍軍が作られ、翌年一月には湾岸戦争が勃発、イラク軍はクウェートから追い払われることになった。

米軍の進駐に対してはサウジ国内でも大きな批判が生じたが、ビン・ラーディンはさらに米軍の駐留を忌避し、一九九六年に「聖地を占領する米軍に対するジハード宣言」を出した。その二年後にはケニアとタンザニアの首都で米大使館を狙った爆破事件を起こし、二〇〇人もの犠牲者が出た。そして、九・一一事件に至る。

九月一一日の同時多発テロ事件は、ビン・ラーディンが首謀者という印象が定着している。その後の調査によれば、ビン・ラーディンが直接に企画したわけではなく、米国攻撃計画の立案者が計画とともにアルカイダの傘下に入ったというのが真相のようである。

この事件で米国の激烈な怒りを買う一方、アルカイダの名声は各地の過激派の間で事件後高まった。ソマリア、マグリブ（主としてアルジェリア、モロッコ）、イエメンなどの過激派組織がアルカイダに忠誠を誓い、「～

のアルカイダ」と名乗るようになった。この現象は「アルカイダのフランチャイズ化」と呼ばれる。その結果、米国がアルカイダを対象とする反テロ戦争を遂行する一方、アルカイダ勢力がイスラーム世界の各地に拡散することにもなった。

二〇〇九年にオバマ政権が成立すると、米国は「戦争」としての反テロ活動を抑制し、暗殺をも手段とするようになった。同政権にとっての最大の戦果は、二〇一一年五月にパキスタン潜伏中のビン・ラーディンを海軍特殊部隊が急襲し、殺害に成功したことであろう。この頃には、各地のフランチャイズは別として、アルカイダの本体は失速していたから、ビン・ラーディンの死は一つの時代の終わりを感じさせた。彼の後継者には、エジプト人のアイマン・ザワーヒリー（一九五一年〜）が就いたが、ビン・ラーディンのような名声はない。彼はエジプトのジハード団の出身で、イスラエルと和平条約を結んだサーダート・エジプト大統領暗殺事件（一九八一年）の際に連座したことがある。

アルカイダに代わって勃興したのは、のちにＩＳ（「イスラーム国」）として知られる組織であった。その創始者にあたるザルカーウィー（一九六六〜二〇〇六年）はヨルダン出身で、二〇〇三年のイラク戦争後のイラク国内の動乱の中で頭角を現した。人質を斬首する残忍な手法は彼が始めたもので、これはＩＳでも大きな特徴となった。彼はアルカイダに忠誠を誓って一時期フランチャイズに参加したが、アルカイダの傘下にいる間も手法や見解の違いがしばしば顕わになった。

ザルカーウィーは二〇〇六年に米軍の攻撃で死亡したが、彼の組織は生き延びイラクからシリアへ浸透した。シリアでは二〇一一年からの「アラブの春」の一環として反政府運動が起きたが、政府の弾圧に対抗して反体制派も武装を始め、内戦となっていた。反体制運動には多様な組織、団体があったが、その合間を縫ってザルカーウィーの流れを汲む過激派は「イラクとシャーム（シリア）のイスラーム国」を結成、さらに二〇一四年にイラク、シリアに領土を確保すると、地域名を除いてカリフ制に基づく「イスラーム国」樹立を宣言した。

彼らは英語名の略称からＩＳと呼ばれることが多いが、アラビア語ではダーイシュ（「イラクとシリアのイスラーム国」の略称）が一般的な通称となっている。シリア政府は反体制派の自由シリア軍をテロリストと呼んで容赦ない弾圧を加えていたが、ＩＳはまさにテロリストの名に値する残忍な組織体として姿を現した。しかも現代の過激派が領土をもつ独自の国家を樹立したのは、先例がない。

ＩＳは、ヤズディー教徒の迫害やその女性の奴隷化、他派に対する残虐な処刑、自分たちの支配地域での過酷な統治など、文字通りのテロ（恐怖）支配を行った。それにもかかわらず、イスラーム諸国や欧米から三万人ともいわれる義勇兵が参戦し、過激派の温床が想像以上に広いことを知らしめた。

ＩＳは、当人たち以外の誰にとっても破壊的な過激派でありテロリストの名にふさわしい存在であったが、イスラーム世界にとってその最大の問題は、ムスリム同士でも自派に従わない者を「背教者」として殺害を認めることにあった。ましてや、彼らが異端的とみなすシーア派に対しては容赦なかった。アルカイダがグローバル・ジハードを目指し、イスラーム内部での党争を好まないのに対して、ＩＳのいうジハードはローカルな政治闘争で現体制を「背教者」として打倒し、それと取って代わることを目的としている。

イスラーム法の考え方についても、アルカイダの主張も一般社会や法学者から大きな批判を浴びてきたが、ＩＳの場合はそれとは比較にならない逸脱を示している。そのため、彼らを現代ハワーリジュ派とみなす議論が広がった。ハワーリジュ派は七世紀半ばに生まれたイスラーム最初の分派で、自分たちの信条と合わない者を大罪人として命をも奪う過激派であった。イスラームの教義として「ムスリムである以上は信徒として扱い、神のみが知りうる内面を問題としない」という大原則が確立されたのは、そのような過激思想を抑制する過程を経てのことであった。

（5）中道派と過激派のバトルグラウンド

ＩＳは全方位からの包囲網を敷かれ、軍事的に敗退し、二〇一九年には領域国家としては滅びた。しかし、「イデオロギーには空爆できない」（池上彰「解説」ロレッタ・ナポリオーニ『「イスラム国」はよみがえる』文春文庫、二〇一八年）という指摘の通り、思想と社会の戦いはこれからも続く。

冒頭で触れたように、九・一一事件の後、ブッシュ政権は「反テロ戦争」を呼号したため、一方にビン・ラーディンらの過激派がいて、他方に反テロ戦争を推進する米国がいるという武力と暴力の応酬の図式が生じた。このため、イスラーム世界では穏健な中道派が影響力を大幅に失った。しかも、いろいろな国で政府が反対派を「テロリスト」として弾圧することも起き、他国がその人権侵害を看過する傾向も生じた。また、過激派の温床とされる貧困、疎外、格差の問題などを解消する社会的な戦いも、それぞれの国や社会に課されている。

イスラームのジハードには、三つの面があるとされる――内面の（誘惑との）戦い、社会変革のための戦い、剣の戦いである。過激派は三番目の戦いだけを、自分勝手な解釈を加えて、追求する。穏健派は、三つの戦いをいずれもしっかりと実践できるようにしなければ、安全で平和な社会を維持することはできないであろう。

参考文献

小杉泰『9・11以後のイスラーム政治』岩波現代全書、二〇一四年。

小杉泰『イスラーム帝国のジハード』講談社現代新書、二〇一六年。

中東調査会イスラーム過激派モニター班『「イスラーム国」の生態がわかる四五のキーワード』明石書店、二〇一五年。

保坂修司『新版　オサマ・ビン・ラディンの生涯と聖戦』朝日新聞出版、二〇一一年。

保坂修司『ジハード主義――アルカイダからイスラーム国へ』岩波現代全書、二〇一七年。

21 聖地の紛争とは何か——エルサレムをめぐる政治と宗教

山本健介

(1) パレスチナと聖地

パレスチナは一神教の故地として知られている。日本の中国地方よりもやや狭く、世界からみればまさに猫の額ほどしかないこの地には、ユダヤ教、キリスト教、イスラームの重要な聖地群が集中している。

ユダヤ教とイスラームの場合には、両宗教で共通して重要視される聖地も少なくない。特に広く知られているのは、エルサレムにあるハラム・シャリーフ/神殿の丘と、嘆きの壁(ブラーク壁/西壁)であろう(それぞれ順にムスリムとユダヤ教徒の呼称)。ハラム・シャリーフは、イスラームの預言者ムハンマドがアッラーの御前に至った奇跡ミウラージュ(昇天)の舞台であり、それより前のイスラエル王国時代には、この同じ場所にユダヤ教徒の神殿が建てられていた。嘆きの壁は、その神殿の一部であるとされ、ユダヤ教徒が熱心に祈りを捧げる光景がよく知られているが、そこは、預言者ムハンマドが、ミウラージュに先だってマッカ(メッカ)からエルサレムに飛翔した際に、天馬ブラークを繋げた場所でもある。ユダヤ教とイスラームの聖地としては、これらのほかにも、両宗教で共通して崇敬される預言者(アブラハムやダヴィデなど)の廟がある。宗教的伝統が折り重なるこうした聖地は、一神教の故地というパレスチナの位置づけを象徴的に物語っている。

(2) 聖地の紛争:多面的・動態的理解に向けて

複数宗教の聖地においては、イスラーム王朝の支配下で、数百年にわたり信徒間の棲み分けがあり、概して平和的な宗教間関係が築かれてきた。しかし、その一方、一九二〇年代から激化してきたパレスチナ問題の中で、それらの聖地は争奪の対象にもなってきた。今日では、聖地の処遇が、パレスチナ問題を解決する上での難関の一つと目されている。例えば、二〇〇〇〜〇一年に行われたイスラエルとパレスチナの和平交渉では、合意形成まであと一歩のところで、聖地の主権問題が行く手を阻んだといわれる。

では、聖地の紛争とはどのような対立なのであろうか。この問いかけに明確な答えを出すことは想像以上に難しい。それもあり、一般書やテレビなどでは、ユダヤ教、キリスト教、イスラームの成立にまで遡り、「数千年来の宿命的な因縁」としてエルサレムの紛争が語られることも珍しくない。もちろん、聖地の紛争というからには宗教が大きな意味をもっている。しかし、宗教間の断層をそのまま政治的な対立の構図に落とし込むのはあまりに短絡的であり、紛争の現実と乖離している。

本章の目的は、聖地の紛争の歴史的な変遷を明らかにし、その性格について理解を深めることである。なぜ聖地の平和は達成されにくいのか、そこに至るために何が必要であるのかといった問いはもちろん重要であり、読者の中には、実際の聖地に応用できる和平策に関心をもつ人も多いだろう。しかし、政策的・実践的な議論を積み上げる前に、聖地の紛争が辿ってきた道筋を正確に把握しておく必要がある。この作業はいまだ十分になされているとは言い難い。

前述の目的に沿って、本章では、エルサレムにおける聖地の紛争を、英国委任統治期、イスラエル占領期、オスロ合意期、ポスト・オスロ合意期の四つに区分して論じていく。事例としては、聖地問題の代表格であるハラム・シャリーフ／神殿の丘と嘆きの壁をめぐる紛争を取り上げる。これまでの研究の多くは、聖地における紛争形成の萌芽期に関心を寄せてきたが、本章では紛争の変容過程にも注目していく。それぞれの時代ごとの変化を照らし出し、聖地の紛争が様々な貌をもつようになってきたことを指摘したい。

ところで、これまで聖地の紛争という言葉について説明を加えてこなかったが、本章では以下の二つの側面を想定している。第一は、聖地を軸として展開される政治的動員やそれを下支えする言説の競合である。そして、第二は、聖地それ自体を舞台とした宗教間関係の様相や、信仰実践、聖地管理に関わる様々な権利問題などである。大雑把にいえば、前者は「聖地をめぐる」紛争、後者は「聖地における」紛争と表現できるだろう。ローカルなレベルでの問題が幅広い範囲に展開していく場合には、後者から前者への推移があり、これらの次元を明確に分けることが難しい場合もある。しかし、理念型としてこの二つの側面を念頭に置くことは、聖地の紛争の性格を理解する上で大きな助けになると考えられる。

（3）聖地「をめぐる」紛争：宗教的・民族的シンボルとしての価値と政治的動員

まずパレスチナにおける聖地の紛争が形成されていく英国委任統治期（一九二二～四八年）に目を向けたい。この時代には、ユダヤ・ナショナリズムであるシオニズムと、ムスリムが約九割を占めるパレスチナ人のナショナリズムが急速に力をつけ、聖地は、宗教的・民族的なシンボルとして政治的に利用されていった。

英国委任統治期の聖地問題は、嘆きの壁を中心としたものであった。嘆きの壁をめぐっては、一九二〇年代初頭からすでに衝突が生じていたが、特に、一九二九年の嘆きの壁事件は、パレスチナ全土でユダヤ系とアラブ系それぞれの住民に一〇〇名以上の死者を出す暴動に発展した。これはパレスチナにおける民族間の分断と紛争化を決定づける分水嶺であった。

嘆きの壁事件の直接的なきっかけは、東欧系のユダヤ移民が、彼らの慣行に従って、男女の間仕切りや椅子などの礼拝器具を持ち込みはじめたことである。ユダヤ教徒はそれ以前のオスマン帝国期から、壁での礼拝権を承認されてきたが、礼拝器具の常置までは認められていなかった。

このような嘆きの壁での礼拝をめぐるローカルな問題は、徐々に政治的な関心を集めていった。例えば、いくつかのシオニスト団体は、嘆きの壁を描いた切手やブックレットなどを発行し、ユダヤ人の民族的な帰属意識の核として聖地を表象した。また、紛争現場で闘争に参加していたシオニストの活動家も、嘆きの壁をユダヤ民族の再生のシンボルとして捉えていた。

聖地の問題をより広い政治的な主張に結びつけようとする姿勢は、ムスリム側においても確認できる。当時エルサレムの総ムフティー（最高イスラーム法官）を務めていたハーッジ・アミーン・フサイニーや彼が率いた最高イスラーム評議会（ＳＭＣ）のメンバーは、ユダヤ教徒が嘆きの壁での権利を拡大しようとしていることに警戒感を示した。そして、アラブ人やムスリム全般を射程に入れて、ハラム・シャリーフや嘆きの壁のイスラーム的重要性を発信していった。

その顕著な例は、アミーン・フサイニーが一九三一年に開催したイスラーム総会議であろう。この会議は、インドのイスラーム活動家とともに企画され、著名なイスラーム改革主義者であったラシード・リダーなどが参加した。会議では、イスラーム世界の調和と協力や、聖地の防衛、イスラーム大学の創設などについて論じられた。この会議が実際の成果に結びつくことはなかったが、その開催自体が、エルサレムにおける聖地の危機を核としたイスラーム連帯の試みとして、大きなインパクトをもっていた。

このように、委任統治期の嘆きの壁をめぐるポリティクス（政治）においては、聖地での信仰実践が争点の一端にありながら、それと同時に、宗教性を織り交ぜた民族主義的な大義やそれに基づく政治的動員にも大きな関心が向けられていた。

その後、一九四八年のイスラエル建国から一九六七年の第三次中東戦争に至るまで、聖地の紛争が表面化することはなかった。聖地が再び重要な問題として浮上してくるのは、一九六七年の戦争において、イスラエルが、ヨルダン領にあったエルサレム東部を占領・併合し、主要な聖地群をその支配下に収めた後である。

この時期以降、双方の紛争主体の中で宗教意識の覚醒がみられた。そこでは、第三次中東戦争がもっていた二方面の含意が一定の役割を果たした。まず、イスラエル政府にとって、この戦争で神との「約束の地」であるエレツ・イスラエル（文字通りには「イスラエルの地」。ユダヤ側でのパレスチナの呼称）の全土をその支配下に置いたこと、とりわけ「嘆きの壁」を手中に収めたことは、神によって起こされた「奇跡」ともいうべきものであった。これを一つの契機として、それまで傍流に位置していた宗教的シオニズムの勢力が大きく伸長することとなる。また、この戦争の直後、イスラエル政府は、嘆きの壁に面したムスリム居住区を一掃して「西壁広場」を造り上げ、国家の政治的・文化的な象徴として壁を位置づけた。

この一方で、第三次中東戦争は、パレスチナ人やムスリム全般にとって大きなショックであった。それは、エルサレムを含むパレスチナがシオニストに奪われたからにほかならない。このような事態はパレスチナのみならず、中東全域でイスラーム復興が胎動する契機となり、エルサレムはイスラーム連帯の一つの象徴となった。実際に、一九六九年にキリスト教徒のメシア主義者がハラム・シャリーフで放火事件を起こしたことがきっかけとなって、イスラーム諸国会議機構（ＯＩＣ）が設立された。

イスラエルのユダヤ教徒とパレスチナ人ムスリムの中で宗教的な政治・社会運動が明示的に活性化するのは、一九七〇年代後半以降のことである。しかし、その淵源を辿ると一九六七年における聖地の獲得／喪失に行き着くのである。この時代にも、英国委任統治期と同様に、聖地は宗教的・民族的なシンボルという政治的な位置づけを得ていた。

他方、一九六七年以降の聖地の紛争においては新たな側面も芽生えていた。イスラエルがエルサレムの併合を宣言したことで、現実の聖地における領有や管理のあり方が一つの争点となったのである。これは、エルサレム占領後に起こった次のような問題から確認される。

イスラエル政府は、併合後もハラム・シャリーフ／神殿の丘におけるムスリムの権限を大部分において認めたが、その一方で、聖地への通用門の一つであるマガーリバ門を接収し、非ムスリムのアクセス権管理に関与しはじめた。ムスリムの在地組織である高等イスラーム委員会やヨルダン・ワクフ省傘下のワクフ管理局は、折に触れてそうした現状変更を批判してきた。例えば、一九六九年の放火事件についても、その実行犯がイスラエル管理下の通用門から入場したという点を強調し、ムスリム主体による聖地管理が徹底されていないことによって生じた事件であると解釈した。一九八〇年代に、イスラエル当局の重装備部隊が、治安維持の名目でハラム・シャリーフに展開した際も、ムスリムの主権的な聖地管理を脅かす行為であるとして厳しい批判を加えた。

ハラム・シャリーフ／神殿の丘をめぐる領有権・管理権の問題は、一九六七年以降に新たな争点として浮上したものの、この時期にはあくまでも論争の萌芽がみられたにすぎなかった。領土紛争の対象として聖地が位置づけられ、本格的にそれが論じられるには、双方の主体が互いを承認する段階を経なければならなかった。これが達成されたのが一九九三年のオスロ合意であり、これ以降は、聖地「をめぐる」紛争という基本的な性格に、聖地「における」紛争の側面が加わっていった。

（4）聖地「における」紛争：領有権・管理権の問題と日常的な変化

一九九三年に結ばれたオスロ合意はパレスチナという一つの領域を二つの主体の間で分割するという理念（＝二国家共存）をもっていた。このオスロ合意以降、領域主権や領土分割といった論点は、交渉の中で論じられる喫緊の問題として浮上した。これは、パレスチナ解放機構（ＰＬＯ）とイスラエルが当事者としての相互承認を行ったことで生じた変化であった。

領土紛争としての側面が強まるとともに、聖地は、領有や管理の対象として強く意識されるようになった。例えば、イスラエル国内のユダヤ教徒の間では、ハラム・シャリーフ／神殿の丘がパレスチナ自治政府（PA）の支配下に組み込まれることが危惧された。それは、オスロ合意において、「エルサレムの帰属」が交渉課題の一つに数えられたからであった。ユダヤ教徒にとって神殿の丘は最上の聖地であり、それがゆえに、そこへの入場は宗教的なタブーであるとされてきた。しかし、オスロ合意によって喚起された聖地の喪失という危機感から、神殿の丘に積極的に入場することで聖地を防衛しようとする勢力が生まれた。それは「テンプル系運動」と総称され、一九九〇年代後半～二〇〇〇年代に大きく勢力を拡大していった。

また、パレスチナ人の間でも、聖地の領有・管理を主張する動きがみられはじめた。その一端は、一九九四年のヨルダン・イスラエル和平合意によって生じた一連の論争で確認される。和平合意には、ヨルダンがエルサレムのイスラーム聖地において果たしてきた歴史的な役割を尊重し、将来的にもその地位に配慮がなされるという文言が含まれていた。ヨルダンの宗教的な権限を承認したこの合意に対して、ヤーセル・アラファートを中心とする政治家は、パレスチナ人としての主体の確立と聖地における主権的管理の要求を強めていった。彼らは、エルサレムの聖地の管理権問題をパレスチナ人の「内政的」な課題であると捉え、ヨルダンの主張は外部からの介入であると批判した。この論争は、「聖地の監督者」という象徴的な地位をめぐる争いでもあったが、パレスチナ人の主張は、民族主義的な自決権の概念や「準統治機構」としてのパレスチナ自治政府の位置づけをベースとしたものであった。実際にアラファートは聖地管理を担うスタッフとして自治政府の高官を数多く投入していった。

イスラエル政府やパレスチナ自治政府は、これらのほかにも、遺跡発掘の事業などに関連してエルサレムの聖地に対する領有権や管理権を焦点化していった。二〇〇〇年と二〇〇一年の和平交渉は、そうした一九九〇年代の集大成ともいうべきイベントであった。二〇〇〇年のキャンプ・デーヴィッド首脳会談で、イスラエルはエルサレム全域におけるパレスチナ主権を拒絶し、聖地管理についても自治的な権限のみを承認した。他方、パレスチナ側の代表は、占領地の返還という観点から主張を展開し、ハラム・シャリーフ／神殿の丘の主権的な管理に対する要求を崩さなかった。その後、二〇〇一年のターバー交渉では、両者の立場の接近がみられたが、聖地の主権問題はそこでの障壁として立ちはだかった。こうして、世紀の大イベントと騒がれた和平交渉は失敗に終わってしまった。

このように、オスロ合意期には、領土分割の論争が本格化したことで、聖地の領有と管理をめぐる現実的なアジェンダが浮上した。もちろん、それ以前からの宗教的・民族的なシンボルとしての位置づけも継続して確認される。二〇〇〇年九月に当時イスラエルの野党リクードの党首であったアリエル・シャロンがハラム・シャリーフ／神殿の丘に入場したことで始まった蜂起アル＝アクサー・インティファーダ（第二次インティファーダ）はその顕著な例であろう。ハラム・シャリーフ／神殿の丘で起こったローカルな衝突が、パレスチナ全域の人々の感情を揺さぶり、和平プロセスに対する積年の鬱憤を爆発させる引き金になったことは、聖地の象徴的な位置づけを物語っている。

オスロ合意期を経た二〇〇〇年代には、聖地「における」紛争の側面がいっそう重要度を増していった。それは、この時期に、ハラム・シャリーフ／神殿の丘の管理体制に大きな変容がみられたからである。一九六七年以降、ハラム・シャリーフ／神殿の丘はムスリムによる管理下で、ユダヤ教徒をはじめとする非ムスリムにもアクセス権が付与されていた。イスラエルは治安維持の役割を部分的に担っていたが、ときおり治安部隊や警察を出動させる程度であった。しかし、二〇〇〇年代に入ると、イスラエル政府は、治安維持を名目として聖地管理全般への介入を深めるようになった。それによる変化は、次の二点から確認することができる。

第一は、イスラエル政府が頻繁にムスリムのアクセスを制限するようになったことである。こうした政策は、二〇〇三年以降に散見され、二〇一〇年代にはさらに頻繁にみられるようになっている。特に治安状況が悪化した際に、イスラエル政府は年齢制限を課してムスリムの聖地への入場を制限するようになった。このような抑圧的な政策が前景化した背景には、先述のテンプル系運動がイスラエルの政界でも影響力を増し、聖地管理への介入を促したという事情があった。また、聖地管理の第二の変化は、イスラエル政府がムスリムのアクセス制限を行うと同時に、ユダヤ教徒による入場を優先しつつあることである。その狙いは、治安上の観点から、ユダヤ教徒がハラム・シャリーフ／神殿の丘に入場する時間に、ムスリムの入場制限を行い、両者の衝突の機会を減少させることである。もちろん、ユダヤ教徒のアクセスも無制限ではないが、二〇〇〇年以前に比べると格段に容易化されている。

これらの二〇〇〇年代における変化は、アル＝アクサー・インティファーダへの対応として実行された分離壁の建設（二〇〇二年〜）やヨルダン川西岸地区の再占領（二〇〇二年〜）などと合わさって、エルサレムのパレスチナ社会にも甚大な影響を及ぼしている。これらの政策によって西岸地区からハラム・シャリーフ／神殿の丘へのムスリム参詣者は激減し、彼らを主なターゲットとしてきた商業施設が経済的な打撃を受けた。歴史的にエルサレム社会は、聖地での礼拝を目的とした参詣者の往来によって成り立っており、西岸地区の住民はその大部分を占めていた。封鎖政策によって西岸地区からの顧客が減少したという事実は、多くの文献で指摘されてきたが、聖地の存在を中軸に据えれば、「参詣者としての消費者」が減少したと言い換えることもできる。とりわけ、エルサレム旧市街の商店は、聖地に参詣する人々の往来と経営状況が直結してきたため、西岸地区とエルサレムの分断のみならず、聖地におけるアクセス制限自体から深刻な影響を被っている。

このように、もはや聖地は、政治的動員における題材として用いられるばかりではない。聖地の紛争は、日々の信仰実践やエルサレムという都市社会のあり方と深く結びつくようになっている。もちろん聖地が宗教的・民族的なシンボルとして政治的に利用されることや、広範な人々の行動に影響を及ぼすことがなくなったわけではない。ただ、そのような側面だけでなく、現実の聖地という存在に直接的に作用する紛争領域が重要度を増してきたことが、二〇〇〇年代における大きな変化である。すなわち、そこには、一方で、シンボルとしての聖地「をめぐる」紛争があり、他方で、聖地と関わって生活を営む人々にとって極めて可視的な、聖地「における」紛争がある。

本章が描いてきたような紛争の紆余曲折と多面化を前にすると、聖地問題の解決を考案する際に、実に様々な論点に対処しなければならないことがわかる。つまり、これは聖地の紛争の長期化が問題解決をますます難しくしているということを意味する。筆者が本章で、聖地の紛争解決に関連した議論を直接的に行わなかったのは、そうした複雑な実情の中で和平について論じるのが容易ならざることだからであり、そのままでは規範的な空論に終始してしまうと思われたからである。

錯綜した紛争の実態を描こうとすることは、迂遠ではあるものの、将来的な和平の展望を見通す上で避けられない作業である。今後も様々な角度から実証的な分析を継続する必要があることは言うまでもないだろう。

参考文献

臼杵陽『原理主義』岩波書店、一九九九年。
臼杵陽『日本人にとってエルサレムとは何か――聖地巡礼の近現代史』ミネルヴァ書房、二〇一九年。
立山良司『エルサレム』新潮社、一九九三年。

山本健介『聖地の紛争とエルサレム問題の諸相——イスラエルの占領・併合政策とパレスチナ人』晃洋書房、二〇二〇年。
Reiter, Yitzhak, *Contested Holy Places in Israel–Palestine : Sharing and Conflict Resolution*, London and New York : Routledge, 2017.

22 紛争の断面図――宗派対立の虚像と実像

松永泰行

（1）「宗派の違い」と「宗派対立」の違い

ある宗教の内部に異なる宗派があること、あるいはある地域や社会の内部に異なる宗派に属する個々人がいることが、そのまま（自動的に）社会的あるいは政治的な対立がそのような宗派の間で起こることにつながるわけではない。すなわち、宗派なるものが存在し、宗派の間に様々なレベルで違いがあることと、社会的・政治的な対立が宗派間で起こることの間には重要な断絶がある。本章では宗派に焦点を絞るが、同じことは宗教の間においてもいえる。ある地域や社会に異なる宗教があることが、そのまま社会的・政治的対立がそれらの間で起こることにはつながらない。多くの場合、宗教や宗派が関わる社会的区別やそれらの間の様々な格差や差別・対立などの社会・政治上の問題は、個々の文脈における歴史の産物であり、それらの発生だけでなく、維持・再生産にも、時々の政治権力や法・社会制度が重要な形で関わっている。現代の中東・イスラーム世界における様々な社会的・政治的な問題としての宗派対立を考察する前に、まずこれらの前提的理解を再度確認することが重要である。

イスラームにおいては、信仰箇条やその内容を体系化したものとしての神学のレベルにおける「正統（orthodoxy）」と「異端（heterodoxy）」を審査・断定する機関や制度は存在しないといわれる。つまり、「イスラームには、スンナ派とシーア派の違いが存在する」といわれる場合において、これらのどちらかの「派」を正統派や異端であるということはできないということである。言い換えると、（様々な理由や動機などから、そう主張する人たちが存在することも事実であるが）この派は多数派であるから正統派であるとか、あの派は少数派だから正統派ではないとは必ずしもいえないということになる。

さらに、現在は過去の歴史上の展開の単純な延長上にあるのでもない。歴史的に、イスラームの内部においては、思想信条や学説等の違いに由来を発し、その後の様々な経過を経て固定化する（あるいは制度化される）に至った、分派（firqah）や法学派（madhāhib）という用語が指し示すグループ分けや異なる流派が存在してきた。その一方で、これらの用語が指し示すものと、現代の中東諸語、例えばアラビア語で ṭā'ifah、ペルシア語で ferqeh（どちらも宗派、セクトという意味）という言葉が指し示すものの間には、根本的な概念的違いがある。同様に、現代中東諸語におけるそれらの関連用語である、アラビア語の ṭā'ifiyah やペルシア語の ferqeh-gerāī（どちらも宗派主義、sectarianism という意味）も、歴史的な分派や法学派とそのまま結びつけて考えることには大きな問題がある。

歴史上の多数派としてのスンナ派とそれとは異なる分派あるいは少数派としてのシーア派などの形成については、他の叙述（例えば菊地〔二〇〇九〕）に譲るが、歴史的な文脈においても、スンナ派やシーア派等の区別がいくつかの異なるレベルにおいて存在していたことを確認することが重要である。まず、イスラームの歴史の初期に現れたハワーリジュ（Khawārij）派やシーア（Shī'ah）派という分派の形成、さらにシーア派内部でのさらなる分派は、信徒共同体の指導者の選出をめぐる考え方の違いや対立に端を発したものであり、実存する信徒共同体という社会集団レベルの現象であった。その後、とりわけ一二イマーム・シーア派の内部で、その信徒共同体の指導者（imām）の資質と役割に関する議論（イマーム論）が信仰箇条・神学上の違いとして体系化され、同時並行的にスンナ派四法学派とは別のイスラーム法学上の学派（madhhab）としてのジャアファリー派が確立された（もっとも両者ともスンナ派の神学や四法学派を否定するものではなく、それらと並ぶ選択肢の一つとして成立した）。したがって、シーア派といっても、実存する集団やその個々の成員としてのシーア派（共同体および個々の信徒）、それらの共同体内で共有されている信仰箇条（神学）レベルでのシーア派（の教義）、さらにイスラーム法の諸規範やそれらに基づく儀礼を含む社会生活の組織上の違いのレベルでのシーア派（の制度や実践）の少なくとも三つのレベルを区別する必要がある。言うまでもなく、これらはすべて歴史的展開の中で現れた生成的な産物（emergent properties）であり、そうではない（つまり永遠不変の差異である）とみなす本質主義の陥穽に陥ることを避けることが肝要である。

（2）「宗派対立」の背景：宗派主義の現代性と国家の役割

現代の中東・イスラーム世界の文脈においても、宗派なるものの歴史的な生成性と関連する概念や範疇間の多層的な関係性について認識することが重要である。それに加え、現代的な意味での「宗派」や「セクト」については、これらが社会集団とその成員レベルでの区別を指し示すものであると同時に、国家が法制度上定める範疇（カテゴリー、区分）であるという側面を見逃してはならない。例えば、今日のレバノンにおいては、国家が規定する一八の公式のセクト（ṭā'ifah）――ムスリムの間で四つ、キリスト教徒の間で一二、さらにドルーズとユダヤ教徒――が存在する。レバノン国民は、出生時に、両親のそれぞれが帰属するセクトが同じか異なるかにかかわらず、父親のセクトの成員とされる。それぞれのセクトは、それぞれのセクト内の法廷を通じ、婚姻を含む家族法の執行の統括をする権限を与えられている。また外国籍の女性がレバノン国籍の男性との結婚を経てレバノン国籍を取得した場合には、本人の宗教にかかわらず、夫のセクトに属することになる。これらの社会慣習は、オスマン帝国下でのミッレト制の延長上にあるとはいえ、基本的にフランスの委任統治を経て独立した近代国家としてのレバノン共和国が制度化したものである。

興味深いのは、レバノンの文脈において今日「セクト（宗派）」として使われている tāʾifah という言葉が、オスマン帝国期の一八〜一九世紀にかけてのレバノン地域においては、宗派の区分を超えた（お互いに婚姻し合う）上流の社会階級を表す用語であったという指摘である。それを、一九世紀前半以降にマロン派の総大司教らが、ヨーロッパの列強、とりわけフランスへ特別の庇護を求め働きかける際に、（社会階層や社会的地位にかかわらず）マロン派教会信徒の利害を代弁するとの文脈において自派のことを tāʾifah と呼びだしたのだという。これは、いわば、「セクト」なるものが、レバノン山岳部というローカルな文脈においては一九世紀前半を境に、上流階級という横のつながりを表すものから、垂直的に組織された（つまり上下関係を内包し組織化された）宗派なるものを指すものに変化させられたことを示唆している。この一八四〇年頃の時期がマロン派教会幹部による宗派主義の主張が出始めた時期だとすると、その後のほんの二〇年間において社会関係の宗派主義的な形での再編が進み、一八六〇年の内戦ではドルーズ派とマロン派の間で「宗派主義化」した報復合戦、すなわち隣村の住人あるいは通りがかりの見知らぬ者を単に相対するセクト（宗派集団）の成員であるという理由だけで殺害しあう紛争を引き起こす土壌を形成していたという（Makdisi 2000）。

同じ中東・イスラーム世界といっても、国を移動すると、宗派主義の文脈も全く異なるものになることが少なくない。今日のイランにおいては、八〇〇〇万人余りの人口の約九割が国勢調査上では「シーア派ムスリム」と分類されているが、その範疇に帰属させられる個々人に「あなたの宗教（dīn）や宗派（madhhab）は？」と尋ねたならば、「私の宗教はイスラームです、そして宗派はシーア派（shīʿeh）、より正確には、ジャアファリー派（jaʿfarī-ye ethnā-ʿasharī）です」と答えるであろう。その一方で、同じ人に「あなたのセクトは？」という問いには、「私はセクトには属していない（ferqeh na dāram）」と答えるであろう。一二イマーム・シーア派は、イスラーム世界全体では少数派となるであろうが、イランでは多数派であるからである。

その一方で、イランでは言語集団と宗教・宗派集団の間において、多数派・少数派関係が重層的な入れ子状態となっており、宗派集団間において集団帰属のみに起因する格差が制度的に生み出されている。イラン・イスラーム共和制を名乗る現在のイラン国家においては、国民はまず個々の宗教に応じてムスリムと非ムスリムに分類され、後者は公認されているゾロアスター教徒、ユダヤ教徒、アッシリア教会キリスト教徒、アルメニア教会キリスト教徒という四つの範疇に分類される（したがって、バハーイー教やプロテスタント諸派など、これら以外の宗教・宗派は非合法であるとされている）。ムスリムの間では、公式の法学派はジャアファリー派であるが、それ以外にハナフィー派、シャーフィイー派、マーリキー派、ハンバリー派、ザイディー派の五つの法学派も認められると憲法では宣言している。しかしながら、イランのイスラーム刑法や家族法は、司法府の手でジャアファリー法学派に基づき起草され、国会の承認を経て制定されており、実際上、行政的にも裁判所等の審理においても他の法学派の見解は認められていない。加えて、イランの非シーア派ムスリム（すなわちスンナ派ムスリム）は、ほぼ例外なくいずれかの非ペルシア語を母語とする言語/エスニック・マイノリティ（クルド、バルーチ、ターリシュなど）に帰属する者であるため、これらの範疇に分類される個々人は、宗派と言語の両側面において制度的な制約と統制の下に置かれることになる。したがって、現代イランの文脈では、逆説的であるが、イラン国内のスンナ派ムスリム（全体）や、スンナ派でバルーチ語を母語とする（イラン南東部のスィースターン・バルーチスターン州の）バルーチ族が、いわば「セクト」（ṭā'ifah）であるということになる。実際に、イラン南東部のバルーチスターンや西部国境沿いのコルディスターン州や西アーゼルバーイジャーン州で活動する民族解放運動やスンナ派イスラーム主義運動は、テヘランのイラン政府の視点からは、宗派主義（firqeh-gerā'ī）の産物であり、宗派主義を実践へ移している組織であるとみなされている。

（3）「宗派対立」の展開：宗派主義の政治社会学

冒頭で、「宗派の違い」と「宗派対立」の違い、つまり宗派の間に違いがあることと、社会的・政治的な対立が宗派間で起こることの間には重要な断絶があることを強調した。その一方で、政治的な対立や暴力的な紛争が、一九世紀後半のレバノン地域ですでにみられた通り、宗派集団およびその成員の間で、それぞれ目前の相手が対立する宗派へ帰属するか否かだけで殺害するかを判断するような形で起こることもある。このような現象を理解・説明するために政治社会学などで用いる道具が、上述の「宗派主義化（sectarianization）」という概念である。宗派主義化とは、「ある集団やそれに名目的に帰属する成員が宗派主義的態度をとるように仕向ける過程」を指す。社会現象としての宗派主義化が進むと何が変わるのか、あるいは変わりうるのであろうか。

まず、宗派主義化が進む背景について考えてみよう。最も頻繁に起こるのは、上からの（トップ・ダウン型の）働きかけである。ある文脈で、何らかの意味合いにおいてライバル（すなわち競合的な）関係にある二つの集団があるとしよう。その場合に、相対立する集団の指導部レベルにおいて、「政治的起業家（political entrepreneurs）」と呼ばれるシニカルで計算高い行動主体（例えば、一部の宗教指導者、民兵集団の司令官、地元の名望家や部族長など）が、自らの目的のために、その集団に名目的に帰属する成員の社会的属性としての宗派別の帰属意識を、都合のよいように操作する場合である。これはそのような「起業家」が政治的に台頭してくる際に利用されることもあり、すでに有力な地位に到達している「政治的起業家」が権力維持やその拡大のために、道具的に（すなわち純粋に手段として）宗派主義的なレトリックに訴えることもある。これは中東・イスラーム世界に限った現象ではなく（例えばインドのインド人民党〔ＢＪＰ〕の指導者がこの手段を多用してきたことはよく指摘される）、また宗派主義に限らず、「起業家」が帰属意識を操作する際に用いるレトリックの内容は、排外的なナショナリズムや反エリート型ポピュリズムであったりすることも少なくない。中東・イスラーム世界における近年の顕著な例としては、エジプト出身でカタルを本拠地にし、パン・アラブ衛星放送局での番組などを通じて活躍していた（スンナ派の）ムスリム同胞団系イスラーム学者のユーセフ・カラダーウィーが二〇一三年六月にテレビのインタビューで、シリア内戦にシリア政府側に立って介入していたレバノンの（シーア派）武装組織ヒズブッラーのことを、「神の党（ヒズブッラー）」ではなく、ムスリムの間に不和をまく「悪魔の党（ヒズブッシャイターン）」であると呼んだ例が挙げられる。これはカラダーウィー自身が、先にヒズブッラーのことを、反宗派主義的レトリックを用い擁護していたことから、その態度転換がひときわ目立つものであった。二〇〇六年のレバノン戦争時に、イスラエルの空爆に応戦するヒズブッラーの活躍がアラブ世界で注目を浴びていた際に、同組織をシーア派であるために支持することを禁じる訴えを行っていた別の（スンナ派）サラフィー主義イスラーム学者の「起業家」を強く批判した際の発言であった。

次に、上からの宗派主義的な働きかけがなされた場合の、末端の支持者の側の動きを考えてみよう。これまでの歴史学的および社会科学的な紛争研究の成果は、二つの対極的な対応がありうることを示している。まず、第一の場合として、末端の支持者のレベルにおいて、必ずしも政治的起業家の宗派主義的レトリックに心酔しているからではなく、紛争後の世渡り上の予期される損得を踏まえ、社会的属性上の帰属集団と同一行動をとる場合がある。例えば、二〇一一年以降のシリア内戦において、国家が規定する範疇においてスンナ派ムスリムに分類される市民が、自ら武器を手に取り、スンナ派イスラーム主義武装組織の側に立ち参戦したケースが、この例にあたる。社会学的な組織・集団コミットメント論ではこのような行動はサイドベット（念のため）型コミットメントと呼ばれる。

しかし、構図的に宗派主義化が進んだ内戦のような場合には、このようないわば打算の産物としての宗派主義的行動を超えた展開もみられる。例えば、末端の支持者のレベルにおいて、個々の個人的アイデンティティが溶滅し、それらの間で暴力的な紛争が発生している各々の帰属集団の（宗派主義化した）集団アイデンティティへと吸い込まれてしまう（あるいはそのような気にさせる）ケースもあるといわれている。このような事象は、社会学や社会人類学では、現象学的（phenomenological）な出来事であると説明されることがあり、例えば、一九九〇年代のボスニア内戦時に観察されたといわれている。ボスニア内戦では、三つ巴となった紛争において、それぞれの側において宗派・宗教とエスニック・アイデンティティが結びついた形で、紛争の構図が宗派主義／民族紛争化していた（すなわち「カトリックのクロアチア人」対「オーソドックスのセルビア人」対「ムスリムのボスニア人」の間の紛争と総括される展開となっていた）。このような、個々人の個別アイデンティティが滅失し、「我々」対「彼ら」という構図にすべてが収斂するようにみえてくる状態においては、自らの集団への帰属意識は「今」現在を超え、紛争の構図自体がその中にいる当事者の間でも「悠久の紛争」（あるいは「古代からの対立」）のようにみえてきてしまう。端的にいうと、このようなケースでは、過去の「我々」（先祖）と現在の「我々」の違いが滅失し、歴史的な損傷被害（例えば敗戦やその結果としての先祖の殺害や領土損失）の苦痛を自らのものとして感じてしまうようになるという。宗派間や民族間の暴力的紛争がとりわけ致死的になる場合に、それぞれの帰属集団の個々の当事者がこのような心理状態に陥っていることの影響が指摘される場合もある。近年の中東・イスラーム世界におけるこのような事例としては、アメリカの軍事侵攻を経て占領統治が続いていた二〇〇六〜〇八年頃のイラクにおいて、（非イラク人メンバーを多く含んでいた）スンナ派イスラーム主義組織等の先導（すなわち宗派主義的「起業家」による上述の道具的な上からの働きかけ）を受けて、スンナ派のイラク国民がシーア派のイラク国民を宗派主義色の濃い形で「敵視」し、お互いに武力行使を始めたケースが挙げられる。

最後に、社会科学的視座において、アイデンティティ・ポリティクス（帰属意識の政治）と呼ばれる事例を考えてみよう。これは、暴力的な内戦のような特別な状態でなく、通常の社会的・政治的状態においても頻繁にみられる事象である。どのような社会においても、名目的な社会集団（あるカテゴリーに含まれる個人の集合体）の間で一定のヒエラルキー（階層）化がみられることが多い。この場合の名目は、例えば「高学歴」や「医師」など、個人の努力により獲得されたものである場合もある。しかし、各個人が、出生時に決定され、変更の余地のない名目（例えばエスニシティや、中東・イスラーム世界の多くでは宗教や宗派など）で括られて、それらの名目的集団に社会的に優劣あるいは真偽の価値判断が付与されている場合（例えば事実上の「二級市民」扱いを受けているインドにおけるムスリム国民やイランにおける非ムスリム、スンナ派ムスリム国民や女性などのケース）に、その改編を求める政治活動のことを指している。宗派主義的な対立の構図が維持・再生産されている社会において、現状の改編や変化を求める運動の手段としてアイデンティティ・ポリティクスをどの程度活用できるかは、ケース・バイ・ケースであるといわざるをえない。なぜなら、現代の中東・イスラーム世界の文脈においては、上述の通り、宗派カテゴリー自体が国家により法制度で規定されていることが多く、政治体制がどの程度、社会運動や異議申し立ての政治の活動をその成員に許すか（つまりどの程度、国民の基本的権利が実践的なレベルで保障されているか）に依存するからである。

参考文献

菊地達也『イスラーム教「異端」と「正統」の思想史』講談社選書メチエ、二〇〇九年。

酒井啓子編『現代中東の宗派問題——政治対立の「宗派化」と「新冷戦」』晃洋書房、二〇一九年。

松永泰行「上からの宗派主義化への抵抗——シーア派宗教国家下におけるクルド系国民とサラフィー主義」酒井啓子編『現代中東の宗派問題——政治対立の「宗派化」と「新冷戦」』晃洋書房、二〇一九年。

Makdisi, Ussama, *The Culture of Sectarianism: Community, History, and Violence in Nineteenth-Century Ottoman Lebanon*, Berkeley: University of California Press, 2000.

コラム11　「アラブの春」と不安定化の拡散

小林　周

二〇一〇年末から二〇一一年にかけて、中東・北アフリカ諸国で反政府・民主化運動が連鎖的に発生した。いわゆる「アラブの春」である。この背景には、国民が抱えていた経済的不満（高い失業率、経済格差、物価の上昇）および政治的不満（長期の権威主義体制、軍や治安機関の横暴、表現や政治行動の制限）があるとされる。チュニジア、エジプト、リビア、イエメンでは政権が崩壊、その他の国でも憲法改正や政治制度の改革など、域内諸国の政治が大きく動揺した。

同時に、「アラブの春」は内戦や武力紛争ももたらした。リビアは政権と反体制派の衝突が内戦に発展した最初の国であるが、国連安全保障理事会による決議のもと多国籍軍による武力介入が行われ、カダフィ政権が崩壊した。また、シリア内戦は大規模な人道被害を招いており、諸外国の介入によって「国際紛争」の様相を呈している。イエメンではサーレハ大統領の退陣と政権交代自体は円滑に行われたものの、その後の政治プロセスにおいて国内諸勢力の対立が激化し、内戦状態に陥った。これら三カ国の内戦においては諸外国の軍事介入があからさまに行われ、「代理戦争」の舞台となり、国民の意思とは無関係に停戦や和平を妨げている。

二〇二〇年までに、「アラブの春」によって政権が崩壊したリビアのカダフィ指導者、イエメンのサーレハ大統領、チュニジアのベン・アリー大統領、エジプトのムバーラク大統領は、いずれも殺害されるか病死した。しかし、振り返ってみればこれらの国々のすべてで、「アラブの春」によって政治・経済・社会は混乱した。民主的な政治システムは容易に確立されず、一部の国ではより強権的な体制が生まれた。

まがりなりにも民主的な制度が定着したといえるのはチュニジアだけだが、経済成長や投資・雇用の促進といった課題が解決されない中で、政治的な不満が高まっている。同国ではインフレや増税が進んでおり、「アラブの春」の引き金となった国民の経済的苦境は解決されないどころか、一層深刻化している。このような状況下で、反政府運動の原動力となった若者たちは、改善されない政治・社会・経済システムへの不満を高め、一部では暴力やテロに引き寄せられていった。

「アラブの春」の重要な点は、政治や治安の不安定化が国境を越えて拡散し、連鎖したことである。中東・北アフリカ地域の多くの国で政治体制が動揺したことで、国境管理や治安維持機能が脆弱になった。これにより、

図１　リビア・トリポリ市内に掲げられた新しい国旗

過激主義組織や犯罪組織が国家の監視を受けずに移動・活動できる空間が、国境を越えて広がった。例えばリビアでは、内戦と諸外国の軍事介入によって大量の武器が流出した。これらの武器は中東・北アフリカだけでなくサブサハラ・アフリカ諸国に密輸され、武力紛争やテロ攻撃に使用された。例えば、二〇一一年以降のマリ北部におけるトゥアレグの武装蜂起やアル=カーイダ系勢力の台頭、邦人も犠牲となった二〇一三年のアルジェリア・イナメナスにおけるガス施設襲撃事件などでは、リビアから流出した武器が使用されたとみられている。

二〇一四年からはイラク・シリアやリビアを中心に、過激主義テロ組織「イスラーム国（ＩＳ）」が台頭した。ＩＳの台頭の背景には、「アラブの春」による中東・北アフリカ地域の不安定化、武器の拡散、国境管理の脆弱化、政治的混乱が指摘できる。実際に、政治変動が発生したほとんどの国でＩＳはテロ活動を実行し、特にイラク、シリア、リビアでは領域支配を行い、域内外から戦闘員を呼び寄せ、国際的な脅威となった。

また、「アラブの春」によって不安定化した国々は、移民・難民の送り出し国または経由国となり、中東・アフリカから欧州を目指す人々の移動が激増した。二〇一四年頃から「欧州難民危機」と呼ばれる、大量の移民・難民がＥＵ諸国に押し寄せ、政治的・社会的な混乱・変革が発生し、また大規模かつ広範囲な移動の途上で多くの人命が失われる状況が生まれた。欧州を目指して中東・北アフリカ諸国に密入国する移民・難民は武装勢力や犯罪組織の資金源となり、不安定化の負の連鎖が発生している。

二〇一九年以降、アルジェリアとスーダンにおいて長期政権が崩壊したほか、レバノンやイラク、イランでも全国規模の抗議運動が続いている。一部では、このような動きを「アラブの春2.0」として捉える向きもある。しかし、「アラブの春」以降の地域情勢を踏まえるならば、これらの国々における長期政権の崩壊や抗議運動を「民主化の進展」といった楽観的な構図だけで捉えることには弊害も多い。「長期政権の崩壊に伴う政治・治安の混乱」と「国境を越えた不安定化の拡散」という視点からの冷静な分析が求められる。

23

難民危機を振り返る――シリアの変貌と海を渡った人びと

錦田愛子

（1）長期化したシリア紛争と難民

シリアで戦闘が始まってから、二〇二一年で一〇年になる。紛争の多い中東でも、これだけ長い年数にわたり継続的に国が混乱に陥ることはあまり多くはない。一時期は連日のように日本でも報道されていたシリア情勢も、関心が薄れてしばらく経つ。ここでは本章執筆の時点までを振り返り、シリア紛争とそれがもたらした危機について概観してみたい。またその影響により、離散を余儀なくされたシリア難民の実情について、筆者自身による聞き取り調査を踏まえて論じ、その後の展開を素描する。人の移動が交錯する土地であったシリアから、どのようにして人は住み慣れた土地を離れる決断をしたのか。移動の過程でどのような経験をしたのか。難民危機と呼ばれて国際的に注目を集めた時期を経て、その後はどんな展開が起きているのか明らかにしたい。

二〇一一年にチュニジアで始まった「アラブの春」と呼ばれる抗議運動は、シリアにもすぐに波及し、またたく間に全土を巻き込む内戦へと発展していった。発端となったのは、同年三月にシリア南部の地方都市ダラアで、子どもの落書きに対して治安当局が過剰な暴力で応じ、大きく報じられたことだった。これに対する抗議行動は、長年のアサド政権による独裁政治への不満を勢いづけ、シリア各地で政治改革を求める市民運動が拡大することになった。先行するエジプトとチュニジアで、為政者があっけなく国外亡命したことが、運動の秘める可能性に強い期待を抱かせていた。

当初はシリアでも、抗議運動が早期に政権を崩壊させ、民主化へ向かうものと期待された。しかし実際には、軍や治安部隊による武力弾圧に抵抗する形で反体制派の武装化が進み、シリアは内戦状態に突入していった。在外シリア人の活動家や、それを支持する湾岸アラブ諸国やトルコなど諸外国が介入すると、戦闘は国際紛争としての性格を強めた。二〇一四年にイラクでイスラーム過激派組織「イスラーム国（ＩＳ）」が設立され、その攻勢がまたたく間に国境を越えると、シリアは対テロ戦争の戦場ともなり、紛争の構図はアサド政権と反体制諸派にＩＳを加えた「三つ巴」の戦局へと複雑さを増していった。

内戦の解決に向けては、二〇一四年以降、ジュネーブ・プロセスと呼ばれる和平協議の場が設けられたが、交渉は難航した。膠着状態に陥る戦況を動かしたのは、むしろアサド政権の要請を受けて軍事介入を開始したロシアだった。大規模な空爆によりＩＳやアル＝カーイダ系などイスラーム過激派は決定的な打撃を受け、二〇一六年にアレッポが、二〇一七年にラッカが陥落した。掃討作戦の過程で反体制諸派も劣勢に追い込まれ、アサド政権はシリアのほぼ全土を掌握し直すことに成功した。

こうした長期化した戦闘の過程で生まれたのが、シリア総人口（開戦前時点で約二〇八六万人）の過半数を占める難民および国内避難民である。戦闘を逃れて人々は移動を繰り返し、二〇一九年一二月時点でシリアからは約五六七万人の難民が、約六六〇万人の国内避難民が登録されている（ＵＮＨＣＲおよびトルコ政府による統計）。戦闘がイドリブ市周辺など局地的なものに収縮してきたことを受けて、その一部では帰還が始まっているものの、大半のシリア人はいまだに故郷から切り離されたままだ。

（2）紛争前のシリア

近年の状況について戦況の報道しか聞いたことのない若い世代にとっては、シリアといえばこうした戦闘や、難民、ＩＳによる暴力などのイメージしか湧かないかもしれない。しかし二〇一一年以前のシリアは、むしろ中東アラブ諸国の中では比較的安定した地域であった。経済的にも逼迫していたわけではなく、今のような混乱は想像だにできなかったことは、想起しておく必要がある。二〇一九年に来日したイドリブ出身の二〇代のシリア難民の男性は、東京での講演で「自分の国を出て、どこか他の国に住もうなどと、それ（紛争が起きる）までは考えたこともなかった」と述べていた。

シリアはまた、多くの観光客が訪れる歴史ある土地としても知られていた。シリア国内には、有名なパルミラ遺跡を含めて、六つの世界遺産がある（紛争を受けて二〇一三年以降はすべて、破壊される恐れのある「危機遺産」に登録されている）。その一つである登録都市ダマスカスには、ウマイヤ朝期（八世紀）に建てられた、世界最古のウマイヤ・モスクがある。それらはヨーロッパに現存する多くの建築物よりも古い歴史をもち、人類の文明の叡智を伝える存在だった。

日本人の間でもシリアは、バックパッカーなどが訪れる観光地として人気だった。また国際援助としてJICAは、シリアに水資源、電力、経済・産業振興などの分野で支援を提供し、青年海外協力隊を派遣していた。アラビア語を学ぶ大学生の多くは、エジプトと並ぶ留学先としてシリアを選び、年単位で滞在する者もいた。紛争後に新しく日本で立ち上げられたシリア支援NGOの多くは、かつてそうしてシリアへ派遣されたか、渡航した経験のある人々が中心となっている。

筆者自身も紛争が始まる前に、一度だけシリアへ行ったことがある。その年、二〇〇八年の夏は、イラク戦争後に始まった内戦や、レバノンとイスラエルの間での戦闘を受けて、周辺国からシリアに難民が集まって来ていた時期だった。ダマスカスの南にあるサイイダ・ザイナブ廟の近くを訪ねて行くと、シーア派ムスリムの三人の若者が気さくに話しかけてきた。彼らはレバノン南部からイスラエルの砲撃を逃れ、同じシーア派の集まるこの地区へ移動して来ていた。シリアでの生活に不自由はないようだった。近郊には一九四八年からパレスチナ難民を受け入れてきたヤルムーク難民キャンプもあり、同様に寛容な受け入れがされていたことが推察された。廟にはイランやバハレーンからの巡礼者の姿もみられ、近くの商店ではサウジアラビアから来たという少数派のシーア派の女性とも知り合い、しばらく立ち話に花が咲いた。

ダマスカスのハメディーヤ市場では、イラクのバスラから観光に来ていた男性に案内してもらって一緒に有名なアイスクリーム屋「バクダーシュ」に行った。とろろのように伸びる白い生地を練り、たっぷりピスタチオをまぶした独特のアイスクリームは、地元のアラブ人の間でも人気で、店は混雑していた。店内にはアサド大統領の写真が架かっていたが、特に政治的な雰囲気はなく、老若男女の客がのんびりと談笑していた。

こうした情景は、独裁体制下で政権批判に対する厳しい弾圧があった事実を否定するものではない。ただ紛争が始まる前のシリアでは、政権の意向に反しない限りは穏やかな日常生活が送られ、近隣アラブ諸国から巡礼や観光で人が集まり、難民を受け入れるほどの余裕があったこともまた別の側面なのである。

（3）危険な海を渡る難民たち

状況が変化したのは、二〇一一年の紛争以後だ。ドイツへ逃れてきた複数のシリア難民の話では、「アラブの春」開始当初、シリア国内ではまだ混乱は少なく、身の危険を感じるほどではなかったという。国外勢力の介入が本格化した二〇一三年頃から状況が悪化し、戦闘が激しくなったため、避難を模索し始めた。筆者がベルリンで会ったホムス出身の二〇代の女性も二〇一三年にシリアを離れている。彼女の話では、家を出ることを決めた最後の一週間は、砲撃が続き、危険で家から一歩も出られない状態だったという。戦闘のせいで送電が途絶え、暖房が効かない家の中で、靴下を四枚はいて、たくさん着込んで過ごした。「もうこのままではいられない」と思っていた時、政府軍と反政府勢力との間で束の間の停戦が成立し、住民が避難する時間がとられた。そのわずかな時間で荷物をまとめて、家族そろって家から脱出したという。

大半のシリア人は、はじめはシリア国内で自宅の近くの郊外へ避難したり、周辺国のレバノンやヨルダン、トルコに逃れたりした後しばらくして、次の段階としてヨーロッパへの移動を開始している。ホムス出身の女性も、自宅周辺が政府軍により制圧された後、一カ月ほどして一度家に戻っている。戦闘の危険はなくなっており、しばらく住んだがかつての日常を取り戻すことはすでに不可能だった。「こんなのは生活とはいえない」と感じるようになり、父がちょうど仕事で二週間ほどドイツに行く予定だったので、一緒にシリアを出ることにした。急に決めて、数日で家を出る用意をしたが、これでもうシリアに戻ることはないだろうと感じていたという。

同様の迷いと諦めを胸に、多くのシリア人が国を離れる決意をした。自力で移住先を探す旅は、時に命の危険を伴うものとなる。二〇一五年九月初めには、そうしたシリア難民の窮状を世界に広く印象づける事件が起きた。ギリシアを目指して母と兄とともにゴムボートに乗ったシリア人の三歳の少年が、水難事故で死亡したのだ。砂浜に打ち上げられた赤いTシャツのアーラーン・クルディー少年の遺体の写真は、世界中で報道されて反響を呼んだ。クルディー親子はトルコとの国境に近いシリアのアイン・アル＝アラブ（トルコ名称はコバニ）から戦闘を逃れ、トルコのボドルムを経由して、ギリシアのコス島へ向かう途中だった。

地中海を渡りヨーロッパを目指す難民の密航は、これが初めてだったわけではない。それ以前から何度も繰り返され、年間三〇〇〇人以上が命を落としてきた。多くの難民船が漂着するイタリアは、すでに二〇一三年の段階で、漂海難民を救助するためのマーレ・ノストロム作戦を展開し、一年で一六万人以上を保護した経験をもつ（八十田博人「地中海移民・難民対策をめぐるイタリア・EU間の論争」『日本EU学会年報』第三七号、二〇一七年、八二頁）。だが、クルディー少年の事件は、幼い命が奪われる悲劇を通して、遠い中東での紛争と目的地であったヨーロッパを結びつける役割を果たした。

シリアにおける人道危機を身近な存在として捉え直したヨーロッパ市民の間で、難民の受け入れ支援運動は一気に盛り上がりをみせた。難民キャンプを訪問したドイツのアンゲラ・メルケル首相は、事件の直前にはすでに「私たちにはできる」と発言し、ドイツでシリア難民を積極的に受け入れる意思を示していた。政治家による決意表明と、目的地となるヨーロッパ諸国での歓迎ムード、ＩＳの台頭によるシリア国内での戦闘の激化など条件が重なる。こうして起きたのが、欧州難民危機であった。

（4）難民危機とシリア難民

二〇一五年の夏から冬にかけて、トルコからギリシア、バルカン半島を通りＥＵ諸国を目指す東地中海ルートでは、シリアをはじめアフガニスタン、イラクなどから難民として受け入れを求める人々が毎日列をなして移動する光景がみられた。線路沿いを歩き、道中は野外で眠り、越境を試みる家族連れや若者の集団の姿は、世界中のマスメディアで連日報道された。彼らの目的地は、政治・経済的に安定しており比較的寛容な受け入れ制度で知られるドイツやスウェーデンだった。

ＥＵ二八カ国およびノルウェーとスイスに二〇一五年の一年間で出された庇護申請の数は、一三〇万人を超えた。これはそれ以前で最も移動が多かった冷戦崩壊後（一九九二年）の七〇万人の、倍近い数字であった（ピュー・リサーチ・センターによる二〇一六年の分析）。あまりに急増した難民への対応に追われ、ヨーロッパ諸国は文字通り「危機」的状況に陥った。通過されるバルカン半島の国では、混乱を回避しスムーズな移動を促すため、無料のバスで難民を次の国境まで送り届ける措置がとられた。特定の国に負担が集中しないため、ＥＵ諸国の間では難民の受け入れ人数について割り当てが協議された。しかし受け入れに消極的な東欧諸国はこれに反発し、ハンガリーやブルガリアでは国境を封鎖するため壁の建設を進め、国境警備に軍が投入された。

セルビアからハンガリーに入る国境は、特に警備が厳しかったという。二〇一五年にドイツに来たアレッポ出身の二〇代の男性は、その時の経験を昨日のことのように語った。彼らは橋を渡り、川〔ティサ川のことと思われる〕を越えてセルビアからハンガリーに入った。進むうちに少人数のグループに分かれて、彼らは草原に、別のグループは森の中に身を隠しながら進んだ。そのとき警察の車両が来て、車の後ろを開けると中から三匹の犬が飛び出してきた。咬まないように口輪はしているが敏捷な犬だった。犬は自分たちの脇を駆け抜けて、森に入っていった。すると森に隠れていたたくさんのシリア人が飛び出して、こちらへ走ってきた。犬を怖がり逃げ惑う人々を遠巻きにみていると、いきなり背後から警察が現れて首根っこをつかまれた。その後は拘束され、どこかの拘置所へ連れていかれたという。

ＥＵ圏内ではダブリン協定により、難民申請希望者が最初に入国した国で、難民申請の審査をしなければならないと定められている。その取り決めに基づき、ＥＵの「玄関口」にあたるギリシアやハンガリー、イタリアは難民の登録をして庇護申請手続きを行う義務を負う。だが難民の多くは、経済的に豊かなドイツなどへの移動を望んでおり、道中の他国で身元を把握されることをなんとかして避けようとする。受け入れる余裕のない南・東欧諸国もまた、彼らの身元を厳格に把握しようとはしない。アレッポ出身の男性は結局、ハンガリーでは登録をせずにオーストリアへ移動し、その後ドイツへ辿り着いた。

（5）行き場を失う人々

こうした大規模な人の移動は、しかし長続きはしなかった。シリア、イラクを拠点とするＩＳはこの時期、中東のみならずグローバルに活動を展開しており、ヨーロッパでもテロ事件が起きた。その実行犯の一部に庇護中請者が含まれていたことが報じられると、難民の存在はいっきに治安上のリスクとして捉えられるようになった（セキュリタイゼーション）。二〇一五年末にパリとブリュッセルで起きた同時多発テロ事件や、翌年にかけてケルンやニースで起きた市民を狙った事件は転機となった。ヨーロッパ諸国での難民受け入れ支援への熱意は急速に冷え込み、紛争の域外への波及をおさえ、中東域内での問題解決を望む声が次第に高まっていった。

その声を代表する形で、二〇一六年三月にメルケル首相が中心となり結ばれたのがEU-トルコ協定である。協定は難民の主な移動経路であったトルコ・ギリシア間で、不法移民を送還する方針を取り決めたものだった。別途でシリア難民の第三国定住を受け入れると合意はしたものの、実際に受け入れられた数は限られていた。その一方で、この協定の影響を受けて、トルコからギリシアを経由して自力で移動する難民の数はそれまでの二割程度にまで急減することになった。

リビア沖からヨーロッパを目指す南地中海ルートでの移動は、その後もしばらく続いたが、より長距離を渡る危険な航海から難民を救い、岸へ送り届ける役目を果たしてきたNGOの活動は、二〇一六年以降、厳しい取り締まりの対象となっていった。過去三年間で三万人以上の移民や難民を救ってきた船アクエリアス号も、二〇一八年には船籍を剝奪され運航休止に追い込まれた。救助活動を続けていた活動家ピア・クレンプらは、密航業者と協力して非合法移民を幇助したとしてイタリアで起訴され、一〇年以上の懲役刑を受ける可能性にさらされている。

シリア難民の受け入れに前向きだったドイツでは、移民排斥を主張する極右政党AfD（「ドイツのための選択肢」）が二〇一九年の欧州議会選挙や地方選挙で得票数を伸ばした。難民の受け入れに寛大な態度を示したメルケル首相は、その方針を後に転換したものの、結果的にCDU（キリスト教民主同盟）は連続して票を失うことになり、党首の辞任を決めた。他のEU諸国においても、移民や難民の受け入れに反対する右派政党は支持を伸ばしている。

難民危機でヨーロッパに移動したシリア人は、こうした変化を不安げに見守っている。彼らが与えられたのは難民としての暫定的な法的地位であり、永住権をもつわけではない。人道上の配慮は期待されるものの、滞在国政府の判断でいつシリアへ送り帰されるのか、怯えながら低姿勢を保つ日々が続く。そんな彼らから話を聞く中で、何度か耳にした「シリアはパレスチナ化する」という言葉が、筆者の印象に強く残っている。それは、シリア人が無事に帰還できるようになる日が、近い将来には来ないことを予見しているように聞こえた。彼らが「パレスチナ化」という言葉に込めたのは、紛争が泥沼化し、国内が分裂し、故郷に残してきた親族との分断が長期化すること、元住んでいたコミュニティが破壊され、二度と同じ状態に戻れないという暗い予測のことだったのではないか。彼らがシリアを、中東でも例の少ない長期化した紛争の代表例になぞらえている様子が窺われた。

他方で残された課題は、ISの元メンバーとしてシリア北東部の収容施設などに拘束されている外国人戦闘員の今後だ。全盛期のISは、その強烈な求心力で世界各地から参加者を惹きつけた。ロシアや、ウズベキスタン、インドネシア、タジキスタン、エジプト、そしてイラクなど、世界各地からイスラーム国に参加するために集まった戦闘員は、危険分子として送り出し国から帰国を望まれていない。だが永遠にシリアやイラクで収容し続けるわけにもいかない。多くの戦闘員が命を奪われる中で、彼らの残した孤児たちもまた、行き場を失っている。シリア北部の避難民キャンプなどに残された孤児たちは、戦闘が日常化したISの支配地域で育ち、今なお目にみえて心に傷を負っている子どもが多いという。それぞれの親の母国に受け入れてもらうのが理想的だが、シリア北部のクルド当局がこれまで繰り返し求めてきた、拘束中の外国人戦闘員らの帰国受け入れは、稀な事例を除けばほとんどが拒否されている。その中にこうした孤児たちも含まれているという。長期化した紛争は、多くの人々の人生に深い爪痕を残す。そこから新たな怒りや敵意が芽生える例もあることは、ＩＳの誕生自体が示している。まだ終わらないシリア紛争をどう終結させ、人々の行く先を定めるかに、今後の安定はかかっているといえるだろう。

参考文献

青山弘之『シリア情勢──終わらない人道危機』岩波新書、二〇一七年。

錦田愛子「なぜ中東から移民／難民が生まれるのか──シリア・イラク・パレスチナ難民をめぐる移動の変容と意識」『移民・ディアスポラ研究』第六号、二〇一七年。

パトリック・キングズレー（藤原朝子訳）『シリア難民──人類に突きつけられた二一世紀最悪の難問』ダイヤモンド社、二〇一六年。

24 「民主的」な中東を目指して——イスラームと民主主義

末近浩太

(1)「アラブの春」以後の民主主義の危機

二〇一〇年末から一一年にかけて起こった一般市民による非暴力の民主化運動、通称「アラブの春」をきっかけに、中東諸国では民主化の機運の高まりがみられた。しかし、それは文字通りの「春」の到来とはならず、むしろ、政治の不安定化をもたらすこととなった。シリア、イエメン、リビアでの紛争の勃発と泥沼化、そして、イランとサウジアラビアの対立に象徴される国家間の対立の激化——こうした不安定な状況下において、中東諸国では再び独裁政治が蔓延することとなり、「アラブの冬」と呼ぶべき厳しい季節の到来へとつながっていった。

このような「アラブの春」後の中東の状況を、米国の政治学者ネイサン・ブラウンは「非情な回文」——前から読んでも後ろから読んでも同じ文——と表現した。すなわち、「スィースィーかISか(Sisi or ISIS)」という権威主義と過激主義の二つの「主義」の台頭である。中東諸国で暴力と不寛容の空気が拡大することで民主化の機運は衰退し、その代わりに独裁者と「イスラーム国(IS)」に代表される過激派が政治を大きく左右するようになったのである(Brown, Nathan, *Arguing Islam after the Revival of Arab Politics*, London and New York: Oxford University Press, 2017)。

例えば、エジプトでは、「アラブの春」後に民主的に選ばれた政権が事実上のクーデタによって崩壊し、軍出身のスィースィー新大統領が率いる権威主義体制が誕生した。シリアでは、民主化を求めた一般市民を「テロリスト」として弾圧し続けてきたアサド大統領が、一〇年もの紛争の「勝者」としてその座に居座り続けていることとなった。また、一般市民が民主化の声をほとんど上げることのなかったサウジアラビアやアラブ首長国連邦（UAE）などの湾岸アラブ諸国は、「アラブの春」をほとんど「無風」で切り抜け、今日でも世襲君主を頂点とする権威主義体制が維持されたままである。そして、何よりも、こうした中東諸国における民主化の停滞や挫折に対して、欧米諸国を中心とした諸外国は黙認する立場をみせてきた。国際社会において、今や中東諸国の民主化を語る者はほとんどいない。

このような「アラブの春」後の権威主義の横行は、不安定化した政治の中から生まれた過激主義の存在と表裏一体の関係にある。本来であれば弾劾されるべき権威主義が黙認されたのは、それが過激主義の台頭を防ぐための「必要悪」とみなされてきたからである。過激派によるテロリズムは、それ自体が民主主義に反する行為であるが、それを取り締まる主体を自認する権威主義体制による一般市民に対する弾圧や抑圧も、民主主義を踏みにじる行為にほかならない。

こうして、権威主義と過激主義は表裏一体の関係を結びながら、中東諸国における民主化の機運をスポイルするようになった。一般市民は、今や権威主義と過激主義――「スィースィーかＩＳＩＳか」――のいずれかを消極的に選択しなくてはならない状況に置かれているのである。

（2）イスラーム主義者による民主化要求

二〇世紀初頭から半ばにかけての独立期以来、中東諸国は独裁政治の蔓延に悩まされてきた。そうした中で、一般市民の間には民主化要求が常に存在してきたことは想像に難くない。しかし、興味深いのは、多くの諸国でその民主化要求を一手に引き受けてきたのがイスラーム主義者であったという事実である。イスラーム主義とは、「宗教としてのイスラームへの信仰を思想的基盤とし、公的領域におけるイスラーム的価値の実現を求める政治的なイデオロギー」（末近 二〇一八）のことである。

民主主義が近代西洋に生まれた思想・制度であることを踏まえると、このイスラーム主義を掲げる人々が民主化要求の担い手であったという事実には違和感を覚えるかもしれない。しかし、中東諸国の歴史をその独立からみてみると、それがある種の必然であったことがわかる。

中東諸国は、イスラーム国家であったオスマン帝国（一二九九～一九二二年）の崩壊後、その版図を再編する形で成立した。それは、近代西洋で生まれた国民国家の仕組みが世界各地へ拡大していく現象の一環でもあり、統治の正統性（レジティマシー）の根拠がイスラームという宗教から新たに創出された国民国家――主権、国民、領土から成る――へと変化を余儀なくされる過程でもあった。そのため、これらの中東諸国の為政者たちは、イスラーム国家ではなく国民国家として自国を統治することが求められた。もし統治の正統性をイスラームに委ねると、自国と他国の区別が揺らいでしまうからである。言い換えれば、国民国家として成立した中東諸国は、イスラームと切り離された世俗的な国家としての存立が求められたのである。

例えば、イエメンを除くすべての湾岸アラブ諸国が世襲君主制を採用しているが、マッカ（メッカ）とマディーナ（メディナ）という二つの聖地の守護者を自認するサウジアラビアを除けば、いずれもイスラームに依拠しない統治を行ってきた。また、エジプト、チュニジア、イラク、アルジェリア、シリア、リビア、イエメンといった共和制の諸国は、そのすべてが軍出身の大統領によって統治される経験を有しており、そこでは、やはりイスラームは政治と切り離された。

だが、その一方で、こうした世俗国家ではなく、イスラームに基づく国家や社会の建設を目指す人々もいた。それが、イスラーム主義者である。イスラーム主義は、国民国家として誕生した中東諸国が独裁、低開発、内戦、戦争などの諸問題に直面する中、これらを根本的に解決するための処方箋――全く異なる政治体制の確立を目指すもの――として、一般市民の間で支持者を広げていった。

しかし、世襲君主にせよ、大統領にせよ、為政者からすれば、イスラーム主義者への支持者の拡大は、自らの地位を奪う、さらには、自国のあり方をも根本から変えてしまう脅威であった。そのため、彼らの台頭を防ぐために民主主義を停止するだけでなく、存在自体を非合法化し、軍や治安機関を通した監視や弾圧を強化した。その結果、世俗主義を掲げる独裁者とイスラーム主義を掲げる民主化勢力という対立構図が、多くの中東諸国の内側につくられていった。

民主化要求を掲げるイスラーム主義者の中でも特に強い影響力をもっていたのが、ムスリム同胞団であった。ムスリム同胞団は、一九二八年にエジプトで結成された世界初のイスラーム主義組織・運動であるが、現在では、多くのアラブ諸国に支部をもつまでに拡大している。ヨルダンやシリアの支部のようにムスリム同胞団を名乗る場合もあれば、ハマース（パレスチナ）、イラク・イスラーム党（イラク）、イスラーム集団（レバノン）などの異なる名称を用いる場合もある。ムスリム同胞団は、世俗主義を掲げる為政者に対して、イスラーム主義に基づいた異なる国家像を提示することで、多くの人々の支持を集めた。そして、権威主義体制下で政治的自由化や政治参加の拡大を訴える、民主化勢力の中心的な担い手となっていった。

とはいえ、イスラーム主義者による民主化要求が最初に実現したのは、ムスリム同胞団が影響力を拡大させていたアラブ諸国ではなく、イランであった。すなわち、一九七九年のイラン・イスラーム革命の成功である。急速な西洋的近代化とそれに対する異論を封じる独裁政治の蔓延を「反イスラーム的」であると断罪したイスラーム法学者ルーホッラー・ホメイニーを中心としたイスラーム主義勢力は、一般市民の支持を背景に革命を成功させ、イスラームの理念と近代西洋起源の共和制を合体させたイスラーム共和制という新しい政治体制を確立した。これは、イスラーム主義者による権威主義体制に対する最初の一撃となった。

その後、二〇一一年の「アラブの春」後には、エジプトとチュニジアで実施された国民議会選挙において、それぞれ自由公正党とナフダ党というムスリム同胞団系のイスラーム政党が与党となった。イスラーム政党とは、イスラーム的な価値に基づく政策の実現を目指して結成された政党のことである。「アラブの春」による民主化が実現したことで、権威主義体制下で民主化要求をしてきたイスラーム主義組織・運動が、合法的な政党として政治参加を果たすようになったのである。

(3) イスラームと民主主義という問題設定

このように、中東諸国においてイスラーム主義者が民主化要求の担い手であったという現実がある一方で、そもそもイスラームと民主主義は両立しうるのか、という疑問の声も少なくない。それは、中東諸国の一般市民のみならず、それを観察する側である研究者や政策決定者にもみられた。その背景には、端的にいえば、そもそも両者は異なる文明を発祥としているため調和が難しい、という根強い見方がある。

だが、それは本当だろうか。あるいは、どこまでが正しくて、どこからが正しくないのだろうか。

民主主義にも社会民主主義や自由民主主義など様々なバリエーションがあるが、米国の政治学者ロバート・ダールが主張した「ポリアーキー(多数による支配)」に象徴されるように、ある国家や社会の成員が集合的に意思決定をするべきだ、という規範が共有されているといえる。この民主主義の考え方が果たしてイスラームと調和しうるのかという疑問が顕在化したきっかけが、一九八〇年代末の冷戦の終結であった。東側(共産主義陣営)の崩壊の結果、西側が培ってきた民主主義が国際社会の普遍的価値とみなされるようになったからである。そこで、イスラームと民主主義の関係が問われるようになったのだが、その議論は「対立論」と「調和論」に二分された。

「対立論」は、政治学者や中東研究者によっても展開され、そこでは、イスラームの教えと歴史に根差した文化的要因、例えば、何世紀にもわたる専制支配の継続や政教分離の原則の不在などが民主主義との対立を生み出すと主張された。これを西洋文明とイスラーム文明の相克として論じたのが、「文明の衝突」論の主唱者であるサミュエル・ハンチントンであった（『文明の衝突（上・下）』（鈴木主税訳）集英社文庫、二〇一七年）。

このような「対立論」に対して、「調和論」を唱える論者も現れた。その主張の特徴は、イスラームには民主主義に通底する考え方（例えば、「合議」の教え）があるため、両者には矛盾はないというものであった（そして、その先には「イスラーム民主主義」の可能性があると語られた）。中東諸国の知識人の間でも「調和論」が主流となったが、しかしながら、彼らの中にも、イスラームにも「民主主義的な要素」があるため西洋的な民主主義を拒絶する立場もあれば、イスラームとの折り合いをつけながら西洋的な民主主義を推進するべきとする立場もあった。また、選挙に代表される民主主義の基礎となる制度だけを利用すべきとする限定的な立場をとる論者もいた（ただし、その場合、立法行為の是非をめぐっては、議員が実定法の制定の責任を負うとする立場と、法曹法としてのイスラーム法を重視する立場に分かれる）。

「対立論」と「調和論」の間の議論は、冷戦終結後の一九九〇年代に盛んになったが、これに伴い、権威主義体制に対峙してきたイスラーム主義者たちも自らの政治目標の中に積極的に「ディモクラティーヤ（民主主義）」の実現を掲げるようになった。こうして、名実ともに、イスラーム主義者は民主化要求の担い手としての自負をもつようになり、また、その主張を国内外へと発信し続けた。

(4) 当事者による試行錯誤を通じて

かつて、政治学者のホアン・リンスとアルフレッド・ステパンは、民主主義の定着とは、それが「街で唯一のルール」となることだと論じた。言い換えれば、それ以外の方法、とりわけ暴力による異論の封じ込めや抑圧をなくすことが民主主義の定着にとって不可欠となる。しかし、冒頭で述べたように、現在の中東諸国では、暴力の行使を厭わない二つの「主義」、すなわち、権威主義と過激主義が表裏一体となって政治を席巻し、民主主義の定着どころか民主主義への移行すらままならない状態を生み出している。

イスラーム主義組織・運動やイスラーム政党に共通してみられたのは、政治参加の仕組みとしての民主主義への親和性である。彼らは、自由で公正な選挙が行われている状態を民主主義が機能していると捉え、その選挙を通して国民の信託を仰ぐ手続きを経て、自らの政治理念の実践を追求していくという方法を採用した。そこには、イスラームと民主主義の相克は見当たらない。その意味では、中東諸国において、民主主義が「街で唯一のルール」になっていく上ではイスラームもイスラーム主義も障害になることはない。

しかしながら、イスラームと民主主義は常に調和するとは限らない、という現実も踏まえておく必要がある。イスラーム主義が掲げるイスラーム的価値の実現のための営為は、政治参加の段階から立法や行政の分野にまで及んできた時に、両者の関係には問題が生じる可能性がある。近代西洋を起源とする民主主義は、宗教の違いによって個人の自由や権利が制限されたりしてはならない、という自由主義に立脚しており、また、その根底には政教分離を是とする世俗主義を置いてきたからである。

イスラームには独特な政治に関する理念がある。ある人がイスラームを信じるということは、神からの啓示である聖典クルアーン（コーラン）の教えを信じることである。クルアーンには、信仰や儀礼だけではなく、政治や社会のあるべき姿も記されている。ムスリムである以上、クルアーンの教えを信じるが、その中の「政治的」な箇所だけは信じない、という姿勢は成立しえない。つまり、ムスリムは、自らの私的な生き方だけではなく、公的な政治や社会のあり方についてもイスラーム的な理想をもっている、ということになる。このことは、自由主義や世俗主義に「抵触」する。

この問題が、先に述べたイスラームと民主主義の「対立論」の根拠の一つであり、また、世俗主義を掲げる権威主義体制の方がイスラーム主義者による統治よりは望ましい、という見方につながっている。だが、イスラームを掲げているだけで政治参加の扉が閉ざされるというのならば、そのこと自体が民主主義の前提を自己否定していることになる。言い換えれば、あらゆる価値が等価として認められる多元主義を否定するものであり、ある国家や社会の成員が集合的に意思決定をするべきだという民主主義の規範にも反するものとなる。

異論をもつ者はゲームに参加する資格すらない、といった極論は、中東諸国だけでなく、民主主義の「先進国」を自認する欧米諸国、さらには、日本でも拡大しつつあり、「他者の尊重」という戦後世界の根本理念が揺らいでいる。しかし、少なくとも中東諸国においては、イスラーム主義者やそれを支持する人々が一定数存在する。米国の政治学者マーク・テスラーによる一連の世論調査結果の統計分析によると、調査対象となった中東諸国の六万人の実に五二%が「強い信仰をもった人々がより多く公職につくことが、自国にとって望ましい」と答えており、イスラーム的な規範が政治のあり方に反映することへの希望が少なからず存在していることが明らかになっている（Tessler, Mark, *Islam and Politics in the Middle East: Explaining the Views of Ordinary Citizens*, Bloomington, IN: Indiana University Press, 2015）。

だとすれば、「アラブの春」後の「非情な回文」を乗り越えるためには、民主主義だけでなくイスラーム主義の復権が不可欠になるだろう。彼らのゲームへの参加を可能とした上で、自由主義や世俗主義を絶対視することなく――むしろ、それを相対化し――宗教を含む様々な価値が等価として尊重される議論の場の整備を目指す必要がある。そして、この際は、宗教を自由主義や世俗主義とのゼロサムゲームの中で捉えることなく、その公的実践の「程度」や「解釈」を論点にしながら粘り強く議論し、より多くの人々の納得のいく政治を形づくっていくほかはないだろう。そして、こうした議論を通した合意形成においては、硬直した「主義」を振りかざすのではなく、異なる「主義」を掲げる人々の間の取引や歩み寄りが重要となる。

先に触れた政治学者のステパンは、宗教と自由主義・世俗主義の相克は国民国家につきまとう不可避の問題だとし、民主主義の下で両者が同時に繁栄できる条件として、フランス型の世俗主義――宗教と国家の完全な分離――の徹底よりも、「双子の寛容」が効果的であると論じた。「双子の寛容」とは、宗教と近代国家の制度的相違の度合いによって支えられ、宗教の国家に対する寛容（宗教が自らの教義に基づき国家の権威に挑戦しない）と、国家の宗教に対する寛容（国民の宗教的権利を国家が制限しない）によって生み出されるとされる（Stepan, Alfred, "Religion, Democracy, and the 'Twin Tolerations," *Journal of Democracy*, Vol. 11, October 2000）。

イスラームと民主主義の取引や歩み寄りが看取できる興味深い事例としては、イランのイスラーム共和制やトルコの公正発展党政権が挙げられる。前者は、イスラーム国家が民主主義を積極的に組み込んだ事例として、後者は、世俗主義に立脚する民主的な近代国家において擬似的なイスラーム政党が政権を獲得・運営している事例として、それぞれ異なるイスラームと民主主義の調和のあり方を示している。むろん、いずれも、欧米の規範的な民主主義の認識からは「逸脱」するものとしてみられがちであり、また実際に為政者への権力の集中や「反イスラーム的」とみなされた人々や組織・運動への抑圧的な政策――すなわち、イスラーム主義による独裁政治――などの諸問題を抱えている。しかし、それでもなお、「非情な回文」を脱して、中東諸国によりよい政治を実現するためには、こうした当事者による試行錯誤を繰り返していくしかないだろう。

民主主義のよいところは、「愚行権」が保証されていることである。やり直しを許すことができる懐の深さのことである。有権者は、選挙を通して政治運営を託す政権を選ぶ。その政権が期待されたパフォーマンスをみせることができなければ、次の選挙で別の政権を選び直せばよい。この繰り返しこそが、イスラームと民主主義をめぐる問題を解決するための最も現実的かつ「民主的」な方法なのかもしれない。

中東諸国の民主化、あるいは、民主主義とイスラームの関係をめぐる最適解は最初から決まっているわけではない。むろん、その先には、中東に自由主義や世俗主義が根づく可能性もあるが、いずれにしても、重要なのは、中東諸国の一般市民に自己決定の権利と機会を保証することであろう。権威主義を過激主義の抑止のための「必要悪」としてきた国際社会が、そんな懐の深さをみせることはできるだろうか。

参考文献

小杉泰『9・11以後のイスラーム政治』岩波書店、二〇一四年。

ジョン・エスポズィト／ジョン・ボル（宮原辰夫・大和隆介訳）『イスラームと民主主義』成文堂、二〇〇〇年。

末近浩太「イスラームとデモクラシーをめぐる議論」私市正年・浜中新吾・横田貴之編『中東・イスラーム研究概説――政治学・経済学・社会学・地域研究のテーマ』明石書店、二〇一七年。

末近浩太『イスラーム主義――もう一つの近代を構想する』岩波新書、二〇一八年。

末近浩太『中東政治入門』ちくま新書、二〇二〇年。

ファーティマ・メルニーシー（私市正年・ラトクリフ川政祥子訳）『イスラームと民主主義――近代性への怖れ』平凡社、二〇〇〇年。

コラム12　アラブ諸国民主化への道

飯塚正人

「アラブ諸国」と聞いて、民主主義を連想する日本人はまずいないだろう。実際、英国の研究所エコノミスト・インテリジェンス・ユニットが毎年発表している民主主義指数でも、二〇一九年に曲がりなりにも「民主主義」と評価されたのは五三位のチュニジア（「欠陥のある民主主義」）だけ。あとはモロッコ、レバノン、アルジェリアが辛うじて「混合体制」に分類されているものの、他の国々は例外なく「独裁体制」の評価を受けている。こうなると、日本人ばかりか世界中がアラブ諸国イコール独裁体制と考えていてもおかしくはない。

とはいえ、アラブ世界には不正や横暴に抗議して民衆が立ち上がり、時に武力に訴えてでも権力者を追い出してきた歴史がある。一九世紀から二〇世紀前半にかけて多くの地域がヨーロッパ列強の支配を受けるまでは戸籍の整備も不十分で、権力者が統治下にある人々を徹底的に監視するなど不可能だったこともあり、エジプトでもシリアでも民衆蜂起が繰り返された。しかるに二〇世紀半ば、「腐敗した王政の打倒」を掲げて軍事独裁政権を樹立したエジプトなどのアラブ民族主義陣営とサウジアラビアを中心とする王政諸国の対立が激化すると、大半のアラブ諸国では社会のあらゆる場所に諜報機関の監視の目が張り巡らされ、政治活動の自由など夢のまた夢となってしまったのである。

もちろん、こうして成立したアラブ諸国の独裁体制が複数政党制を認めなかったわけではない。例えばエジプトの場合、筆者が研究を始めた一九八〇年代にはすでにいくつかの野党が公認されており、圧倒的少数とはいえ人民議会（国会）の議席も獲得していた。八〇年代末のエジプトに長期滞在していた筆者は、政権交代の可能性など皆無であるにもかかわらず、野党として活動を続ける政治家たちこそ、民主化への希望なのではないかと勝手に思い込み、何人かの野党党首のもとに足繁く通ったものである。けれども、そうやっていちばん親しくなった自由党のムスタファー・カーミル・ムラード党首（一九二七～九八年）に聞かされた自由党創設の経緯は、筆者に自分の能天気さを教えるものでしかなかった。

同氏によれば、サダト大統領がイスラエルと平和条約を結んだ一九七九年以降、エジプトは米国から多額の経済援助を受けられることになったものの、米国は一党独裁国家に対する援助を禁じていたことから、準備のいいサダトは事前に、一九五二年のエジプト革命の同志だったムラード党首に野党の創設を頼んだのだという。アラブ諸国民主化への道ははるか遠いどころか、かけらも見えないことをまさにこの時、筆者は思い知らされたのだった。

それからおよそ二〇年が過ぎた二〇一一年。反政府デモと民衆蜂起をきっかけにチュニジア、エジプト、リビアの独裁政権を倒した「アラブの春」は世界に衝撃を与えたものの、その後の一〇年でアラブ諸国の民主化はむしろ後退してしまったようにみえる。シリア、リビア、イエメンでは「アラブの春」に端を発する内戦が続き、エジプトでは軍事クーデタで生まれた新政権が以前よりはるかに厳しい国民監視体制を敷いている。王政諸国の民主化はいっこうに進まず、希望がもてるのはチュニジアなど、ほんの数カ国だけといっていい。

こうした状況を目にするにつけ、思い出すのは二〇〇七年三月にスペイン・グラナダ郊外の自宅に招いてくれたジャズィーラテレビの記者タイスィル・アローニーが語った夢である。彼は二〇〇一年九月の米国同時多発テロ事件発生直後にオサーマ・ビンラーディンのインタビューに成功したことから、アル=カーイダとの関係を疑われ、証拠など何もなかったにもかかわらず二〇〇五年にスペインで有罪判決を受けた。以後は自宅に引きこもり、一切の取材を拒否していたところ、はるばる日本からやってきた大学教員には興味を抱いたらしく、短時間なら会ってもいいといってくれたのである。そして面会当日、二〇〇四年にはマドリードでも列車爆破テロが発生し、多くの犠牲者が出ていた中、スペインで暮らすムスリムの状況を手短に尋ねて辞そうとした筆者を「こっちの話だけ聞いて帰るのか。日本の民主主義の話を聞かせろよ」といって引き留めた彼は、今後はアラブ諸国の民主化に一生を捧げたいと熱っぽく語った。彼は二〇一二年に無罪判決を勝ち取ってドーハに移ったが、彼のように熱い想いで民主化を願うアラブ人がいる限り、いつか夢は叶うと筆者も信じたい。

図1　天使として描かれた「アラブの春」の殉教者
（カイロ，2011年，筆者撮影）
タハリール広場脇の旧 AUC（American University of Cairo）の壁に描かれていたもの。いまの軍事政権になって消されてしまった。

第Ⅴ部　文化・精神の扉

——イスラームからみる現代社会——

25 差異とともに生きる――イスラームにみる共生の知恵

東長　靖

（1）共生の多義性と多文化共生

わが国では一九八〇年代以降、共生に関する議論が盛んとなり、二〇〇〇年代以降には、行政においてもこの語が広く用いられるようになっている。厚生労働省は、「制度・分野ごとの『縦割り』や『支え手』『受け手』という関係を超えて、地域住民や地域の多様な主体が『我が事』として参画し、人と人、人と資源が世代や分野を超えて『丸ごと』つながることで、住民一人ひとりの暮らしと生きがい、地域をともに創っていく社会」としての「地域共生社会」という、地域コミュニティに焦点を合わせた政策を提言している（https://www.mhlw.go.jp/stf/newpage_00506.html）。他方、文部科学省は「共生社会」を謳うが、それは「これまで必ずしも十分に社会参加できるような環境になかった障害者等が、積極的に参加・貢献していくことができる社会。誰もが相互に人格と個性を尊重し支え合い、人々の多様な在り方を相互に認め合える全員参加型の社会」であるとされる（https://www.mext.go.jp/b_menu/shingi/chukyo/chukyo3/siryo/attach/1325884.htm）。ここでは、障害の問題が特にクローズアップされている。これに対して、総務省は「多文化共生」を推進しており、その定義は「国籍等の異なる人々が、互いの文化的差異を認め合い、対等な関係を築こうとしながら、地域社会の構成員として共に生きていくこと」となっている（https://www.soumu.go.jp/main_content/000718716.pdf）。ここでの力点は、国籍の相違である。

これらの概念に共通するのは、様々な差異を有する人々が、その「差異を認め合い」、なおかつ「対等な関係」を築きながら、ともに生きようとすることである。このように、もともと差異のある私たちがどのようにいっしょに生きていくのかを問うのが共生という概念であり、それはジェンダー、セクシュアリティや世代、病気、障害などのあらゆる差別を乗り越えようという動きとなって進展している。それらの諸問題のいくつかは、この第V部のほかの章で個別に触れられることになるだろう。

以下本章では、差異の中でも民族や言語、国籍など、特に宗教の違いによる差異を、イスラームおよびイスラーム世界の人々が、どのように考えてきたのかをみていきたい。前述の区分でいえば、多文化共生が本章の主たるターゲットとなる。現代のアラビア語で共生にあたる言葉はタアーユシュ（ta'āyush）であるが、この語も多文化共生とほぼ同じ意味内容を表している。

（2）イスラームにおける共存

「剣かコーランか」。西洋に古くからあるイスラームのイメージは、日本にも伝えられて、人口に膾炙している。「改宗か、しからずんば死か」というこの言葉は、イスラームに排他的・暴力的なイメージを与えてきた。そこで、クルアーン（コーラン）では、異教徒に対してどのようなスタンスをとっているのかを、まずはみてみよう（クルアーンの訳文は、『日亜対訳・注解　聖クルアーン』日本ムスリム協会、一九八二年によった）。

あなたは人々を、強いて信者にしようとするのか。（一〇章九九節）

誰でも望みのままに信仰させ、また（望みのままに）拒否させなさい。（一八章二九節）

こういった章句をみれば、イスラームが強制的な改宗に否定的なことは一目瞭然であろう。ほかの宗教の神々を崇拝している人々に関しても、

あなた方は、かれらがアッラーを差し置いて祈っているものを謗《そし》ってはならない。（六章一〇八節）

という言葉で、その神々を侮辱することを禁じている。また、

アッラーは、宗教上のことであなたがたに戦いを仕掛けたり、またあなたがたを家から追放しなかった者たちに親切を尽くし、公正に待遇することを禁じられない。アッラーは公正な者をお好みになられる。（六〇章八節）

という章句は、戦争を相手がしかけてこないならば、基本的には和平を推奨していることを示している。預言者ムハンマドは、六二二年にマッカ（メッカ）からマディーナ（メディナ）に移住するが、その際にマディーナの街で、マッカからのムスリムたちを迎えた人々との間に結んだ協約が、マディーナ憲章である。それをみると、マディーナの新改宗ムスリムたちばかりでなく、この街に住んでいるユダヤ教徒に対しても、一定の時限付きながら、それ以外には何らの制限なく、その信仰や財産を保障していることがわかる。

歴史を振り返ってみても、イスラームは異教徒の共同体との共存に長けていた。ごく初期から存在する制度に、ズィンマ制というものがある。ズィンマは「庇護・保護」という意味であり、ズィンマ制とは、ムスリムの支配下で、非ムスリムに一定の庇護・保護を与えた制度である。この制度の下で、ユダヤ教徒やキリスト教徒、ゾロアスター教徒などの異教徒は、生命・財産の安全および信仰の自由を保障されていた。ただしこの権利には義務が伴っていた。すなわち、ムスリムの支配に服従・協力することと、人頭税・地租を納めることである。

このズィンマ制は、一三〜二〇世紀の長きにわたって地中海世界に君臨したオスマン朝におけるミッレト制

となって受け継がれる。ミッレトは「共同体」を意味するが、ここで含意されていたのは宗教共同体であった。例えばユダヤ教徒の共同体、ギリシャ正教徒の共同体、セルビア正教徒の共同体、といった具合である。いってみればイスラーム国家にとって異分子である共同体に対して、一定の義務を課しつつも、十分な自治権を与えていたことは、極めて先進的であったといってよい。例えば同じ時代のキリスト教世界に暮らしたユダヤ教徒たちに比べて、イスラーム世界に暮らしたユダヤ教徒は、よほど生きやすかったはずである。

イスラームは古くから国際法を発展させ、世界を「イスラームの家」と「戦争の家」に分けた。例えば、ビザンツ帝国は「戦争の家」に属する。しかし、そこから当時のイスラーム国家にやってくる人々には、安全保障・保護（アマーン）が与えられ、生命・財産の安全が保障されるシステムが成立していた。さらに進んで、スンナ派四大法学派の一つであるシャーフィイー学派は、この二つの「家」の間に「和平の家」という領域を設定している。ここは、イスラーム国家と非イスラーム国家との間で和平条約が締結された友好的な領域だとしたのである。

このように法学理論上の整備がなされただけでなく、歴史的事実としても、例えばエルサレムは、宗教共同体ごとに四つの街区に分けられ、このように住み分けることを通して、住民は長い年月にわたって共存を果たしてきた。

しかし、イスラームが前近代にもっていたこの共存を、現代的な意味での「共生」と呼ぶことは難しいであろう。前近代の知恵としては、相異なる共同体間の「差異を認め」た上で、対立を回避し、和平に結びつけるのに成功したことは称賛に値するが、一定の義務を課したことにみられるように、その位置づけが「対等」なものだったとはいえないからである。その意味ではこれらの共存は、差別に基づく恩恵的共存だったといえるであろう。もっとも、前近代において、現代的な意味での共同体間の共生は、世界中のどこにも見出すことができないことは付け加えておかなくてはならない。

(3) スーフィズムにおける共生

前節で述べた共存は、イスラーム法に裏打ちされたものであった。イスラーム法が外面的にイスラームを担保するものだとすると、その内面的精神性を支えたものがスーフィズムである。(3)〜(5)では、このスーフィズムに焦点を合わせる。

今日のイスラーム世界は、過激で急進的なイスラーム主義の伸長に悩まされており、穏健イスラームを育てることによってこの問題に対処しようとする動きが、広くみられる。この穏健イスラームを構成する要素はいくつかあるが、スーフィズムはその一つである。本節では、インドネシアを例に、穏健イスラームの鼓吹と、その中でスーフィズムの果たす役割を考えてみたい。

インドネシア宗教省は近年、「信仰心の穏健化」というスローガンの下、穏健イスラームの育成に努めているが、そこでは次のようなことが語られる(https://kastara.id/13/09/2019/pentingnya-moderasi-beragama/)。

急進主義・過激主義・ヘイトスピーチ、そして信仰共同体間のひびの入った関係は、現在インドネシア国民が直面している問題である。それゆえ、この「信仰心の穏健化」中心プログラムの状態は、重要だと評価されるとともに、その〔問題の解決の〕契機を発見するだろう。(以下、〔 〕は筆者による補足。)

穏健化はまた私たちに、急進派と戦うのでなく、彼らを抱き留めること、守ること、〔彼らと〕友になることを私たちに課しているのである。

急進派と穏健派という国家の分断に際し、穏健派の立場から、急進派を抱き留め、守り、友になるという発言は、現代的な意味での共生概念にほぼ沿うものである。

イスラーム主義にスーフィズムを対置させる時、しばしば標榜されるのが、その寛容性・非暴力性である。「スーフィズム――現代における精神的オアシス」と題するインターネット上の記事は、次のように語る(https://www.nu.or.id/post/read/82776/tasawuf-oase-spiritualitas-di-zaman-modern)。

テロリズムの始まりは、怒り・怨恨・憎悪、そして他者に対して真っ赤に燃え盛る感情である。スーフィズムによれば、これは、私たちが避けなければならない内面的な病である。スーフィズムは、快楽主義・消費主義・物質主義・過激主義に陥りがちな現代人にとってのオアシスである。

同じ記事の中から、もう一カ所みてみよう。

テロリズムという病は、法学志向のイスラーム理解に由来している。「法学のみ〔が重要だ〕」というこういった人々の理解は、容易に過激化する。なぜならば、この法学では、白黒〔の区別を重視することだけ〕があるからである。それゆえ、ある人自身から過激主義の元を取り去るためのひとつの方法は、スーフィズムおよびスーフィー教団とバランスの取れた法学理解に基づくことである。

ここでは、法学の過度な強調こそが過激主義・急進主義につながること、それゆえスーフィズムが法学と補完的に働く必要のあることが語られている。

(4) 存在一性論にみる共生

次に、スーフィズムの中でも、より神秘主義哲学的要素の強い存在一性論をみてみよう。イブン・アラビー(一一六五~一二四〇年)という神秘家によって唱えられたこの論は、私たちの目にするこの世のありとあらゆるものを、「存在」と呼ばれる唯一絶対の実在の顕れであるとする。私たち人間も例外ではない。私というものは、独立した一個の人間として、他者とは相異なる、と考えるのが通常の考えである。それゆえにこそ、相異なる他者との間で齟齬が生じ、それが対立につながっていくのである。しかし存在一性論は、そういった一個の個体を想定すること自体が誤りだとする。私自身も、彼も、また私たちの間にあるモノも、すべては唯一絶対者の仮象的な顕れにすぎない。だとすれば、私と彼の間に生ずる対立も、私があると思っているだけで、根本に立ち返ってみれば、夢のような泡のようなものにすぎない。このような考えは、非常に抽象度の高いものではあるが、共生思想と親和性のあるものだといえよう。

ただし、この理論が現実の世界の中で、実際に共生に役立つかについては、留保をつけなければならないだろう。抽象度が高すぎるから実際の政治に応用できない、といっているのではない。むしろその逆で、この理論が実際に応用される時に、そこに「対等な関係」を損なうようなものが出てきてしまう可能性があるということなのである。

前述のオスマン朝は、一六世紀には世界帝国となるが、そこで一つの理論的支柱とされたのが、この存在一性論であった。オスマン帝国のスルタン、高官、知識人の多くが、この存在一性論を奉じていた。存在一性論は、一から多が生じ、逆に多は必ず一に戻っていくと考える。この下降と上昇の絶え間ない繰り返しがこの世の実相であり、オスマン帝国の統治もまた、この下降と上昇に基づいている。一から多への下降は、帝国でいえばスルタンから臣民への恩寵であり、多から一への上昇は臣民からスルタンへの忠誠だと考えることができる。上述したミッレト制にこと寄せていえば、ムスリム、ユダヤ教徒、ギリシャ正教徒、セルビア正教徒などと複数のミッレト（共同体）が帝国には存在するが、何教徒であっても、オスマン帝国臣民であることに変わりはなく、そこにはスルタンとの間の、恩寵と忠誠の関係が成立しうる。存在一性論は、このような帝国支配の構図を理論的に下支えしていた可能性を否定しえない。この支配が、優位と劣位にあるものの間に成立していることはいうまでもなく、もしそうだとすれば、現代的共生の重要な要素である「対等な関係」をここに見出すことは困難だろう。

（5）諸宗教の一致説にみる共生

その人が、ヒンドゥー教徒であれ、イスラム教徒であれ、キリスト教徒であれ、どのように生きてきたのか、ということが、その人の人生がまったく神のものであるかどうかを、証明するのです。

ムスリム、ゾロアスター教徒、キリスト教徒、外の形が何であれ、あなたは私たちの真の信仰（対象）なのです。

この二つの引用文は、非常によく似たことを語っている。いずれも、その人の外形的所属がどの宗教であれ、その内面的信仰は同じであると訴えている。実は、前者はマザー・テレサの発言であり、後者は一一世紀のスーフィー、バーバー・ターヒルの詩である。このように、諸宗教が究極的には一であるという考え方は、世界中に広くみることができる。

これをスーフィズムの思想の中で理論化したのが、諸宗教の一致説である。この理論は、しばしば前述の存在一性論と結びつけて語られる。この世にみられる多なる存在者のすべてが一なる絶対者の顕れであるならば、この世にある宗教すべても、また一つであるはずである。存在一性論を創唱したイブン・アラビーは、主著『叡智の台座』の中で次のように述べている（井筒俊彦〔仁子寿晴訳〕『スーフィズムと老荘思想——比較哲学試論上』慶應義塾大学出版会、二〇一九年）。

ある特定の宗教に絡めとられぬよう、他の宗教を不信仰として拒まぬよう気をつけよ。もしそうするなら〔つまり或る宗教に拘泥し、他の宗教を拒むなら〕、大きな恵みをもらいそこねるだろう。

一般に（「無知な者」に属す）ひとは、そのひとの主《しゅ》に関わる際、必ず特定の宗教に固執する。つねに己れの宗教信念を通して神へと遡り、その宗教的信念のなかで神を求める。そのひとの属する伝統的宗教で認められたかたちで神が己れ自身を顕すときにのみ、神と認める。だが、他の宗教の形態をとって神が己れ自身を顕現せしめるときには、神を受け入れることをにべもなく拒み、神から逃れ去る。

存在一性論の強い影響下に生きている現代の思想家たちの間でも、諸宗教は究極的には一つであるべきだし、実際に一つだという考え方がみられる。ただし、彼らは既存の宗教の教義や儀礼に関して、おおいに異なる見方をする二つのグループに分けられる。一方は、究極的真理の唯一性は認めつつも、これらの教義や儀礼の遵守は重要だとし、他方は、究極的真理こそが重要であり、教義や儀礼は打ち捨ててかまわないとする。後者においては、ムスリムであることすら、もはや重要ではない。興味深いことに、前者にはヨーロッパ人の改宗ムスリムが多く属し、後者には南アジアのネイティブ・ムスリムが多く属する。

存在一性論では、一と多の間の絶え間ない往還が基本となるが、このうち、一元化していく方向性をより強調するのか、それとも多元化していくそれをより強調するのかは、こと共生について論じる際には、重要な論点をはらんでいるように思われる。いずれの場合も、「差異」を認め合った上で、その一体化を図ろうとしている。ただ、もしかすると一元化の強調は、他者を共同体に同化させることに結びつきかねず、その場合には「対等な関係」を築くことは難しくなるのかもしれない。

最後に、諸宗教の一致と深く関わる事象として、相異なる宗教間の共生の実践について述べておきたい。南アジアでは、ヒンドゥー教徒がムスリムやキリスト教の聖者の墓廟に詣でたり、その逆にムスリムがヒンドゥー教やキリスト教の聖者の墓廟に詣でたり、さらにキリスト教徒がムスリムやヒンドゥー教の聖者の墓廟に詣でたり、ということが頻繁に行われている。こういう参詣を行う民衆は、存在一性論と諸宗教の一致説の、いずれの理論も学んだわけではないであろう。しかしおそらくは伝統として、無意識のうちに宗教間共生を行っているのである。

参考文献

志水宏吉ほか編『共生学宣言』大阪大学出版会、二〇二〇年。
東長靖／イディリス・ダニシマズ／藤井千晶編『イスラームの多文化共生の知恵――周縁イスラーム世界のスーフィズムに着目して』京都大学ケナン・リファーイー・スーフィズム研究センター、二〇二一年。
日独文化研究所編『共同研究　共生――そのエトス、パトス、ロゴス』こぶし書房、二〇二〇年。

コラム13　社会への奉仕者としてのスーフィー

ダニシマズ・イディリス

イスラーム神秘主義（スーフィズム）の目的は、神との合一であるとされている。それを目指すイスラーム神秘主義者（スーフィー）の日課には、神の名前を繰り返して唱えることのような宗教的な行為のほか、シャイフ（師匠）への侍奉（トルコ語ではヒズメット）も含まれる。修道場において行われる修行生活の末にシャイフの精神的な指導（ヒンマ）が得られれば、目標が達成されるという。

右記の教説は古典期のスーフィズムによくみられるものであるが、近代以降、用語の意味とスーフィーの活動の場に変化が起こっている。現代トルコは、そのような変化が観察できる地域の一つである。同国には、スーフィズムの改革を受容せざるをえなかった、という事情があった。それは、一九二五年のスーフィズム規制法令であるが、それによって、違法な存在へと貶められたスーフィーたちは、スーフィズムを合法な形で継続させるために、新たな仕組みを創出することを余儀なくされた。そのような革新的なスーフィズムを展開しているのが、ナクシュバンディー教団の支教団の一つ、ハーリディーイェの系統である。そもそも、開祖者のハーリド・バグダーディー（一七七九～一八二七年）も、スーフィズムに社会運動としての性格を付与した改革者として知られている。

スーフィズム禁止法に抵触しないそのようなスーフィーの団体は、トルコ語では「ジェマーアト」と総称されている。宗教的市民社会運動ともいえるジェマアートの一つに、ハーリディーイェ系統に属するイスケンデルパシャ教団がある。同教団は、現在、「良心の政党」という政党までもつほど影響力のあるグループになっているが、その変化は、現シャイフの父、エサッド・ジョシャン師（一九三八～二〇〇一年）のシャイフ任期中に起こった。同教団は、ジョシャン師が一九七七年にシャイフの位を受け継ぐまでは、イスケンデルパシャ・モスク（在イスタンブール）を囲む小さな共同体にすぎなかった。しかし、同師が没する二〇〇一年には、この教団は、学校・学生寮・病院・メディア・印刷会社等、多様な業態に広がる宗教社会運動に変身していた。

ジョシャン師の成功の裏には、スーフィズム思想を現代社会のニーズに応じるような形で解釈し直すことによって、教団の活動範囲を大衆が必要とする分野に拡大したことがある。例えば、上記のヒズメットという語は、一九九三～九五年の説教を集めた『宝石の輝き』の第一巻において、「師匠への侍奉」として説明されているが、教団の月刊誌『イスラーム』の記事等においては、「社会への奉仕」の意味で捉え直されている。同誌の一九九八年の「起きて、ヒズメットに駆けつけよう」という論説では、「イスラームへの奉仕は、各ムスリムの義務である」と述べ、「ヒズメット」を普遍的な義務として解釈し直している。また、女性向け月刊誌『女性と家庭』の「緊急で新たなヒズメット」という記事においては、女性向け学生寮の設置に対する支援について「イスラーム的奉仕に新たな分野を拓こう」と述べられ、学生寮の建設事業も「ヒズメット」と呼ばれている。このような変化は、もう一つの概念である「ヒンマ」においても確認できる。例えば、同じく『イスラーム』誌の一九八四年の一〇月号に掲載の「ヒンマを高くして」という記事において、古典期にはシャイフの聖なる力という意味であった「ヒンマ」に、「財産の寄付」という要素が追加されているのがわかる。

同様の傾向は、ハーリディーイェ系統のもう一つの運動、「光の運動」においてもみられる。同運動の創立者のサイド・ヌルスィー師（一八七八～一九六〇年）は、ハーリド・バグダーディーの後継者であることを宣言しながらも、自らは「シャイフ」を名乗ることをせず、代わりに、自著『光の書』を中心に置いた新しい組織モデルを導入した。ヌルスィー師の没後、運動は、弟子たちによっていくつかの支団体に分かれて継続された。それらの支団体の一つの信奉者であったフェトフッラー・ギュレン師は、ヌルスィー師の思想を認めながらも、実践のあり方に納得せず、独立した運動を始め、その名として、ヌルスィー師の社会運動の理念がまとめられた『奉仕ガイド』という著作にちなんで、「奉仕運動」を好んだ。その名に象徴的に表されているように、同師も、『心のエメラルド色の丘をはじめとする著作の中で、スーフィズム用語を社会的運動への支持を促すような形で解釈し直して、多様な分野において実践している。

現代トルコでは、修道場において個人的修行に励んで神に近づこうとするスーフィーから、社会のために奉仕することによって神の満悦を得ようとするスーフィーへと変化が起こっているといえる。今後もこの現象の動向からは目を離せない。

26 現代医学に挑戦するイスラーム法——生命倫理と信仰

森　伸生

（1）生命科学とイスラームの世界観・死生観

現代の科学技術の発展は人々の生活を豊かにし、利便性を与えてきたが、一方では、技術革新によって巨大化した人間の生産活動は自然破壊や地球温暖化などの不安材料を生み出している。さらに、生命科学の進歩によってもたらされた成果に対する倫理的対応を問わざるをえなくなっている。生命科学での成果として、人間の「誕生」から「死」に関わる様々な技術が挙げられる。例えば、人間の誕生では人工授精、体外受精など、難病治療では臓器移植などであり、死に関することでは終末期医療、脳死、安楽死などがある。そのような医療技術の利用などに関する規範として、「生命倫理」が一学問として研究されてきた。この問題に直面する社会は、最先端の生命科学の医療技術を人間生活の規範と調和させうる生命倫理のあり方を求めていくことになる。

イスラーム世界ではこのような生命科学の成果にどのように対応しているのであろうか。それを考察するにはイスラーム信徒（ムスリム）の世界観、人生観、死生観の基となるイスラーム信仰を理解する必要があるだろう。ムスリムは、アッラーが天地の万物の創造主であり、この世はアッラーの意志によって万物が動き、アッラーがこの世つまり現世および来世を創造していると信じている。人間もアッラーの被造物の一つにすぎない存在であり、人間の誕生から死まで、そして来世での復活とその後の行く末（天国、地獄）までのすべてがアッラーの意志によって定められていると信じている。

そこで、ムスリムにとって重要なことは、人が与えられた生をいかにアッラーの意志に沿って全うするかである。それゆえに、人生に起こる諸事に対する判断はアッラーの言葉である「クルアーン（コーラン）」とそれを伝えた預言者ムハンマドの言行「スンナ」（スンナの伝承を「ハディース」という）から得ることになる。

イスラームでは、個人のみならず、社会全体の行動規範となるクルアーンとスンナから導き出されたシャリーア（イスラーム法）が存在する。ムスリムにとってシャリーアを遵守することは信仰の体現である。行為や事物がシャリーアに則しているか否かわからない場合には、イスラーム法学者に判断を委ねる。これに対してイスラーム法学者側はシャリーアを基に回答（イスラーム法的見解）を出していく。その回答はファトワーと呼ばれている。シャリーアには目的があり、それは「宗教、生命、知性、子孫、財産」の保全である。イスラーム法学者はこのシャリーアの目的を基本としてイスラーム法的見解を出すが、その周辺情報や学派、宗派によって解釈が異なり、見解に差異が出ることがある。各宗派の一般信徒にとっては、各宗派内のどの見解を実行するにしても、信仰に基づいた行動として受け入れることになる。

生命科学のような新たな事象に対してもイスラームではクルアーンとスンナからイスラーム法的見解を出すことになる。まずは生命科学の分野で誕生に関することからみていく。

（2）人間に魂が宿る時期を重視するイスラーム解釈

人間の誕生について、イスラームではどのように考えているのか。

預言者のハディースに「あなた方の誰でもそうだが、母親の胎内で四〇日間でその組織が集められ、その後同様の日数で凝血となる。それから同様にして肉塊となる。そして天使が遣わされてそれに魂を吹き込む。それで天使は四つの言葉（を書くこと）を命ぜられる。それは胎児の生計と寿命と行為と幸不幸を書き留めて決定することである」(磯崎ほか訳 二〇〇一:五七〇)とある。ここで明らかなことは、人間は受精してから一二〇日後に、魂が吹き込まれ人間になるということである。このことはイスラーム法学者の生命科学における判断の基準になっている。

そこで、まずは計画出産を考えている夫婦の避妊についてイスラーム法学者たちの見解をみてみよう。エジプトにあるイスラームの知の最高学府アズハルは、元アズハル総長ガードルハック師(一九一七〜九六年)の見解(一九七九年二月一一日付)をアズハル専用ウェブサイト(dar-alifta.org.eg)にて示している。その中で、同師は避妊について問題ないとし、預言者の教友が妊娠を恐れて行った「性交の中断」について、預言者がそれを容認したことを根拠にしている。ただし、夫婦がその行為を承認していることが前提となるとした。許容される避妊は一時的措置であり、永久的な不妊措置はアッラーの恩恵を完全に拒否することになるので、容認されない。しかし、妊娠することが妻に重い健康的被害をもたらすことが明らかな場合を除くとした。

一方で、不妊症に悩む夫婦もいる。彼らにとって、現在では不妊治療として人工受胎(人工授精、体外受精)の方法が提供されている。この方法については、イスラーム法学者間でも容認されているが、スンナ派では夫婦間の治療によることが条件となる。夫以外の精子を使用することは姦通になるとの意見が出ている。姦通の定義は夫婦以外の性行為となるが、ここでは直接的な肉体的接触は生じないが結果として夫婦以外の子どもが生まれることになるので、姦通とみなしている。そこには姦通を禁じる意図、つまり子孫(血統)を守る目的が重視されている。

シーア派においても、基本的に同様の見解であるが、一部学者間で意見の違いが出ている。ここでは著名なシーア派学者三名を取り上げ、それぞれの公式ウェブサイトから見解をみてみる。レバノンの最高位法学者ムハンマド・フサイン・ファドルッラー師(一九三五〜二〇一〇年)(arabic.bayynat.org.)、イラクの最高位法学者アリー・スィースターニー師（一九三〇年～）（www.sistani.org）、イランの最高指導者アリー・ハーメネイー師（一九三九年～）（www.leader.ir）であるが、特徴的な事例だけを挙げる。

ファドルッラー師は夫の精子と妻以外の卵子による体外受精後の受精卵を妻の胎内に移すことは、夫が受精期間中に卵子提供者と婚姻するならば容認されるとした。ここでは、姦通の疑義を払拭するためにシーア派独特の一時婚制度を利用することで可能としていると考えられる。スィースターニー師とハーメネイー師も上記の場合を容認しているが、一時婚を求めていない。両師は肉体的接触のない人工受胎には姦通の疑義がないと判断したのであろう。さらに、ハーメネイー師だけは人工授精で夫以外の精子を使用することも許可した。この場合、父親は精子提供者となる。

子どもを授かる最後の手段として代理母があるが、それについては、スンナ派は認めていない。シーア派では意見が分かれており、婚姻関係を重視するファドルッラー師は代理母を認めておらず、スィースターニー師は一部特殊なケースは認めるが否定的であり、ハーメネイー師は完全に認めている。ハーメネイー師の判断はシーア派独特の法解釈やイランの人口増加を意図した結果とみられている。

人工受胎における親子関係は、スンナ派においては母親は出産した女性である。その根拠にクルアーンの一節「母は彼らを産んだ者以外にはいないのである」（五八章二節）が示されている。シーア派においては上記の複雑な組み合わせも可能な形で人工受胎が容認された結果、母子関係は卵子の所有者によって確定することになる。それは親子関係や遺産相続問題が起こる原因ともなりうる。ゆえに、シーア派社会の中でもハーメネイー師の斬新な見解が一般化していくことはなく、同師による提供精子容認の見解はイランの議会で二〇〇三年に否定されている。しかし、この見解を利用して、シーア派社会の中で富裕層が提供卵子、精子を求めて可能な国へ移動することもある。この事態の継続はイスラームの基本的理念を変えることにもなりかねない。

次に人工妊娠中絶についてのイスラームの考え方をみることにする。

アズハルのファトワー委員会は一般市民からの受精後一二〇日後における人工妊娠中絶についての質問に答える形で次のような見解（二〇一四年四月二〇日付）を発表している。

イスラーム法学者たちは、胎児は一二〇日経ったならば、魂が吹き込まれる時期であり、人工妊娠中絶はハラーム（禁止）であることに合意している。クルアーンの「正当な理由による以外は、アッラーが尊いものとされた生命を奪ってはならない」（一七章三三節）を根拠としている。胎児が一二〇日以前ならば、イスラーム法学者たちの見解は異なり、中絶を無条件に容認する学者、忌避する学者、重大な理由で容認する学者などに分かれている。そこで、アズハルでは、人工妊娠中絶は受精後一二〇日前であっても、基本的に禁止とした。しかし、イスラーム法的な緊急事態（ダルーラ）がある場合、例えば、医師が母親の生命に危険があると判断したならば、母親の生命を救うために中絶が許される。母親の生命がまだ定着していない胎児の生命に優先した結果である。アズハルの見解は特別な状態を除いて、胎児は魂が宿っていなくても、人間の誕生する根源である意識をもつことの重要性を示したことになる。

（3）臓器移植医療と幹細胞研究におけるイスラーム法的見解

世界で臓器に疾患のある人々は臓器移植技術の進歩に多くの希望を見出していた。しかし、イスラーム世界では、臓器移植について長い間禁じられていた。その理由として、人間の身体はアッラーが創ったものであり、アッラーの所有物であるとされているからである。その身体を他人の身体に移すことはクルアーンの教えに反すると考えられてきた。エジプトの説教師として著名なイスラーム法学者シャアラーウィー師（一九一一〜九八年）も生前、同様の理由で臓器移植の禁止を強く主張していた一人である。

アズハルにおいても、一九七〇年代からイスラーム法学者と医師の間で、臓器移植について激しい論争が続いていた。その長い論争の末に、一九九八年、アズハルでは臓器移植に関するイスラーム法的見解を出し、臓器を移植してもクルアーンの教えに背かないとの判断を下した。その見解を踏襲する形で当時のエジプトの大ムフティー（最高イスラーム法官）アリー・ジュムア師がアズハルのウェブサイトで臓器移植について法的見解（二〇〇三年一〇月二二日付）を出している。その内容は、臓器移植が人間の病を治療する一つの方法であり、その許可にあたり厳しい条件があることを示した。生体から生体への移植に関する条件は六つある。①臓器移植が患者にとって絶対的に必要であること、②臓器移植に関していかなる対価があってもならない、③移植臓器が血統（遺伝子）を混乱させないこと、④親族からの移植であること、⑤臓器提供者にいかなる障害も起こってはならないこと、⑥臓器移植手術前に上記の条件内容を確認した文書が患者、臓器提供者、および最低三名の医師委員会によって作成されることである。

遺体から生体への臓器移植に関しても、上記の前段三条件のほかに、提供者の死がイスラーム法的に完全な死であること、死者が生前に臓器提供の意思表明を残しておくことを追加した。

一方で、臓器移植を認めた学者の中には、遺体からの臓器摘出は控えるべきだとする見解をもつ者がいる。それは死者に対する敬意であり、遺体への乱暴を避けるためであるとしている。ハディースの「死体の骨を折ることは生きている者の骨を折ることと同じである」（アフマド・イブン・ハンバル、アブー・ダーウード、イブン・マージャの伝えるハディース）を根拠としている。

次に、移植に必要な部分を製造する研究として幹細胞研究が進められているので、ここでそれに関するイスラーム法的見解をみてみる。

まず、幹細胞研究について、イスラーム法学者たちはその目的が病の根治であり、人間の苦難の排除であることから、その研究を許容している。研究対象の幹細胞には二通りがある。一つは組織幹細胞（または成体幹細胞）である。それは「皮膚や血液のように、きまった組織や臓器で、消えた細胞のかわりを造り続けている幹細胞」である。もう一つが胚性幹細胞（ES細胞）である。それは「受精卵後、胚盤胞の段階に発生した胚（内部細胞塊）より分離され、株化された幹細胞」である。

組織幹細胞の利用についてはイスラーム学者の間で許容の合意ができている。胎盤、臍帯、羊水から幹細胞を採取すること、それを治療に使用することも許可されている。

次に、ES細胞の活用であるが、イスラーム学者たちの間では、ES細胞の製造において人間の胚を使うことが問題となる。人間の胚は受精卵から取り出すことになるので、受精卵を破壊することになる。これも人工中絶の場合と同様の問題意識で、胚をどの段階から人間とみなすかである。それは魂が吹き込まれる一二〇日後からと考え、受精卵からES細胞採取は許容されると主張する法学者たちが大半を占めている。しかし、受精卵の取得方法が合法的なものでなくてはならない。合法的なものとして、母親の母体を守るための人工妊娠中絶による胚、自然流産による胚、体外受精の余剰受精卵などが挙げられる。これには、当然母親の許可が必要である。以上のような見解は、アズハル（二〇一五年九月二〇日付）やマッカにある世界イスラーム連盟のイスラーム法学アカデミー（二〇一二年一二月一七日付）から出ている。

一方で、一部の法学者においては、体外受精の余剰受精卵からのES細胞の利用は、たとえ一二〇日以前の胚であったとしても、それは人間として成長する根源であるので、容認できないとしている。

以上のような基本的な解釈をもって、現在も進められている幹細胞研究について判断が下されることになる。

（4）死の定義の変化に向き合うイスラーム

イスラームにおいて死は現世から来世への通過点にすぎない。死は魂が肉体から引き離されることで起きるが、それがいつ起こるかはアッラーのみが知ることである。

先に示した遺体からの臓器移植については、死に関する問題が出てくる。死の確定について、過去における医師の判断と現代の医師の判断は変化している。その一つが脳死状態であり、それについてもイスラーム法学者の間で見解が分かれている。

脳死否定派の見解として、ここでは、ガードルハック師のものを取り上げる。同師は、アズハル総長時代の一九九五年九月一一日付けエジプトの新聞『アフラーム』に「死は身体のすべての器官で生命の現象が停止することによって、起こるのである」との論説を発表した。同師の見解では、心臓が停止しない限りは人の死ではないとし、心臓・肝臓などの移植は現実には不可能となる。これは伝統的なイスラーム法学者の代表的な見解である。このガードルハック師の否定論は実は、当時のアズハル総長タンターウィー師（一九二八～二〇一〇年）の脳死肯定論に対する反論であった。

脳死肯定派の見解は次の通りである。タンターウィー師は一九九五年八月四日付け『アフラーム』に、病気、事故による脳死の遺体から肝臓を必要としている病人への肝臓の移植を許容したイスラーム法的見解を発表した。脳死は、専門医師数人が決定した結果であり、たとえ、心臓が鼓動していても、この鼓動は生命維持装置によって起こっていることであり、装置の停止によって、すべての器官が停止することになるとした。

すでに、医療技術の進歩に応じたイスラーム法的な見解は一九八〇年代半ばから度々出されている。例えば、ヨルダンで開催された第三回イスラーム法学アカデミーの見解（一九八六年一〇月一六日付）、マッカで開催された第一〇回世界イスラーム連盟イスラーム法学アカデミーの見解（一九八九年一月二八日付）などであり、脳死を認めている。それは医学的な脳死の定義をイスラーム法的に受け入れることである。これにより、脳死状態の身体からの臓器移植の門が開いたのである。

次に安楽死について考えてみる。安楽死には二通りがあり、積極的安楽死と消極的安楽死である。積極的安楽死とは、回復の見込みがなく、苦痛の激しい末期の傷病者に対して、本人の意思に基づき、薬物を投与するなどして人為的に死を迎えさせることである。これについてはイスラーム法学者たちの間では認められていない。それはイスラームが禁じた自死であり、大罪であるとした。

一方、消極的安楽死は、回復の見込みがない傷病者に対して、本人のリヴィング・ウィル（生前の意思）に基づき、人工呼吸器や点滴などの生命維持装置を外し、人工的な延命措置を中止して、寿命が尽きた時に自然な死を迎えさせることと一般的に理解されている。これに対して、イスラーム法学者の見解は先に脳死に関して示したように、複数の専門医によって患者の蘇生の可能性が全くない状態と判断された場合には、生命維持装置の取り外しが可能とされている。すでにサウジアラビアのイフター・イスラーム研究常任委員会が一九八九年一月二八日にイスラーム法的見解を出している。この判断には、本人のリヴィング・ウィルがなくても、医師の判断によって行われることが示されている。

（5）アッラーの代理人としてのムスリム人生

預言者の言葉に「知的探求はすべてのムスリムにとって義務である」（イブン・マージャの伝えるハディース）とあり、生命科学の探求もイスラームの推奨するところである。その成果の活用については上記に示したようにイスラーム法学者間で賛否両論の見解がある。その否定的見解は少数派とはいえ、知見の活用の行き過ぎに歯止めをかける重要な役割を果たしている。

そこで最後に、治療技術の利用についてイスラームの基本的な理解を考える。病気と治療については、イスラーム法学者の間で、治療推奨と治療拒否の二通りの意見に分かれている。

治療推奨派はアッラーから与えられた生命をより大切にするためであり、ハディースの「どのような病にも薬はある。それ故、その病に合った薬が用いられれば、至高偉大なアッラーのお許しで癒える」（磯崎ほか訳 二〇〇一：二五八）を根拠としている。

治療拒否派は、病苦をアッラーから与えられた試練として受け止めている。ハディースの「預言者は『ムスリムを襲う疲労、病気、悲嘆、苦痛、はてはトゲの一刺しにいたるまで、アッラーはそれらによって彼の過ちの一部を赦される』と言われた」（牧野訳 二〇〇一：二一三）を根拠としている。どちらとも、預言者の教えであり、その根底には真の治癒者はアッラーであることの確信がある。ムスリムはその確信の下に、自分の環境に応じた見解を選んでいく。

生命に関わる問題についてイスラーム法学者がそれぞれの見解を出す場合にも、その根底にあるのは創造主アッラーによってすべての人間が来世で復活する信仰である（クルアーン四五章二六節参照）。どの見解も来世で報奨を得るために現世における生を極限までアッラーに忠実に生きることを求めてのことである。その一つの方向性が現代医学の治療にて得た生を追求することによってアッラーからの報奨を得ることであり、もう一つの方向性は、アッラーの与えた自然の摂理に従い、生を全うし、アッラーからの報奨を求めるのである。どちらとも来世での報奨を求めての解釈であり、一般信徒にとっては、そのどちらを選択しても報奨を得られることになる。

生命倫理はイスラームから考えるならば、他の事象と同様にクルアーンとスンナから対応を判断し、人間が創造された責任をシャリーアの目的実践で果たすことである。ムスリムにとって、人間はアッラーの代理人として大地に創造されたのであり（クルアーン二章三〇節参照）、大地にあるすべてを管理、保全する役割を負わされている存在であることを自覚することが重要となる。

参考文献

日本ムスリム協会訳『日亜対訳・註解　聖クルアーン』日本ムスリム協会、二〇〇九年。

村上薫編『不妊治療の時代の中東――家族をつくる、家族を生きる』アジア経済研究所、二〇一八年。

青柳かおる「生殖補助医療に関するスンナ派イスラームの生命倫理」『比較宗教思想研究』第一五巻、二〇一五年。

青柳かおる「イスラームにおける生殖補助医療――シーア派を中心に」塩尻和子編『変革期イスラーム社会の宗教と紛争』明石書店、二〇一六年。

森伸生「イスラーム法と現代医学――脳死と臓器移植問題を通して」『シャリーア研究』第三巻、二〇〇六年。

磯崎定基・飯森嘉助・小笠原良治訳『日訳サヒーフムスリム　第三巻』宗教法人日本ムスリム協会、二〇〇一年。

牧野信也訳『ハディース　第五巻』中央公論新社、二〇〇一年。

Yūsuf al-Qaradāwī, *Fatāwā Mu'āṣirah*, 3vols, Kuwait: Dār al-Qalam, 2003.

コラム14　法と法律の間――イスラーム社会の風紀取り締まり

高尾賢一郎

宗教の伝統や慣習が根づいた社会では、神によって命じられた聖なる法を守ろうとの気風が存在する。一方、近代国家で日常生活を営む上で通常最も優先されるルールは国家が定めた法律であろう。生活の基準を著しく法に寄せようとする考えが、しばしば「過激主義」などと呼ばれ、非難されることは周知の通りである。では、国家自体が法を法律に反映させようとした場合、人々が法と法律を矛盾なく守る社会が誕生するのだろうか。

この問題を考える格好の事例が、アラビア半島のサウジアラビア王国である。サウジアラビアの起源は、一七四四年にイスラーム法学者イブン・アブドゥルワッハーブと部族長イブン・サウードが交わした盟約に遡る。二人は、イスラームにもとった慣習を社会から一掃し、人々がイスラームを正しく実践する国家を建設することを確認した。ここで、イスラームの正しい実践を促すために採られたのが風紀の取り締まりである。これは「善を命じて悪を阻止せよ」という聖典クルアーン（コーラン）の言葉（これは同時に神の命令でもある）を元に、人々の言動がイスラームにのっとっているかどうかを監視し、違反があれば指導や鞭打ちで改めさせるというものだ。サウジアラビアでは一九二四年以来、勧善懲悪委員会という政府機関がこの役割を担ってきた。彼らは市中で警察官を伴ってパトロールを行い、人々がイスラームの義務である礼拝や断食を怠っていないか、禁じられている肌の露出や飲酒、異性間の交流が起きていないかと目を光らせてきた。

同様に、公的機関による風紀取り締まりが行われている例として、自治体ではあるがインドネシアのアチェ州が挙げられる。スマトラ島北端のアチェは一六世紀、東南アジアで最初にイスラームが根づいた場所として知られる。一九四五年のインドネシア独立後、アチェでは長く分離独立を目指した闘争が続いたが、二〇〇四年のスマトラ沖大地震とこれに伴う津波被害を契機に独立要求を取り下げた。そして政府との和平交渉の結果、イスラームにのっとった統治を行う自治権の付与と引き換えに、インドネシアの行政区に組み込まれた。これに先立って、アチェでは二〇〇〇年にヒスバ警察と呼ばれる公的機関が設立された。ヒスバは「善を命じて悪を阻止せよ」という教えを制度化したイスラーム法学の用語で、これも人々の言動をイスラームの行為規範の観点から監視し、刑罰を科すものである。この名称の通り、ヒスバ警察は飲酒、婚外関係にある男女の交流、賭けごとなどが行われるのを防ぐために、市中でのパトロールを行い、違反者には鞭打ち、禁錮、罰金が科せられる。

　こうしてサウジアラビアとアチェでは、イスラームの教えが信徒の守るべき法であると同時に、市民の守るべき法律として存在することになった。人々にとっては、酒を飲んだり婚外交渉をもったりすれば、救いという来世での報酬から遠ざかることに加え、行政・司法機関による現世での懲罰を招く。勧善懲悪委員会とヒスバ警察は、人々が敬虔な信徒になると同時に善良な市民になることを助け、逆に背教者になると同時に犯罪者になることを防ぎ、建前としては信徒が法と法律を矛盾なく守る状況を提供している。

図１　勧善懲悪委員会による密造酒摘発の報告
（委員会の公式ツイッター）

　ただし、法律は人が作り、変えることも可能である。サウジアラビアでは二〇一九年九月、公共の場での言動を規制する法律が発行された。同法律は服装規定や性秩序など、これまで勧善懲悪委員会が取り締まってきた事案の一部を対象に含むが、監視・捜査は内務省が担当し、刑罰は罰金のみとなった。また善悪を問う法に対し、法律が問うのは合法／違法である。アチェのウェー島にある一部のリゾートホテルでは、州政府の認可を得て外国人相手に酒類が販売されている。こうした一種の治外法権に乗じて「息抜き」する地元住民も、わずかながらいるという。

　このように法が法律に反映されることで、信徒は守るべき教えに沿って日常を送ることが容易になる一方、誰の教えか、なぜ守るのかを見失う事態も起こりうる。この点、法が法律化した社会は、現代日本の一般的な感覚からすれば前近代的な政教一致のあり方と映りがちだが、実際はこれも聖なる法を国家の職掌とする、近代の様態の一つにすぎないともいえる。

27

子のない人生を歩む——不妊治療ともうひとつの夫婦のかたち

村上　薫

（1）不妊治療という可能性

世界初の体外受精児が一九七八年にイギリスで誕生してから四〇年。生殖補助技術を用いる不妊治療は、世界の多くの地域で、子どもがほしくてもできない人々に子をもつという希望を与える画期的な医療として普及してきた。

生殖補助技術には、卵子と精子を体外に取り出して受精させ、受精卵を女性の子宮に移植する体外受精、顕微鏡下で体外にある卵子に精子を受精させる技術である顕微授精、提供精子による人工授精、提供精子や提供卵子による体外受精、あるいは第三者が妊娠と出産を「代理」で行う代理出産といった、第三者が関わる生殖補助技術などがある。

イスラームが倫理基準の一つを担う中東では、性的なことがらが厳しく制限されるから体外受精など許されないのではないか、と考える読者がいるかもしれない。確かに、夫婦以外の第三者から精子や卵子の提供を受けることは、イスラームが禁じる姦通にあたると解釈されて忌避され、多くの国では法的にも禁じられている。他方で、中東では男女とも結婚し、親になって一人前という考え方が根強い。人々の人生の中心には「親になること」がある一方、イスラーム法解釈の影響により、養子縁組が不妊解決の選択肢になりにくい。こうした状況で、第三者を介在させない夫婦間の治療は、子をもつための手段としてむしろ歓迎されてきた。一九八六年にサウジアラビアで最初の体外受精が実施され、同年、エジプトとヨルダンがこれに続いた。以後、中東の生殖補助医療産業は急速に発展を遂げ、富裕な湾岸産油国だけでなく、エジプトやモロッコなど経済的に決して豊かではない国々でも、体外受精クリニックが次々に開設されてきた。現在、中東は体外受精や顕微授精などの生殖補助技術を用いる不妊治療が最も盛んな地域の一つになっている。

不妊が治療可能になったことは、不妊に悩む人々に子どもをもてるという希望をもたらした。しかし不妊治療は、成功率の高い治療ではなく、また高価でもある。そして、不妊の原因が男女どちらにある場合でも、治療の主役は女性であり、身体的にも精神的にも負担は圧倒的に女性にかかる。そうしたことから、不妊治療は子どもをもつことの喜びだけでなく、新たな摩擦や葛藤を生んできた。

不妊治療をとりまく風景を眺めると、その社会の家族観や子ども観、男女に期待される役割、それらに沿えない時の選択肢といった、家族をめぐる諸事情がみえてくる。本章では不妊に悩み治療を選択したトルコのキャリア女性の姿を通して、その一端を切り取ってみたい。

(2)「親になって一人前」の社会

他の中東諸国と同様、トルコでも結婚し親になることが規範とされる。実際にほとんどの人が結婚し、子をもち親になる人生を送る。二〇一八年の保健人口調査によると、四五~四九歳の女性の九五%に結婚の経験があり、そのうち調査時点で結婚しているものの九六%に出産の経験がある。教育水準の高まりとともに、結婚年齢や第一子出産年齢は上昇傾向にある。結婚しない、あるいは結婚しても子どもをもたないという選択をする人ももちろんいる。しかし一般的には一定の年齢に達したら結婚することが当然とされ、結婚すれば子をもち親になることが期待される。親になってはじめて個人的にも社会的にも一人前の男女として完成するという、そうした人生観の下では、不妊は男性や女性としてのアイデンティティを否定しかねない深刻な問題である。

トルコ人作家ハティジェ・メリエムが二〇〇二年に発表した作品に、庶民の夫婦のありようを妻の目線から描いてロングセラーになった掌編集がある。その中に家具職人の夫に嫁いだ女性の物語がおさめられている。夫のハサンは胡桃や樫の木で器用におもちゃを作る。結婚して三年が経ち、飾り棚がおもちゃでいっぱいになっても、「私」に妊娠の兆しはない。医師から自分に原因があると知らされたハサンは絶望し、「私」に実家に戻り、再婚して子どもを産めという。だが「私」はハサンとともに生きることを選ぶ。まわりの女たちは「私」を蒸し風呂（ハマム）に連れて行き、イスタンブール中の聖廟をまわり、薔薇を植え、小石を集めて願をかける。「私」は黙って女たちの勧めに従う。「私」が身ごもることはもうないと誰もが確信する頃、ハサンは家具職人として大成し、秘密を守り抜いた「私」は彼から木の節ほどに堅固な信頼を得るのだった（掌編集『蚊ほどの亭主でいいから』より）。

幻想的な筆致で夫婦の情愛を描くこの美しい掌編は、男性不妊がもたらす苦悩をもう一つの主題としている。医療概念としての不妊は、妊娠を希望する生殖年齢の男女が一定期間の性生活を行っているにもかかわらず妊娠が成立しない状態を指す。これに対して、日常生活の中で語られる不妊（トルコ語はクスル〔形容詞〕、クスルルック〔名詞〕）は、妊娠が成立しないという生物学的な状態とともに、様々な社会的・文化的意味を含んだ概念として構成されている。

そうした民俗的生殖概念としての不妊は、女性にとっては妊娠できないこと、男性にとっては妊娠させることができないことを指す。女らしさの中心には妊娠すること、母であることがあり、母になれない女性は「実のならない木」にたとえられる。一方、男らしさの中心には性的能力があり、妻を妊娠させることがその証とされる。男性は、妻が妊娠しなければ周囲から性的能力を疑われ、そのことによって男性としてのアイデンティティを深く傷つけられる。ゆえに医学的には不妊の原因は男女ともに存在するにもかかわらず、妊娠しなければ人々はまず妻を疑い、妻もまた、たとえ妊娠しない原因が明らかに夫にあったとしても、「私」がそうしたように夫をかばい、自分に原因があるかのようにふるまう。不妊がもたらす苦痛や葛藤の多くを女性が引き受けるのである。

かつては子どもができない夫婦は、宗教婚により二人目の妻を迎えて子どもを産ませたり、親族の子を出産直後に引き取ったりして、実子として役所に届け出ることがあった（トルコ民法は複婚を禁じ、また民事婚のみを正式な婚姻手続きとして認めているが、コミュニティの中では宗教婚をすれば二人目の妻が認知される）。しかし他人の子を裁判所の決定なしに実子として登録することは、刑法によって禁じられており、当局に知られれば処罰される。そのため、妊婦検診が普及し、病院での出産が増えて、妊娠と出産が政府の管理下におかれるようになると、そうした慣行には頼れなくなった。

子どものできない夫婦が合法的に親になるための方法としては、養子縁組がある。イスラーム法では、養子を実子と偽ること、つまり血縁を偽ることが禁じられ、養子縁組は禁じられるが、建国期にイスラーム法が廃止されヨーロッパ近代法が導入されたトルコでは、養子縁組は合法である。近年、養子縁組を希望する人は着実に増えている。しかし、血のつながらない子は実の子と同じようには愛せない、あるいはたとえ愛情をもって育ててもいつか親を捨てると思い込み、養子を迎えることに抵抗を覚える人はまだ多い。

したがって、一九八八年に国内で初めての体外受精児が誕生し不妊が治療可能になったことは、子どものできない夫婦にとって朗報だった。当初は夫以外の精子が使われていると噂され、体外受精で子どもをもつことや体外受精で生まれた子への偏見があった。高額な治療費も、人々に二の足を踏ませた。だが、体外受精による出産が増え、また「質の良い胚を選ぶので体外受精児は賢い」といった、高度な医療技術を要する不妊治療を文明や進歩と結びつける対抗的な言説が広まるにつれ、偏見は薄らいでいった。費用負担も、二〇〇五年に治療の回数や対象年齢などの条件つきながら公的医療保険の適用が認められたことにより、大幅に軽減された。これにより不妊治療は現在、子どものできない夫婦にとって標準的な選択肢になっている。

（3）キャリア女性が語る不妊と不妊治療

筆者は二〇一六年に、不妊治療を経験した二〇～四〇代のミドルクラスのキャリア女性（本章では教育を受け専門性のある仕事に就く女性を指す）への聞き取り調査を行った。ここでは、その中から二人の女性の語りを中心に紹介していきたい。

キャリア女性は、様々な理由で出産に猶予が与えられる。まず、教育年数が長く、そのために結婚が遅い。そして業績の達成が評価される。ロマンチックな夫婦関係を大切にし、新婚生活を楽しむのをよしとするミドルクラス的な価値観もある。彼女たちはまた、夫婦共働きで経済的に余裕があるので、治療費の高額な民間クリニックを利用することや、公的医療保険が適用される上限である三九歳を過ぎても治療を続けることができる。農村部の女性が都市部よりも早く結婚し、すぐに子どもを期待されるが、お金がないために治療の開始が遅れ、さらに保険診療の範囲（体外受精なら三サイクルまで）でしか治療を受けられず、年齢よりも経済的な理由で治療を中止するのと、これは対照的である。だが、治療の選択肢に恵まれることには、高齢になっても妊娠・出産の希望を持ち続けられる一方、治療が長期間に及ぶ結果、心身に大きな負担がかかるという側面もある。

高い教育と専門性のある職業と経済力をもち、社会の中心で恵まれた人生を送るようにみえる彼女たちであるが、不妊治療の経験について話してほしいと頼む筆者にまず告げたのは、子どもができないことが理由で味わう生きづらさであった。

大学助手のナーザン（二九歳。仮名。年齢は調査当時。以下同）は大学卒業後すぐに結婚し、大学院に進学した。二年ほど新婚生活を楽しんだあと子どもを望んだが、流産した。夫婦で受けた検査で彼女に異常がみつかり、三年前から治療を続けている。結婚当初は「学業が大事だし、まだ若いから」といっていた母や母方のおば、姑たちは最近、子どもはまだかとせかすようになった。口には出さないが、夫の家族も彼女の家族も息子をほしがっている。男の子は姓を継ぎ、また仕事について親の老後の面倒をみる役割を期待されるからだ。母は周りと比較するので、言い合いになる。だから博士号をとり、研究者としてのキャリアを積むことを言い訳に、子どもはまだほしくないといってきた。不妊だとわかれば、みんな憐れむような目つきでみるだろう。だから治療についてはごく親しい友人にしか打ち明けていないという。

幼稚園でダンス教師として働くハイリエ（四三歳）も、なぜ子どもがいないのかを周りから詮索されることに苦しんできた。彼女はいつか民族舞踏のプロとして檜舞台に立つことを夢見てきた。そのため二九歳で結婚してからも、子どもを望まなかった。三〇代半ばで舞踏家としての将来に見切りをつけ、子どもをもとうとしたが、妊娠しなかった。検査しても夫婦とも異常はなく、原因不明といわれた。最初の体外受精は楽観的な気持ちでのぞんだが、それが失敗に終わると、以来、子どものことを聞かれるのがひどく苦痛になった。年齢的に次の体外受精を最後にしようと考えている。周りはどうしてまだ子どもができないのかと絶え間なく聞いてくる。子どもができないとわかれば、女である彼女のせいだと見下される。だから姑がなぜ子どもが生まれないのかしつこく聞いた時は、「あなたの息子が不妊《クスル》だからだ」といって黙らせたのだという。

ナーザンもハイリエも、周囲から子どもについて詮索され、産めないとわかると憐れまれたり見下されたりすることに苦しんできた。だがそうされるのは嫌だと抗議しても理解されるとは思われず、子どもはまだいらないと言い続けるしかない。

ハイリエは、自分が置かれた状況は、女性差別の問題だと考えている。「医師から聞いた話だが、息子が無精子症で、息子の妻には異常がないのに、姑は『自分の息子はちゃんとしている、問題ないはずだ』と言い張り、息子には精子が一つもないと説明しても認めず、女が不妊《クスル》だといってきかなかったらしい。トルコは家父長的な社会なので、女だけに問題や責任があると思われている」。彼女自身と姑の関係も、これと同じだというのである。

ハイリエが、自分の立場をトルコ社会を覆う女性差別の問題と結びつけて憤るのに対し、まだ若いナーザンは周囲の同世代から遅れをとることを恐れていた。

夫のきょうだいにも、同世代の友だちにもみんな一人か二人子どもがいます。(中略)子持ちの女が二人いれば、子どもの話になります。どんな問題を抱えているとか、素敵な体験をしたとか。(中略)誰もそんなことはしないのに、いじめられているように感じて、孤独でした。学生時代の仲良しグループの一人は妊娠中、二人目は私、三人目は自由でいたいからと子どもを望んでいなかったのに妊娠し、四人目は出産したばかりでした。その頃ちょうど四回目の流産をしたところで、どん底に落ちたようでした。彼女たちも妊娠し、子どものことばかり話すようになるのだと。

ナーザンにとって、妊娠・出産は、同世代の友人たちと共有する「人生で達成すべきこと」リストの一つである。まだ二〇代の彼女は、大学進学、恋愛、就職、そして結婚と、これまで友人たちと同じコースを、助け合い競い合いながら、並んで歩んできた。そこから一人脱落し取り残されたらと考えるだけで、いたたまれない。SNSに投稿される幸せそうな家族写真にも孤独感と焦燥感を覚えるという彼女にとってそれは、同世代の女友だちが満喫する子ども中心の生活というライフスタイルが達成できないことへの欠落感でもある。

(4) 孤独と希望の在《あ》り処《か》

インタビューの中で、彼女たちが力を込めて語ったもう一つのことは、夫との絆についてである。例えばハイリエは、舞踏家の夢を断念し子どもを望んだ理由を次のように説明した。

今は二人の間に何もありません。自由を制限するものは何もない。結びつけるものがないのです。子どもができれば核家族になる。そうでなければ夫と妻でしかない。私たちは二人とも子ども好き。私には母性的なところがある。夫に父親になる経験をさせてあげたいのです。

彼女たちは、周囲からの期待や圧力に従うのではなく、夫のために、自分のために子どもを産みたいと強調する。彼女にとって理想の家族は、夫婦愛と子どもへの愛情に基づく家族であり、子どもができて初めて家族として完結する。こうした考え方は、子のない男女は半人前、あるいは男の子は姓を継ぎ、いずれは老後の面倒をみてくれるという伝統的な家族観からはかなり距離がある。夫のためにという彼女たちの語りからは、規範をそのままなぞるのではなく、夫とのロマンチックな結びつきの中に、治療や子どもの意味を見出そうとする姿が浮かびあがる。

夫との絆の強調は、夫のために子どもを産みたいというだけではない。孤独の中にいる時、そばで支えてくれるのも夫だった。

ナーザンは、治療がうまくいかず母や友人と疎遠になった経緯を話しながら涙が止まらなかったが、夫の話になると笑みを浮かべた。

夫がいつも私をすくいあげてくれました。ナプキンが落ちたら拾いあげるように。鬱がひどくなるのを防いでくれました。旅行やスポーツに誘い出してくれました。人生について肯定的なことを言ってくれました。「二人とも仕事で成功しよう、子どもだけが人生の目標じゃない」と言ってくれました。（中略）いつも私を井戸のなかから救ってくれました。（中略）夫は「子どものために結婚したわけじゃない、できなくてもかまわない。僕は君に何かあったらとそれを怖れている」と。いつもそばにいて助けてくれて、一緒に泣いてくれました。

ハイリエも、夫がいちばんの支えだという。それは、夫は彼女が治療で受ける身体的な苦痛を身近で共有し、治療の結果を自分のこととして受け入れようと努めてくれるからだった。「夫がいちばんたくさん私の体験をみてきました。注射で私が痛がっているのも、夫はみました。だから結果が出なくても彼は私のせいにすることはできないのです」。ただし、ハイリエによれば、治療の体験は夫婦で決定的に違うからこそ、夫が自分事として治療に向き合うことが必要なのだった。

彼女たちの中で、夫は様々な苦しみを和らげる、ほぼ唯一の救いとして登場する。夫は子どもはいなくてもいいといってくれた、夫に救われたという二人の言葉は、二通りの解釈が可能だろう。一つは、母や女友だちと疎遠になり孤立した妻は、最後のよりどころとして夫に依存せざるをえないが、治療の過程を夫と共有することには限界があり、孤独のうちにあるというもの。もう一つは、子どもがいなくても幸せに暮らしていけると確信できるような関係が、夫婦の間で成立しているという可能性である。

ハティジェ・メリエムの掌編の「私」は、夫の不妊を隠し通し、夫と深い信頼で結ばれた。たとえ不妊が治療可能な時代になっても、「私」がそうだったように、不妊は、夫婦を心身の苦しみを共有する同志として結びつけることがあるのかもしれない。彼女たちはおそらく、この二つの関係性の間で揺れ動いているのだろう。そうしながら、たとえ治療に成功しなくても、不妊と不妊治療の苦しみを分かちあうことで育んだ夫婦の関係を頼りにこれからの長い人生を歩んでいける、という希望を手繰り寄せようとしているのではないか。

不妊治療は、子どもをもつ選択肢を広げ、様々な理由で子どもを望む人々にチャンスを与えてきた。その中には、中東で典型的な、子どもをもって一人前という規範を尊重する人たちとともに、ナーザンやハイリエのように、子どもを何より夫婦愛の結晶と捉え、たとえ子どもができなくても夫婦愛に導かれた人生を肯定しようとする人たちがいた。不妊治療の風景には、子どもをめぐるそうした様々な思いや願いが映りこんでいる。

参考文献

村上薫編『不妊治療の時代の中東――家族をつくる、家族を生きる』アジア経済研究所、二〇一八年。
Göknar, Merve Demircioğlu, *Achieving Procreation: Childlessness and IVF in Turkey*, New York: Berghahn, 2015.
Meryem, Hatice, *Sinek Kadar Kocam Olsun Başımda Bulunsun*, İstanbul: İletişim Yayınları, 2002.（ハティジェ・メリエム（村上薫抄訳）『蚊ほどの亭主でいいから』中東現代文学研究会編『中東現代文学選二〇一二』二〇一三年）。

28 格差是正の処方箋——定めの喜捨ザカートの発展

足立真理

（1）格差の拡大とイスラームにおける処方箋

トマ・ピケティが著書『二一世紀の資本』で、資本主義による長期的な富の不均衡を暴き、世界的ベストセラーとなったことは記憶に新しい。資本収益率（r）は経済成長率（g）よりも大きい。ゆえに資本から得られる収益率が経済成長率を上回れば上回るほど、それだけ富は資本家へ蓄積される。そして、富が公平に再分配されないことによって、貧困が社会や経済の不安定を引き起こすという知見を膨大なデータを分析することで明らかにした。

依然として格差の是正が進んでいないのみならず、むしろ昨今のコロナ禍によって世界各地で経済状況は悪化し、富める者と貧しい者の格差はより一層拡大しつつある。ピケティが提唱するように、政府による富裕層への累進課税という手段もあるが、実現は難しい。このような状況で、国家以外にどのようなアクターが貧困問題の間隙を埋めていけるのだろうか。

本章では、イスラーム共同体（ウンマ）における格差是正の処方箋として、預言者ムハンマド時代から実践され、ムスリム社会の基本要素となってきたザカート（定めの喜捨《きしゃ》、義務の喜捨と訳される）に焦点を当てる。ザカートとは、社会を循環する富の分け前の一部を与えることで、困窮者の世話をする宗教的義務であり、ムスリムにとっての最も重要な信仰儀礼である五行（信仰告白、礼拝、喜捨、断食、巡礼）の一つである。ザカートは喜捨と訳されるように、第一義的には個人的かつ敬虔な、アッラーへの信仰行為、および来世への積徳行為である。

ザカートの語源は、アラビア語で「浄化する、浄め」などを意味し、貯蓄した財産の一部をアッラーに返還すると理念的に理解されるため、日本語でいう「浄財」と近い概念ともいえよう。ただし、ザカートが仏教などの浄財と大きく異なるのは、イスラーム法に裏づけされた義務的制度であるという点である。

例えば、クルアーン九章〔悔悟〕六〇節には次のように八種類の受給者が明示されている――「貧者、困窮者、これ〔ザカート〕を管理する者、および心が〔イスラームに〕傾いた者〔新しい入信者の意〕、奴隷解放のため、身代金や負債の救済〔を必要とする者〕、またアッラーの道のため〔に努力する者〕、旅人」。特筆すべきはその三番目に「これ〔ザカート〕を管理する者」とあるように、管理者が責任をもって管理すべく、その取り分も組み込まれていることである。

キリスト教や仏教などの他の多くの宗教と同じく、イスラームでも、寄付をすることは美徳とされている。ムスリムが自発的に貧者や困窮者のために金品や食べ物を施すことを任意の喜捨〔アラビア語でサダカ〕という。一方、美徳といういわゆる個人のモラルや倫理に任せたサダカと異なり、ザカートは原則的には、イスラーム共同体の指導者が責任をもって集め、配布すべきものである。そして、イスラーム法学上、ザカートは一定以上の資産を一年間保有した成人ムスリムに対して、その合法的な財産の一定比率を差し出させる規定となっている。つまり、この定めの喜捨と呼ばれる施しは、ウンマを支える一つの再分配システムとして位置づけられているのである。

とはいうものの、現代ムスリムの実践において、理念通りウンマの宗教指導者が責任をもって分配するという仕組みにはなっていない。そもそもウンマ全体の指導者であるカリフは存在せず、それぞれの国民国家の中での多様な実践に委ねられているのが現状である。現在、国家がザカートを管理するのはサウジアラビアやパキスタン、マレーシアの一部の州等に限られ、基本的に政教分離原則をとるムスリム多数国では、NGOなどの第三セクターや、宗教省の外郭団体、ザカート委員会、地元のモスクや宗教指導者たちがそれぞれに徴収・管理・分配を行っている。

イスラーム世界では本来、市民社会が活発であり、公共秩序も国家ではなくイスラーム的基盤に根差した市民社会のイニシアティブに依拠しているという指摘がある（Hoexter, M., S. Eisenstadt, N. Levtzion eds., *The Public Sphere in Muslim Societies*, Albany, 2002）。国連人道問題調整事務局の報道部門である統合地域情報ネットワーク（IRIN）によれば、ザカート及び、任意の喜捨であるサダカを合わせた額は、毎年二〇〇〇億ドルから一兆ドルに上り、二〇一一年を例にとると、少なく見積もっても人道目的のために世界で集められる寄付総額の一五倍だという（八木 二〇一五：二二一）。このことからも、いかに多くのムスリムが、国家というチャンネルを通さずとも、喜捨を続けているのか、うかがい知ることができる。

先行研究では、ムスリムの知的指導者であるウラマーを中心とし、政府・国家主体と緩やかに切り離された形で存在する市民社会をイスラーム復興の一つの根幹とみる分析枠組みを「イスラーム的市民社会」と呼ぶ（小杉 二〇〇六：五一八-五四〇）。本章でも、この視座に立って、イスラーム世界における市民社会と慈善について解説したい。

以下では、ザカートの法規定を手がかりに、ザカートとはどのような義務的制度であるか明らかにし、初期イスラーム世界におけるその公共・社会的性格を説明する。次に筆者の専門であるインドネシアにおけるザカート制度化の沿革とイスラーム的市民社会の展開について解説する。最後に昨今のコロナ禍におけるデジタルな寄付の新展開について、最近の事例を紹介する。

（2）ザカート法学規定と初期イスラーム世界における公共・社会的性格

ザカートは、断食が義務となったのと時を同じくしてヒジュラ暦二年から義務とされた。マッカで六一〇年頃に始まったイスラームはマッカの支配層に弾圧され、六二二年には預言者ムハンマドは信徒たちを連れてマディーナに移住した。これをヒジュラ（聖遷）というが、その二年目にザカートが定められたことから、新生の共同体にとってそれが重要な柱であったことがわかる。

それ以降、詳細な記載についてイスラーム法学上の議論がなされたり、様々な地域のムスリム共同体における相互扶助として実践されたりしてきた。イスラーム法学において、ザカートは断食明けのザカート（ザカート・フィトル）と資産ザカート（ザカート・マール）の二種類に大別される。前者はラマダーン（断食月）明けの大祭に際して、コメや小麦などの主食を一人当たり約二・三キロ拠出する義務である。これは、赤ちゃんからお年寄りまで、できる限り全員行うのが良いとされる（一家の責任者が家族全員分を拠出する）。後者の資産ザカートは、年間の最低保有資産額（ニサーブ）を満たす成人ムスリムから、一定の賦課率で拠出させるという体系的な実践であり、賦課される対象によって細かい規定がある。

伝統的な法学の学説では、年次ごとの義務である資産ザカートは、年間を通して保有された財産に課されることが想定されていた。例えば、羊であれば、課税対象となる最低所有数は三〇頭、課税率は一〇〇頭ごとに一頭、というような規定である。すなわち、年次ごとに課せられる資産ザカートは、所得ではなく資産に課せられるのであり、いわゆる所得税ではなく資産税である。

ところが、今日の貨幣経済において、労働の対価として貨幣による報酬を得る給与所得者の場合、年間を通じて保有される資産は少なく、資産の内容も貨幣がふつうである。そのため、現代の給与所得者に資産ザカートが義務となるのかは、重要な争点であった。結論から述べると、多くの人は給与所得者として現金収入を得ているため、所得の二・五％（貨幣の場合、金銀のザカートと同じ四〇分の一の賦課率が適用される）をザカートとして支払うというイスラーム法解釈が広まっている。

国家とザカートの関係についても、近代ザカート法学を大成した人物として知られるカラダーウィー（一九二六年〜）は『ザカート法学（フィクフ・アッザカート）』の中で論じている。初代カリフのアブー・バクルが預言者ムハンマドの後を継いだとき、ザカートを徴収、分配する正統性も引き継いだという。そしてスンナ派では、イスラーム国家としてザカートを徴収する責務があるという（al-Qaraḍāwī 2009 : 113）。イスラーム国家がザカートを徴収・管理するべきという主張の論拠として挙げられるのは、預言者ムハンマドのハディース（言行録）にある「アッラーが、彼らの富にサダカ（ここではザカートを指す）を義務づけたことを知らせなさい。彼らの中の富める者から取り、貧しいものへと与えるために」という文言である。

シャーフィイー法学派の法学者・ハディース学者イブン・ハジャル（一三七二〜一四四九年）はハディース注釈書『創造主の勝利』で、「この箇所は、国家がザカートを徴収し、分配する正当性を示している。これを拒んだものは強制される。」といい、イエメンの代表的法学者シャウカーニー（一七六〇〜一八三四年）も、ハディース注釈書『究極の目的の達成』で同じ箇所を引き合いに出している。これらのハディースの意味するところは、ムスリムは国家機構にザカートを支払い、分配してもらうのが義務ということである。より一層貢献したいときや、直接受給者に支払いたいときは任意の喜捨であるサダカをするのがよいとされている（al-Qaraḍāwī 2009 : 113）。ザカートは、その当初から詳細で体系的な理念をもち、また非常に公共的・社会的な性格を有していたことがうかがえる。

（3）インドネシアにおけるザカート概念の変容

通説として、インドネシアにおけるザカートは当初から極めて個人的かつ自発的な実践であったとされる。歴史学者のサリームは、インドネシアの歴史上ザカート制度が、公租のように、イスラーム王国や政体によって正式かつ定期的に徴収されていたことを示す証拠はないと指摘している。しかるに、その徴収は、イスラームに関する知識を会得した者、例えば宗教官吏——村落レベルでは、徴税人アミル、モディン（伝統的なコミュニティにおいては、割礼を行う人を指す）など、そしてより上位の行政レベルだと宗教官吏プンフルやモスク官吏ナイブなど——もしくは民間の宗教指導者であるウラマーやキヤイ、村落のクルアーン教師らがその任を負っていたと考えられる（Salim, A., *The Shift in Zakat Practice in Indonesia : From Piety to an Islamic Socio-Political-Economic System*, Chiang Mai: Silkworm Books, 2008)。

人類学者のギアーツも、イスラーム組織ムハマディヤが現出するまで、断食明けのザカートはキヤイやモディンらによって散発的に集められたり、集められなかったりしたと報告している。また、それがクルアーンに受給者として定められている貧者や困窮者の手に渡ったかどうかも定かではなかったという（Geertz, Clifford, *The Religion of Java*, Chicago and London: University of Chicago Press, 1960)。

二〇世紀初頭に入り、ザカート実践を担う中心的存在になってきたのが、前述のムハマディヤやナフダトゥル・ウラマー（以下、NU）をはじめとする二大イスラーム組織であった。ギアーツは、イスラーム法を知らないまま伝統的に執り行われていたザカートを集めるという機能を、ムハマディヤの指導者が「正しいイスラーム」の実践として正そうとする過程を民族誌的に記述している。このように、二〇世紀までのインドネシアでは、宗教指導者たちによってザカートが集められていたが、その使途の不明さが描写されることも少なくない。

一方、イスラーム王国であったアチェ王国では、一九世紀末までザカートの徴収はウラマーたちに委嘱され、税金は国が徴収していた。アチェ王国の衰退後、オランダ植民地政府も同様の課税政策を採用した（Fauzia 2013 : 85）。しかし、特にアチェで、ウラマーたちはザカートで集めた資金を、人々の教育と福祉を促進するだけでなく、オランダの植民地化に対する武力闘争を支援するために使用していた。

ザカートが叛乱の資金源に使用されうることを把握したオランダ領東インド政府は一八六六年、地元の宗教官吏によるザカートの徴収・分配規制を発布した。表向きには、現地人がザカートという「隠された税金」を徴収されるのを防ぐという名目であったが、ウラマーの資金調達を防ぎ、自律性を削ぐ狙いがあったことは明白であった。この規制の影響もあってか、インドネシアにおけるザカート実践は、一層公共性が薄れ、個人的なものへと矮小化されたといわれ、地域によりかなり色彩が異なる。しかしながら、このようなザカート実践は、一九六八年を境に、徐々に制度化され、国家の関心事の一つとなっていくのである。

（4）国家によるザカート制度化とイスラーム的市民社会の展開

一九六八年は、インドネシア政府によるザカート管理の一元化への関心が表出した年であった。同年一〇月二六日、スハルト大統領がイスラーム的な行事の機会に「国家として責任をもってザカート徴収を引き受ける準備がある」と演説したのである。大統領が、政府見解としては政治的なイスラーム化を危惧しつつも、個人的にはザカートのインドネシア経済発展に対する可能性を認めていたことはその内容からも明らかであった。上記の演説から約二カ月後の一九六八年一二月五日、ジャカルタ県知事のアリー・サディキンによって、インドネシア初の公的ザカート管理団体（通称、ＢＡＺ）がジャカルタに設立された。この設立には、インドネシアを代表するウラマーのハムカやアブドゥッラー・シャーフィイーも関わっていた。

一九七〇年代に入ると、国内のイスラーム復興の高まりとともに、政治、経済的変化に対応する形で、公的ザカート管理団体が全国各地で設立されるようになった。例えば、東カリマンタン（一九七二年）、西ジャワ（一九七四年）、アチェ、西スマトラ、南スマトラ、ランプン（すべて一九七五年）、南カリマンタン（一九七七年）、南スラウェシ、北スラウェシ（ともに一九八五年）などで、管理団体が次々と発足した（Fauzia 2013 : 191）。

一九八〇年代にはインドネシア・ウラマー評議会や、ムハマディヤ、NUによって、ザカート管理に関するワークショップが全国各地で立て続けに開催されるようになった。言い換えれば、この一九八〇年代は、誰からどのように徴収すべきかというイスラーム法の解釈について、知識人の間で活発に議論され、イジュティハード（法学的解釈の営為）が盛んな時期であった。これは、農業ベースの経済から産業ベースへと移行する転換期という社会変容を背景としていた。また、彼らはザカートを主題とすることにより、インドネシア社会に訪れた劇的な近代化がもたらした負の遺産としての深刻な不公正に取り組もうとしたのである。

一九九〇年代には、国内最大の私営ザカート管理団体ドンペット・ドゥアファ（貧者の財布）と、第二位のルマ・ザカー（ザカートの家）が誕生する。二〇一一年の会計報告では、それぞれ総資本二二〇〇億ルピア（約一九億円）、一四六〇億ルピア（約一二億円）という巨額の資金調達をしている。私営ザカート管理団体が草の根レベルで急増したのも、この時期である。

一九九九年になると、国内初のザカート管理法三八号が施行され、インドネシアにおけるザカート制度化はより加速する。その内容は、一九六〇年代から県や州単位で活動していた公的ザカート管理団体と、民間の私営ザカート管理団体をすべて国家の監視下に置くというものであり、事実上の一元化宣言であった。この法案が通った背景としては、増加傾向にあった私営、草の根のザカート管理団体を把握しようという政府の意図があった。

二〇〇一年一月一七日、アブドゥルラフマン・ワヒド大統領令八号によって、インドネシア史上初の、全国ザカート管理庁（通称、ＢＡＺＮＡＳ）が誕生した。そして二〇一一年には先の第三八号が改正され、ザカート管理が法律上は完全にＢＡＺＮＡＳに委任された。

上記の制度化の沿革は、一見すると、完全にトップダウンの変革のようであるが、実際のところＢＡＺＮＡＳの設立には、一九九七年九月一九日に発足した全国ザカートフォーラム（通称、ＦＯＺ）を通して私営ザカート管理団体が強く関与していたという指摘もある（Fauzia 2013：237）。また法的整備がなされ、国家がザカートを徴収する正当性が主張されたものの、依然としてＢＡＺＮＡＳへの一本化に実態は伴っていない。多くの私営団体が認可を受けずに活動を続けているし、州・県単位の公的ザカート管理団体に関しても、地方自治体で独自に会計管理を行うため、ＢＡＺＮＡＳの傘下に入らない例もある（国内最古のジャカルタ支部やアチェ支部など）。ここに、草の根に地盤を有する市民団体と国家の相克が見て取れる。

一九九七年のアジア通貨危機に端を発する経済状況の悪化に対抗して、イスラーム諸団体も、他の人道支援団体と同じく、民間レベルでコミュニティ・サービスを提供してきた。ザカート管理団体の新設という形で、貧者救済や同胞精神による相互扶助といったイスラーム的理念を大いに援用してネットワークを拡大したともいえる。まさにインドネシアにおいても、国家によるサービスの不在に直面したイスラーム知識人たちの学的努力や、自助的な市民団体の成長という形で、イスラーム的市民社会の発展をみることができる。

（５）コロナ禍での慈善の困難さと新しいデジタルな寄付

これまで筆者が着目してきたインドネシアのザカート管理団体は、新型コロナウイルス感染拡大という状況下で、以前にも増して、貧困支援の活動を精力的に続けている。その中で昨今、特に、電子マネーやオンライン決済、携帯電話による送金を活用した支援が急速に広がり、即時給付を可能にしている。
二〇一九年から、東南アジア最大の決済アプリGO-PAYは、全国ザカート管理庁BAZNASと協働してザカートをオンラインで支払い・受け取りのできるサービスを開始した。全人口の半数以上がこのアプリを利用しており、その結果サービス開始から一年も経たない二〇一九年一〇月の時点で、GO-PAYを介したデジタル寄付は六三〇億ルピア（約四億七八〇〇万円）の資金を調達した。口座振り込みやほかのデジタルチャンネルと比べても徴収の規模が格段に大きくなっている（https://bisnis.tempo.co/read/1268685/sedekah-digital-jadi-tren-gopay-luncurkan-gozakat/full&view=ok）。

このようなデジタル寄付の増加の背景として、インドネシアをはじめとする発展途上国では、「圧縮された近代」と評されるように、急速な近代化／デジタル化が先進国と比べて凄まじいスピードで進んできた事実が挙げられる。ジャカルタなど都市部の中間層の多くは銀行口座の保有率も増加しており、コンビニの銀行ATMでお金の引きおろしや送金も行われているが、大多数を占める地方からの出稼ぎ労働者の仕事の多くは給与が銀行振り込みではないことから、成人人口の約半数が銀行口座を保有しておらず（World Bank 2016 report on financial inclusion in ASEAN）、モバイル送金が広く利用されてきた。

加えて、シンガポール、マレーシア、タイなどの東南アジア諸国と同様に、インドネシアでもICT（情報通信技術）技術が猛スピードで進歩している。最も卑近な例は、日本で最近でこそ話題になってきたペイペイなどの電子決済、ウーバーなどの配車アプリ、オンライン出前サービスが、二〇一〇年代初頭〜中頃から一般に普及したことであろう。

巨大デジタルプラットフォームは、インドネシアにおいて私たちの想像をはるかに超える形で日常に根づき、利用されている。それと比べると日本では、コロナ状況下で街頭募金の中止により多くのNGOが例年よりも減収を余儀なくされており、クラウドファンディングなどの代替サービスを提供しているが、なかなか成功に至らない。インドネシアでは、寄付行為が日常に埋め込まれていること、そしてデジタルサービスを日常的に使っていることの二点が、デジタル寄付を加速させているのではないだろうか。オンラインを活用したイスラーム的贈与がどのように受け入れられ、拡大しつつあるのか、今後もインドネシアから目が離せない。

参考文献

小杉泰『現代イスラーム世界論』名古屋大学出版会、二〇〇六年。
八木久美子『慈悲深き神の食卓――イスラムを「食」からみる』東京外国語大学出版会、二〇一五年。
Fauzia, Amelia, *Faith and the State : A History of Islamic Philanthropy in Indonesia*, Leiden : Brill, 2013.
Mittermaier, A., *Giving to God : Islamic Charity in Revolutionary Times*, Berkeley : University of California Press, 2019.
al-Qaraḍāwī, Y, *Fiqh al-Zakāt*, 2 vols., Beirut : Al-Risālah al'alamityah LTD, 2009（1969）.

コラム15　イスラーム協力機構の役割

池端蕗子

一九六九年、エルサレムのアクサー・モスクに一人の青年が火を放った。当時は第三次中東戦争（一九六七年）の後であり、エルサレムの全域がすでにイスラエルの占領下にあった。モスクから煙が上がる光景は、世界中のムスリムに衝撃を与え、エルサレムを含むパレスチナの解放のためにはイスラーム諸国が団結すべきであるとの考えが強まった。この事件を直接の契機として、同年、モロッコのラバトにおいて第一回イスラーム諸国首脳会議が開催され、「イスラーム諸国会議機構（the Organization of the Islamic Conference）」の設立が決定された。これは当初、原加盟国二七カ国で結成された国際機構であったが、年々加盟国を増やし、二〇〇一年にコートジボワールが加盟したことで計五七カ国の巨大な国際機構となった。二〇〇〇年代には、加盟国間の協力関係を一層推進する目的で、憲章を含む理念の刷新が行われ、名前も二〇一一年に「イスラーム協力機構（the Organization of Islamic Cooperation　略称ＯＩＣ）」に改められた。

イスラーム協力機構は、「イスラーム世界の国連」とも呼ばれる。国連のように、首脳レベル、外相レベルなどで会議が開催され、決議が作成される。こうした会議は、国連総会と日程を合わせて開催されることもあれば、重大な事項がある場合には臨時で開催されることもある。組織体系も国連を模倣して作られており、経済部門、文化部門など多様な組織に分かれている。国連やＥＵ（欧州連合）、ＡＳＥＡＮ（東南アジア諸国連合）、世界貿易機関（ＷＴＯ）など、国家が単位となって加盟する国際機構を、政府間国際機構といい、イスラーム協力機構もこれに含まれる。その種類には、地域でまとまるもの、貿易振興など目的を同じくするものなど様々あるが、イスラーム協力機構の特徴は、その名前からもわかる通り、イスラームという宗教を紐帯としてまとまっていることである。このような政府間国際機構はほかに例をみない。

国連のようなほとんどの国家が参加するユニバーサルな国際機構を除けば、国際機構の役割は、機構の内部に作用する役割と、外部に作用する役割に分けられる。内部に作用する側面としては、例えば国際機構で決められたルールが拘束力をもつ場合、加盟国はそれに従って自国の法や施策を変化させることがある。ＥＵのような強力な国際機構を考えれば、わかりやすいかもしれない。一方でイスラーム協力機構が「決議」などの形で定めるルールは、明確な拘束力をもたず、そのルールに従わなかったからといってペナルティが定められているわけではない。そのため、イスラーム協力機構はしばしばその実行力のなさが非難される。ただし、その「ゆるさ」が理由で、多くの国々の加盟が可能であるともいえるし、宗教に関わる諸問題について、規範を形成し、国際的な合意形成を着実に行ってきたことも確かである。

次に、機構の外部に作用する側面を見てみよう。これは、イスラーム協力機構と国連との関係をみてみるとわかりやすい。イスラーム協力機構は、もともとエルサレム問題を共通の利害として参集したこともあり、エルサレム問題に関しては加盟国が一致した行動をみせることが多い。例えば、二〇一七年一二月のトランプ米大統領の発言から発生したイスラエルにおけるアメリカ大使館移転問題について、緊急に開かれたイスラーム臨時首脳会議にはイスラーム協力機構加盟国の代表が集まり、トランプ大統領のエルサレムをイスラエルの首都として認める発言に対して断固として反対し、首都認定の取り消しを求める決議を発表した。そしてこれは国連総会にも提出され、首都認定取り消しを求める国連総会決議採択に至った。

また、預言者ムハンマド戯画事件（二〇〇五年）やシャルリ・エブド襲撃事件（二〇一五年）が発生した際には、イスラーム協力機構は「宗教に対する侮辱は表現の自由があるとしても認められない」という立場をとった。このような立場は、より表現の自由を重視するＥＵやアメリカとはイデオロギー的な対立関係にあり、国連の場においても政治的な綱引きがあったことが、最近の研究で明らかになっている（Skorini, Heini, "The OIC and Freedom of Expression: Justifying Religious Censorship Norms with Human Rights Language", Marie J. Petersen and Turan Kayaoglu, ed., *The Organization of Islamic Cooperation and Human Rights: The Good, the Bad and the Ugly*, Philadelphia: University of Pennsylvania Press, 2019）。このように、国際社会においては様々な規範が競合関係にある中、イスラーム協力機構はイスラーム世界を代表する形での国際規範を打ち出す役割を果たしている。

イスラーム協力機構はミャンマーにおけるロヒンギャ問題のような加盟国外のムスリム・マイノリティの問題についても積極的な発信を行っている。イスラーム協力機構やその傘下の諸組織では、加盟国内のみならず、加盟国外に暮らすムスリムの地位や暮らしの向上も目的に掲げられる。「わたしたちムスリムのウンマ（共同体）」の共通利益というものが、加盟国という国家の枠を越えて設定されるのである。ここからは、国民国家体制下でも、国際機構という形に変容しながらウンマの理念が維持され、再生産されるという現代的な新しい展開を見て取ることができるだろう。

29

障害と支援——イラン・イスラーム共和国の脊髄損傷者をめぐって

細谷幸子

（1）障害と支援を考えるために

一九七五年、国連総会で「障害者権利宣言」が採択された。これを契機に、障害者を福祉や医療のサービス、あるいは慈善的援助を与えられる〈客体〉ではなく、権利の〈主体〉として位置づけるアプローチが主流になった。二〇〇六年に国連総会で採択された「障害者権利条約」には世界の一六四の国・地域が署名し、一八二の国・地域が条約締結している（二〇二〇年一〇月現在）。北アフリカ・中東地域に位置する国々も、そのほとんどが障害者権利条約締結に合わせて、国際的な基準に沿った形で国内の障害者関連の法整備に着手してきた。

ある地域における障害者支援の現状について一様に説明することは非常に難しい。北アフリカ・中東には、九〇〇〇万人を超える人口規模をもつ大国もあれば人口二〇〇万人に満たない国もあり、富裕な産油国もあれば低所得国もあり、経済状況や政治状況、保健水準、年齢構造や疾病構造が大きく異なる国々が含まれている。紛争や武力行使によって社会基盤が崩れ、治安が悪化している国や地域もある。こうした要素は、宗教や文化的要素以上に、障害をもつ人々の生活にも直接的・間接的な影響を与えている。

筆者は、ムスリムの中では少数派とされるシーア派ムスリムが国民の大多数を占めるイランをフィールドとして、医療と福祉に関する調査研究に従事してきた。そこで本章では、障害と支援を考えるために、イランで暮らす脊髄損傷者に限定して事例を取り上げ、障害者の生活の中にみられるシーア派イスラームとの関わりに触れながら状況を紹介する。筆者は二〇〇二年から現在までに、イラン国内で約五〇人の脊髄損傷者を訪問し話を聞き、その状況を詳しく知る機会に恵まれた。また、脊髄損傷者に関しては近年各国の情報を比較可能なデータとして公表する論文や報告が発行されており、イランだけでなく周辺諸国に関する情報を示すことができる。以上の二つが、イランの脊髄損傷者を選択した理由である。

（2）北アフリカ・中東の脊髄損傷者

脊髄とは、背骨の中を通って脳から身体の下の方に向かって伸びる神経の束で、脳とともに中枢神経を構成している。外傷などで脊髄を損傷すると、傷ついた部位から下の体の部分に運動麻痺と知覚障害が起こる。現在の医療では損傷した神経の再生は難しく、生じた機能障害の改善は期待できないとされる。したがって、損傷の程度や位置によって範囲に差はあるが、移動や入浴、食事、排泄などの日常生活の様々な場面で他者の介助が必要になる。しかし、車椅子やリフト、その他の補助具などを使用することによって、障害レベルに応じた自立生活を送ることもできる。一方で、脊髄の損傷という身体に生じる変化は同じでも、社会環境が違えば、その原因や受傷後の生活状況も異なってくる。

表1に掲載したのは、人口の年齢別構成比が異なる国々の国際比較ができるように、診察記録から得たデータを基準となる年齢別構成比で調整した二〇一六年における北アフリカ・中東地域各国の外傷性脊髄損傷の発生率（新たに発生した患者の割合）、有病率（その疾病をもつ患者の割合）と、それぞれの一九九〇年と二〇一六年の年次比較である。比較ができるよう日本の値と高所得国の平均値を入れた。参考として各国の人口、平均寿命、一人当たり国内総生産（GDP）も示した。

まず、日本の脊髄損傷者発生率・発病率と高所得国平均、北アフリカ・中東平均の値を比較してみると、日本は欧米諸国やアジアの高所得国の平均とほぼ変わりない割合となっている。高所得国の発生率（二五）・有

表1　外傷性脊髄損傷の発病率・有病率と各国の参考データ

	脊髄損傷2016年年齢調整発生率（対人口10万人）	1990～2016年年齢調整発生率の増減（%）	脊髄損傷2016年年齢調整有病率（対人口10万人）	1990～2016年年齢調整有病率の増減（%）	参考（2016年）		
					人口（千人）	平均寿命（歳）	一人当たりGDP（国際ドル）
全対象国平均	13	-3.6	368	-0.2			
高所得国平均	25	-4.3	776	-2.0			
日本	25	-5.1	824	5.0	126,995	84.0	39,964
北アフリカ・中東平均	19	69.6	447	4.1			
アフガニスタン	37	167.8	1,367	-15.7	35,383	63.8	1,981
アルジェリア	8	-5.4	276	12.5	40,551	76.3	11,624
バハレーン	9	-3.9	309	13.1	1,426	76.9	44,769
エジプト	8	24.4	234	24.0	94,447	71.5	11,192
イラン	9	-56.2	482	-17.4	79,564	76.0	14,012
イラク	37	236.9	1,331	-7.7	36,611	70.1	9,898
ヨルダン	14	68.3	247	-2.5	9,551	74.2	9,449
クウェート	10	-64.1	342	5.9	3,957	75.2	44,685
レバノン	12	-67.9	1,590	-26.3	6,711	78.8	15,487
リビア	20	146.1	571	89.7	6,492	72.3	11,109
モロッコ	7	-1.6	242	9.8	35,126	76.0	7,113
オマーン	10	-3.3	312	5.3	4,479	77.1	28,926
パレスチナ	9	-24.3	613	-13.0	4,367	73.6	6,305
カタル	11	-3.5	375	3.3	2,654	79.9	83,103
サウジアラビア	9	-13.6	291	-8.2	32,443	74.8	45,486
スーダン	10	8.0	298	27.4	39,847	64.7	4,416
シリア	136	1878.0	839	228.8	17,454	70.3	4,685[*1]
チュニジア	9	9.1	268	13.7	11,304	76.1	10,359
トルコ	9	-6.6	288	-1.8	79,823	76.9	26,514
アラブ首長国連邦(UAE)	11	-6.8	337	-3.1	9,361	77.5	63,969
イエメン	42	408.7	314	20.1	27,168	66.1	3,689[*2]

出典：GBD 2016：72-73, The World Bank 2021（*1 は2012年, *2 は2013年）.

病率（七七六）が北アフリカ・中東の平均値（一九、四四七）より高いのは、一つに、高所得国は高齢化率が高く、高齢者の転倒による脊髄損傷が増加することに起因する。また、高所得国では救急医療や高度医療へのアクセスがいいので、他の地域では救われなかったであろう命が救われ、結果として脊髄損傷と診断され、その後も生存する患者数が多いことも一つの要因となっている。

一方、アフガニスタンやイラク、レバノンやパレスチナ、シリアのように、当該地域で発生率や有病率が高所得国の平均値を上回る水準で高い数値を示す国では、その年あるいは過去に脊髄損傷を起こすような外傷を受けた患者の総数が非常に多かったと推測できる。北アフリカ・中東地域全体でみると、脊髄損傷の原因として紛争による外傷が最も多くなっている。これには銃撃、爆発、建物の崩壊による転落や落下物の衝突などが含まれている。その他の広域地域の平均では交通事故、転落、転倒が主たる原因となっていることとは対照的である。

わずかではあるが、該当地域の国別の状況をもう少し詳しく示している文献もある。サウジアラビアとカタルは交通事故による脊髄損傷発生率が世界で最も高いとされる。上記紛争国を除いた北アフリカ・中東の国々では、交通事故に続き高所からの転落が原因として多い。転落には就労場所で生起する場合と自宅で起こる場合があり、湾岸諸国において前者による受傷者の圧倒的多数は建設・土木・運送業等に従事する移民である。生活習慣に関連したところで、トルコ南東部では屋根の上で寝る夏場に転落事故による脊髄損傷が増加する。ヨルダンで脊髄損傷の原因として挙げられている銃による事故は、結婚式の祝砲で起こっている。アブダビではラクダでの移動時の事故が報告されている。

(3) イランにおける脊髄損傷者をめぐる状況

イラン全国の脊髄損傷者総数を示す正確な統計資料はない。テヘラン市の情報に限っても、有病率を一万人に一・二人とする文献もあれば、一一・四人とする報告もあり、学術論文等のアクセス可能なデータから総数を推算することは困難である。別の資料によると、二〇〇七~〇八年に登録されていたイランの脊髄損傷者四九六人の男女比は七対三で、七割が二〇代から四〇代の年齢区分に分類されていた。

脊髄損傷者の男女比・年齢比は、その国・地域の女性の就労割合や高齢化と関連する。世界的にみて脊髄損傷は若い男性に多く、女性の家庭外就労や車の運転が一般的でない国では男性割合がより高くなる。一方、平均寿命が上がると女性高齢者の人口割合が増えるため、女性患者の割合も増加する。イランの人口構造は若年層が多い。また、都市部では家庭の外で働き、車の運転をする女性も少なくない。イランでは脊髄損傷の主たる原因が交通事故と転落であることを考慮すると、脊髄損傷者の男女比や年齢割合は、こうした社会状況が反映された数値だと考えていいだろう。

イランは交通事故の多い国で、交通事故を主とする不慮の事故が国民の死因の第三位までに入っている。この状況に鑑み、近年、ヘルメットやシートベルトの着用、自動車保険への加入を推奨すると同時に、タクシー運転手への指導や長距離バスのスピード違反を取り締まる対策がとられている。表1でみる通り、一九九〇年~二〇一六年の年齢調整発生率がイランで五六・二%減少した背景には、こうした予防策の成果があったのかもしれない。

(4) イランにおける脊髄損傷者の事例

次に、イランで脊髄を損傷するような大きな事故に遭った人たちがどのような支援を受けて生活しているのかを、十分に整備されていない制度的な面からではなく、具体的な事例からみていこう。以下の三事例はいずれも筆者が出会った脊髄損傷者たちの当時の状況である。なお、イランの障害者福祉制度について、脊髄損傷者の家族生活や彼（女）らを支える医療・福祉サービスについては、筆者が詳しく記しているので参照されたい（細谷 二〇一六、二〇二〇）。

〈Aさん　男性三〇代〉

Aさんは幼なじみだった妻との間に八歳の娘がいる。三年ほど前に自分が運転する車でテヘランに向かう途中、逆走してきた車に衝突した。同乗していた妻と娘は無傷だったが、Aさんは自力で車の外に出ることができず、救急隊が救出しようとした時に脊髄を損傷したらしいということだった。現在のAさんは歩くことができず、肘を曲げることはできるが、握力がないので車椅子を自分で動かすことはできない。

事故に遭った時に入っていた保険が補償対象としていたのは、車両の修理代金だけだった。事故は明らかに相手の過失だったが、その場から逃げてしまったため損害賠償金を請求することもできず、事故後の入院費で貯金を使い果たしてしまった。事故前は生花の仕入れ業に就いていたが、現在はその仕事ができないので、治療費も薬代も生活費も自分でまかなうことができなくなってしまった。イランの都市部では、女性が就労することも珍しくないが、Aさんの妻はAさんと娘の世話で手一杯で、外で働くことはできない。

イランでは国家福祉機構という政府機関が、障害者の支援として生活費の支給、介護用ベッドや車椅子の給付・貸与などの支援をおこなっている。現在、Aさんは生活費として国家福祉機構から一カ月に三五万リアル（訪問当時の計算で約一五〇〇円）の支給を受けているが、これは一月の薬代が払える程度にすぎず、一家三人が生活できるだけの金額ではない。生活困窮状態にある障害者は、人々の喜捨で慈善事業を展開しているエマーム・ホメイニー救済委員会という革命機関の支援対象にもなりうるが、生活費の保障は国家福祉機構の支援金と重複して受給することができない。

この収入では生活が成り立たないはずなのに、Aさん家族は離散することなく、その暮らしを継続している。生活費の出所に関して話すことは忌避されるので正確に知ることは難しいが、会話の内容から、Aさんの兄弟姉妹が持ち寄って生活費を負担しているようだった。そのほかにも、地域の人たち、モスク、脊髄損傷者の当事者団体などが彼らの生活を援助していた。例えば、以前から仲良くしていた近隣の家族は、「親戚が来てたくさん作ったから」「願掛けをしたから」「果物を買いすぎたから」と事あるごとに食事や果物などを置いていってくれる。また、彼の家にあるリハビリ機器は同じ障害をもつ人たちが活動するNGOである脊髄損傷者協会が譲ってくれたものである。六カ月前に入院した時の費用はモスクに集まる人々が寄付金を集めて出してくれたということだった。

筆者が二〇年前に初めてテヘランに滞在した当時は、信号を守らない運転手や逆走してくる車やオートバイも多かった。近年は随分と状況が改善してきたが、まだAさんのような状況で事故に遭う人もいる。政府は交通事故で重篤な後遺障害を負った人々が貧困に陥るのを防ぐため、民間の生命保険や自動車保険への加入を推奨してきた。加入者数は年々増加しているが、自動車保険の補償範囲は限定的で、人身傷害保険や自賠責保険が含まれていないこともある。

過失による交通事故で他人に脊髄損傷を負わせた場合、ディヤ（ペルシャ語ではディィエ）と呼ばれるイスラーム法上の身体損傷に対する賠償金の概念が適用され、相当額の損害賠償を求められる。ディヤでは、身体の各部分に対して価格が定められている。身体各部のディヤの総額が請求されるので、感覚麻痺や運動障害の範囲が広い頸部の脊髄損傷者に対しては、死亡事故より多額の賠償が請求されることもある。ディヤの金額は毎年変わる。二〇一五年に成人男性一人が死亡した場合のディヤは日本円にして約五〇〇万円程度（公式為替レート計算）だった。ディヤの金額は男性より女性の方が少ない。だが現在、自動車事故で保険業者から払われる賠償金としてのディヤは男女同額に設定されている。

ディヤを支払えない場合、過失を犯した側は刑務所に入ることになり、障害を負った側は賠償金を受け取れず、治療費も払えずその後の生活にも困窮してしまう。そのため、実際どちら側に過失があったかとは別に、障害をもつようになった側がディヤを受け取れるよう、裁判所が自賠責保険に加入している方の過失として判決を下すこともあるという。ちなみに、ヒジュラ暦で聖なる月とされる四つの月にはディヤの金額が高くなるので、ラジオで「今日から聖なる月に入るので皆さん交通事故に気をつけましょう」と注意喚起する放送を聞くこともある。（ここで触れた「聖なる月」とは、ヒジュラ太陰暦の第一月〔ムハッラム〕、第七月〔ラジャブ〕、第一一月〔ズー・アル＝カアダ〕、第一二月〔ズー・アル＝ヒッジャ〕を指す。クルアーン悔悟章三六～三七節を根拠に、これらの月には防衛以外の戦争は休戦となり、ディヤも増額される。）

〈Bさん　四〇代男性〉

Bさんはイラン北部の州で生まれ育った。四年前に転落事故で頸部の脊髄を損傷し、現在は慈善団体が運営する介護施設のベッドにほぼ寝たきりの状態で生活している。収入も減り、排泄の介助も含めて日常生活で全面的な支援が必要となった自分の世話を妻にさせるのは忍びないという理由で、妻と離婚して介護施設に入ることにしたのだという。主婦だった妻は、離婚後の待婚期間を経てすぐに別の男性と再婚したが、今でもよく面会に来るということだった。事故前までBさんは正規の職員として電化製品製造工場で働いていたので、障害年金を受給している。しかし、これは子どもたちの養育費として妻に渡している。

イランは慈善活動の活発な国で、地域のモスク以外でも民間の慈善団体が多数活動している。その中には、イスラームの理念に基づいて貧しく身寄りのない高齢者や障害者、難病患者にほぼ無償でケアを提供する介護施設を運営しているところがある。慈善団体の介護施設に入居することは非常に不幸なことだと考えられている。それは、家族が病気や障害をもつ家族員の世話をし、経済的な支援をすることが当然だとする文化の中で、生活費や日常の世話をしてくれる人が誰もいないことを意味するからで、Bさんのように妻と離婚してまで自ら希望して介護施設に入居をする人は珍しい。

非正規の被雇用者や自営業者は対象外だが、イランには障害年金に相当する社会保障制度もある。以前もらっていた給与より金額は減ったとはいえ、継続的に決まった収入があるBさんは、これほどまで人生を悲観しなくてよかったかもしれない。しかし、イランでは夫が妻と子を扶養する義務を負うため、妻が期待する生活水準を維持できなくなった自分自身を恥じた末の決断だった。また、Bさんによると、彼が不慮の事故で障害者になったのは、それまで彼が犯した悪行に対する神からの罰で、今、彼はその試練に耐えなければならないのだという。Bさんにとって脊髄を損傷したことは突然身体の自由を失う不幸な経験で、クルアーンにもある通り（雌牛章一五五〜一五七節）、神の試練であるこの災難を耐えることは、来世の報酬を求める行為にほかならないという意味である。

〈Cさん　五〇代男性〉

Cさんはイラン・イラク戦争の末期に前線で銃弾を受け脊髄損傷を負った。受傷当時はまだ若く独身だった。

停戦の数年後に結婚した妻との間に子どもはできなかったけれど、妻の献身的な世話を受けて幸せに暮らしていた。現在は傷痍軍人のための年金を受給し、集合住宅の一階で生活している。

昨年、妻がガンで急逝した。Cさんは上肢にも麻痺があり、これまで全面的に妻の介護に頼って生活してきたため、これで人生も終わりだと覚悟を決めていた。そこに妻側の親族の知り合いだという若い女性から、Cさんの住む地域の大学の看護学部に合格したので、家賃・生活費を支払う代わりにCさんの世話をしながら同居してもよいと申し出があった。

イスラームでは近親者以外の男女の同席を忌避する。結婚できない近親者はマフラムと呼ばれ、女性はマフラムではない男性の前で身体と髪を隠さなければならない。マフラムではない男女間の身体接触も禁止行為とされている。Cさんとこの若い女性は実際には近親関係にないので、イスラームの位置づけでは、彼女がCさんの身体的ケアをすることは禁止行為となる。そこで、二人は両者をマフラムの関係とする契約を結んで対処することにした。この女性はCさん宅に住み、身体的ケアも含めCさんの面倒をみながら学業に勤しんでいる。

イランではイスラーム共和国である母国のために戦って死亡した軍人・兵士を「殉教者」、負傷し帰還した軍人・兵士を「献身者」と呼ぶ。就労しておらず定収入がない戦傷者は殉教者・献身者財団という革命機関から年金を受給できる。また、同財団は住居購入のためのローンなども準備している。報道等で聞いたことがある読者がいるかもしれないが、イラン・イラク戦争後、宗教的善行の一つとして負傷兵と結婚する女性がいた。亡くなったCさんの妻も、結婚を決断した大きな理由に、国のために戦って障害者となったCさんに奉仕したいという宗教的意図があったのだという。

Cさんの元にやってきた看護学生の申し出は、Cさんの命を救うという点ではすばらしい提案だった。しかし、いくら四肢に麻痺があるといっても、親族でもない男性宅に居住して排泄の介助も含む身体ケアに従事するという選択は、女性の貞操を重んじるイラン社会で生きる若い女性にとって危険な判断に思えた。そのことをCさんの周囲の人たちに話すと、イスラームに対する信仰心や男女関係に関する倫理観は一様ではなく、いろいろな考えの人がいるし、Cさんの命も守られ、この女性も看護師として良い経験もできるのだから問題ないではないかと、逆に筆者の方がたしなめられてしまった。

(5) 慈善の対象か権利の主体か

以上、脊髄損傷者の疫学的な情報や原因の社会的背景を導入として、三つの事例から、イランで生活する障害者の支援において、イスラームと関わるいくつかの特徴を紹介した。

イラン革命後の障害者福祉は、イラン・イラク戦争の傷痍軍人に対する支援制度を整備する中で発展してきたが、二〇〇〇年代初頭から大きな変化を経験している。二〇〇四年には、イランで最初の障害者の権利に関する包括的な法である「総合的障害者権利保護法」が採択され、施行された。その後、二〇〇九年には国際障害者権利条約に批准し、障害者を「権利の主体」として位置付け、その理念にしたがう形で様々な事業が展開されてきた。そうした中、障害をもつ者たちが中心となって自らの権利擁護を目的として活動するNGOが増加し、政策提言もおこなうようになった。中には、自らを権利の主体と考える立場に合わないという理由で、障害者を貧しく悲惨な庇護されるべき存在とみなすイスラームの慈善を基盤とした寄付は受領しないという方針を掲げる団体もある。

だが実情としては、障害者に対する公的支援は十分な水準とはいえず、就労の機会も限定されていることから、生活基盤を構築するだけの収入を得られる障害者はごく一部にすぎない。障害をもつ人々の日々のケアや経済的支援は、家族や親族がおこなうことが前提となっており、依然としてモスクや慈善団体、革命財団、障害者団体に集められる宗教的喜捨や寄付金が、障害者の生活を支える資源として重要な役割を担っている。さらに本章では、慈善活動としてだけでなく、事故の損害賠償金の定義として、自らが被った災難の意味づけとして、あるいは親族以外の者が障害者の世話に従事するための方策としても、イスラームの概念が持ち出され、それが障害者の生活に関わっている様子にも触れた。

イラン文化に深く根ざしたイスラームの思想と、近年の新しい権利擁護の思想の両方を、うまく組み合わせて障害者の生活保障に役立てる最善の方法はないだろうか。今後も、模索が続きそうだ。

参考文献

細谷幸子「テヘランの脊髄損傷者の生活状況――環境、家族・夫婦の関係性、社会とのつながりに注目して」原隆一ほか編『イラン研究　万華鏡――文学・政治経済・調査現場の視点から』大東文化大学東洋研究所、二〇一六年。
細谷幸子「イランの障害者福祉」牧野久美子・岩崎えり奈編著『新・世界の社会福祉11　アフリカ・中東』旬報社、二〇二〇年。
GBD 2016 Traumatic Brain Injury and Spinal Cord Injury Collaborators, "Global, Regional, and National Burden of Traumatic Brain Injury and Spinal Cord Injury, 1990–2016: A Systematic Analysis for the Global Burden of Disease Study 2016", *Lancet Neurol*, 18, 2019.
The World Bank, *The World Bank Data*, data.worldbank.org（Accessed 2021/4/19）.

30
響きあう異なる声——多言語世界のアイデンティティ

細田和江

（1）「束」としてのアイデンティティ

あなたは「何人《なにじん》ですか」と問われたらどう答えるだろうか。

「〇〇人」とは、出身・居住の地域であったり、使用する言語であったり、あるいは、所属する宗教であったり、その人が帰属する集団・社会に基づく。この「〇〇人」という表現は、「自分が何者か」であること、すなわち、個人のアイデンティティ（自己同一性）と深い関わりがある。その中でもとりわけ言語は、感情や思考と直接的に結びつき、「自己」と切っても切れない関係にある。

ここでは、言語、民族など、集団的・社会的な自己を形づくるアイデンティティと、そして、一人ひとりの「生」をとりまく、個人的な自己を形づくるアイデンティティをその両輪として捉え、中東地域の言語とアイデンティティのあり方について考えてみよう。

さて、日本に暮らしている人々は、共通の言語として「日本語」を使用している。一方、個人の出自は様々である。日本列島の北にはアイヌ民族、南方には、日本語の方言というより一つの独立した言語とみなせる琉球語を話す人々、またさらには近代以降に中国や朝鮮半島から移住した人々などが存在し、もちろん自らが移民一世の人々も少なくない。さらには、留学生や仕事で来日する外国人もいる。共通語としての「日本語」を使用する一方、それぞれ一人ひとりは、各地の方言や、他言語との混交体の日本語、生まれ育った国の言語や、他の出自の人々には少々通じにくい言語を、もう一つ、場合によっては複数もっている。日本語ではない言語コミュニティも小規模だが存在する。比較的「同質的な社会」の日本でさえ、そのような言語的多様性の中にある。さらには、高齢社会では世代間の言語の違いも顕著にみられる。そして、人々の移動が盛んな現代から未来にかけますますそうした状況は加速するだろう。

一方、言語において比較的「多様な社会」が存在する。歴史的に多くの民族が行き交う地域、世界各地から移民が集まる地域では、言語的に多様で重層的な社会が形成されやすい。多様で重層的な言語環境にある混交的な社会はしばしば、移動の障壁となるものが少ない大陸部の地域にあって、支配する王朝の民族出自がたび変わるような歴史をもち、おのずと多元的・多層的な構造となる。中東地域は、メソポタミア文明・エジプト文明の発祥地であり、古来よりペルシア戦争をはじめとして多くの戦乱の地となり、初期イスラーム帝国から、モンゴル帝国やオスマン帝国に至る強大な勢力が伸展した地域であった。古代から文明の中心地であり、最も豊かで、多くの国の興亡がみられた歴史をもつ。近代になり、列強による植民地化とその後の独立、イスラエルの建国と中東紛争、そして近年の各地の内戦による難民の激増と、この一世紀をみても動乱の歴史の中にあり、言語的背景・文化的背景の異なる人々が多く移動した。そうした中で、独自の言語や宗教をもち強くそれを意識することで人々はアイデンティティを保っている。

現代の中東地域で支配的な言語には、アラビア語、トルコ語、ペルシア語、ヘブライ語がある。これらの言語には長い書きことばの歴史があり、そのことばを「国語」としてもつ「国民国家」がある。また、アゼルバイジャン人、アルメニア人、ギリシア人など、他の地域で「国民国家」をもち、その故地とのつながりが強く意識されながらも、歴史的にマイノリティとして定住してきた民族がある。一方で、アッシリア人（アラム語を話す人々）など、国家をもつほどの規模ではないが独自の言語文化を伝承する民族もある。その歴史的経緯の詳細はここでは扱わず、現在、人々の言語とアイデンティティが、どのような多様性をみせているのか、そしてどこに向かうのか、この問題に答えるための四つの主軸を以降の各節で提示し、最後に作家の言語選択の観点から考察を加える。

（2）出自や民族による紐帯をつくる、地域的な言語意識

中東諸国は「一民族一国家」ではない。同じ言語を共有する地域が国境線とは一致しない。あくまで「民族自決」は西洋中心主義的な「都合」であり、中東地域の国境も恣意的な決定がなされた。中東地域には、数千万の話者をもつ大きな言語がある一方、数十万、あるいは、数千人単位の話者しかもたず、その存続のための教育も困難な言語も数多くある。二〇世紀以降、学校、新聞・出版、ラジオやテレビなど放送メディアの存在は、言語や民族アイデンティティが存続する上で重要な要素となっており、そのためには国家の権威が必要であった。

建国時にアラビア文字表記からラテン文字表記とすることで、トルコは政教分離の世俗国家として確立した。一方で、歴史問題が存在するアルメニア人や近年までその存在を否定していたクルド人に対してなど、少数民族の抑圧が現在でも続く。

ペルシア語は帝国の言語として広範に使用された歴史をもち、『ルバイヤート』などの作品は今でも世界中の人々に愛されている。ペルシア帝国の版図を引き継いだイランは、実は半数近くが母語がペルシア語ではない人々で構成されている。とりわけ黒海沿岸にはトルコ語に近いアゼルバイジャン語話者が多く存在する。王政時代に世俗化が進んだが、イスラーム革命後、非アラビア語＝シーア派イスラーム国家として他のイスラーム諸国とは一線を画している。

クルド人は「国をもたない、最大民族」であり、二〇〇〇万人を超えるクルド語話者がトルコ、シリア、イ

ラク、イランをはじめ、複数の国にまたがって広がり、「クルディスタン」と呼ばれる。「国民国家」を建国することは困難な状況が続くが各地で自治を獲得し、民族教育にも熱心である。アッシリア人なども、少数だが独自の言語文化を数千年にわたって保持している。もちろん、コミュニティ外との交わりもあり、それぞれの地域の共通語を操る。

したがって、この地域では重層的なアイデンティティをもつ方が一般的となる。「トルコ国籍のクルド人」や「アゼルバイジャン語を母語とするイラン人」が多く存在し、また、「アルメニア系イラン人」、「ギリシア系トルコ人」、また「流暢なアラビア語を話すシリア国籍のアッシリア人」というマイノリティも存在する。しかし、それは「母語」による結びつきが核としてあることを前提としている。

(3) 国家(国境)を越えて紐帯をつくる言語意識

国境と言語境界が一致しないのが中東地域の特徴であり、「一民族一国家」ではないと先に述べた。一方、そもそも国境を越えた「共通語」として用いられる言語がある。

世界には国境を越えて広く用いられる言語、言い換えれば、いくつもの国で「母語」として、あるいは、「共通語(公用語)」として用いられる言語がある。英語、フランス語、スペイン語、中国語、そしてアラビア語、これらはいずれも国連の公用語として使用されている。

イスラーム帝国の拡大とともにアラビア語を使用する地域が拡大し、世界帝国の共通語、すなわち文語としてのアラビア語(フスハー)が確立し、それが広範な地域ごとに異なるアラビア語口語方言(アーンミーヤ)と併存することとなった。また、イラン、トルコでも「イスラームの言語」としてアラビア語を解する人々も多数存在する。イラン、トルコ地域を除けば、イスラーム共同体(ウンマ)の共通語として広まったアラビア語が多くの地域で土着化し、国を越えて「母語」となり多様な形の展開をみせている。昨今のSNS時代において、ローマ字などを用いて書き表される「中間的アラビア語」が若者を中心に広まり、国を越えた共通言語として機能し、人々が連帯意識をもつことに寄与している。それが顕著に見られた例として「アラブの春」の急速な広まりが挙げられる。スマートフォンとインターネットを駆使して現在形で伝えられる運動が、あっという間に国境を越えて波及したのは、こうした「フスハー」と「アンミーヤ」の間に存在する新たなアラビア語のつながりが一因であった（西尾哲夫「新生アラビア語が生んだ〝フェースブック革命〟」『エコノミスト』二〇一一年三月二二日号、三八-三九頁）。

（4）出自・民族を越えて紐帯をつくる言語意識

世界各地に離散していたユダヤ人を一つに結びつけたのは再構築された「現代ヘブライ語」である。ユダヤ教徒がおもに典礼のみで使用していた聖書のことばであったヘブライ語を、日常的に用いる話しことば・書きことばとする試みは、一九世紀のヨーロッパのユダヤ教徒の間で始まった。その後「シオニズム」運動の盛り上がりとともに、新聞の発行やヘブライ語教育を行う学校の設置が進んだ。一方、東欧・ロシアでの差別や抑圧から逃れようと、ユダヤ人たちは西欧やアメリカ大陸など新天地を求め、移住先の言語を自分たちの言語としていった。「故地」パレスチナの地に移住したヨーロッパのユダヤ人の多くはその地を新天地と考え、「鄙《ひな》びたことばである」とイディッシュ語を嫌い、「宗教的なことばである」との理由でヘブライ語を忌避する人々が多く、英語、ドイツ語、フランス語などを共通語としようと考えた勢力が力をもった。しかしながら、エリエゼル・ベン・イェフダーら初期のシオニストの活動は、「再生」されたヘブライ語をユダヤ民族の共通語、ユダヤ国家の「国語」として一九四八年に成立したイスラエルの公用語にする力となった。新国家イスラエルに移住してきたユダヤ人は「現代ヘブライ語」を身につけることでイスラエル社会に順応していく。移住してきたユダヤ人たちはイディッシュ語やヨーロッパの言語の話者だけではなく、非ヨーロッパ地域からの移民も次第に増加し、アラビア語やペルシア語、ヒンディー語やアムハラ語話者もいた。そして、移民の二世、三世は「生まれながらにしてヘブライ語を操る」世代となっていった。また、現代でも、ロシアやエチオピアなどから新しい移民を数多く受け入れ、ヘブライ語の習得を通じて、イスラエル社会の一員となっている。

（5）多重なアイデンティティをつくる言語意識

そもそも中東地域の言語アイデンティティは多層的であると述べたが、移民である「ユダヤ人」と先住民である「パレスチナ人」とから構成される「イスラエル人」のあり方をみることで、ここでは多重なアイデンティティをつくる言語意識を考えたい。

イスラエルでは、世界中からやってくる移民が新しい言語を習得することで「イスラエル人」としてのアイデンティティを確立する一方、多層的なアイデンティティをつくる言語意識が顕著にみられる。この国家の成立がまさに「移民国家」であり、多くの人々が「母語」と「国語（共通語）」の二重性の中に生きている。アメリカ合衆国の成立と比することができ、多数派がせいぜい数世代前からの移民であり、それ以前から住んでいた先住民はマイノリティとして迫害を受けた歴史をもつ。イスラエルの場合、歴史が浅いだけにそれがより「進行形」で、自分たちのルーツに自覚的であるしかない一方、ユダヤ人である限り、もしくはイスラエル国籍である限りは、他者のアイデンティティを認める素地も用意されている。現在、イスラエル国籍をもつ人々のうち、ユダヤ人とアラブ人の比率は四対一で、これは建国以来変わらず、イスラエル国家は長年ヘブライ語とアラビア語を公用語として認めてきたが、二〇一八年、「ユダヤ国民国家法」を制定し、ヘブライ語のみをイスラエルの公用語とした。現在、ほとんどのアラブ人はヘブライ語を流暢に話す二重言語話者である。一方、様々な出自をもつユダヤ人の場合、移民一世は母語とヘブライ語の複言語状態にあり、移民二世以降はヘブライ語がそもそも母語である。二世以降は言語的には重層性は高くないが、民族出自についての意識は確実にある。

そんな中で、近年、エンターテインメントに対する人々の意識に変化があらわれている。従来、イスラエルの音楽やドラマはヘブライ語によるものが圧倒的多数を占めていたが、他言語を受容する「多言語状態」の様相を呈しはじめている。歌謡、ポップミュージックなどは、言語の習得などが不十分でも（音感のよい音楽家が）「歌う」ことは可能であり、それこそ「自由」に横断的に多言語状態となりえる。ただ韓国や日本の歌手が英語で歌う時などと異なるのは、それが自らのルーツと関わりがある点だ。イスラエルで人気歌手として知られていたリタが全曲ペルシア語のアルバムを発表したように、それまでヘブライ語で歌っていた歌手がもともとのルーツの「母語」で歌いはじめている。そしてそれは移民一世に限らず、親や祖父母の世代が使っていた言語で歌う歌手も増えた。両親がイラクとエジプト出身のディクラはアラビア語で、トルコ移民の二世ヤスミン・レヴィはラディーノ語（ユダヤ・スペイン語）で歌い、世界的な人気を集めている。こうして、ペルシア語の大衆歌やアラビア語の曲がテレビやラジオから流れることが珍しくなくなった。それに伴い、アラブ人の歌手も人気を博している。アラビア語とヘブライ語の両方の歌詞が入る曲や、同じ歌をヘブライ語・アラビア語の二バージョンで歌うなど、トランスナショナルな歌が愛される状況がつくられ、国境を越えて、アラブ社会やイラン社会で人気の歌手も登場した。世界的に活躍するポップミュージシャンとしては、音楽プレイヤー兼プロデューサーであるイダン・ライヘルが、様々な出自の音楽家とコラボレーションすることで多言語の音楽世界を形成している。

映画やテレビドラマでも、ほぼ全編がアラビア語やペルシア語、ロシア語の作品も制作され、人々はヘブライ語字幕で楽しむようになった。一九八〇年代にイランから移民したユダヤ人家族の葛藤を描いた『ババジュン』(二〇一五年)はほぼ全編がペルシア語の映画である。またテレビドラマでは、イスラエル社会で成功したアラブ人家族の日常をコメディタッチで描いた『アラブのお仕事』(二〇〇七～一三年)や、パレスチナ自治区に潜入するユダヤ人工作員とパレスチナ人の駆け引きを描いたサスペンス『ファウダ』(二〇一五年～)などが好評を博したドラマとして知られている。ここでは、自分のルーツを強く意識しながらも、それを超えて、他者文化／多者文化に親しむ・楽しむ状況がつくられている。

(6) 表現者として「言語を選ぶ」

最後に、個人が「どのような(重層的な)アイデンティティをもつか」を作家の言語選択に関して考えたい。言語の二重性を強く意識せざるをえない状態にある人々の創作言語には、常に「どの言語で書くか」という選択がつきまとう。とりわけ小説を創作活動の中心とする人々は、日常的に使用している言語とは異なる言語をあえて選択する場合がある。内容自体はある種の自己表現(所属集団のアイデンティティ)であるとともに、「誰に向けて書かれるか」が同時に問われるからだ。「母語」ではない言語を選択することは「他者」の文化の一部とさえなる。

ここでは「植民地語」作家と「移民」作家とに分けてみてみよう。「植民地」＝「被占領地」となった地域では、公用語が宗主国の言語となり、高等教育を宗主国の言語で受けることもしばしばだ。ゆえに、のちに獲得した「文語」で書く作家が必然的に現れることになる。

イスラエル領域内ではもともとそこに住むアラブ人たちが多くいた。卓越したアラビア語を駆使した優れた作品としてエミール・ハビービーの『悲楽観屋サイードの失踪にまつわる奇妙な出来事』（一九七四年）が挙げられる。彼はイスラエル国籍のアラブ人として母語で書き続けた。

イスラエルでは、一九七〇年頃からアラブ系移民一世のユダヤ人作家が現れ、その多くは「母語」であるアラビア語で作品を書いた。作家たちは、アラブ社会で「ユダヤ人として生きる」ことやイスラエル社会で「アラブ人」として生きる困難を描いた。その一人サミール・ナッカーシュは、イラク系の移民一世である自分は「アラビア語が最も得意な言語」であるし、「文学は普遍性をもつ」のだと語り、アラビア語で書き続けた。一方、移住後に新たに獲得した言語、ヘブライ語で、移住前のアラブ社会や移住後のイスラエル社会を描くサミー・ミハエルのような作家も現れた。前者はイスラエルを認めないアラブ社会と、ヘブライ語による統合を目指すイスラエル社会の双方で受け入れられず、「どちらでもない」・「宙ぶらりんな存在」とみなされた（それがむしろ彼らの作家としての「豊かさ」をつくるもととなっている）。

イスラエルの建国は、「占領地」の言語、ヘブライ語で書くイスラエル=アラブ人作家を生んだ。アントン・シャンマースの『アラベスク』（一九八六年）は、イスラエル北部に生きるアラブ人の歴史を洗練された格調高いヘブライ語で著し、内外で高い評価を受けた。シャンマースはヘブライ語とアラビア語を自由に操り、双方向の翻訳者としても優れた功績を残している。その彼があえてヘブライ語で小説を書いた理由については、実在する場所や親族が登場する自伝的な物語を、彼らが直接読むことのできる言語で書くことは「危険」が伴うため、その「かくれみの」としてヘブライ語で書くのだと語っている（ʻAmit, Daliyah, “Anṭon Shamas: ʻArabeskot”, *Prozah*, No. 101–102, May–June, 1988, p. 76.）。また、彼曰く「マトリョーシカ」のように、ヨルダン川西岸やガザではなく、イスラエル内部に存在する自分たちのようなアラブ人の生をユダヤ人読者に示そうとしたのだろう。

いま一人、サイイド・カシューアは初等教育から高等教育までヘブライ語で受けた作家である。一〇代の頃からユダヤ人の学校で学び、ヘブライ語以外の本はほとんど読まないとも過去のインタビューで語っている。そんな彼が小説を書く際にヘブライ語を選んだのは自然なことであった。出版した長編『踊るアラブ人』（二〇〇二年）、『二人称単数』（二〇〇四年）はいずれもイスラエルでベストセラーとなり、一躍人気作家の仲間入りを果たしたが、二〇一五年に起こったガザ危機とその後のイスラエル国内の右傾化を憂いアメリカに移住した。そして移住した現在もなお、ヘブライ語を用いての執筆活動をしている。

「移民」作家、「亡命」作家にとっては言語選択の問題から逃れることはできない。作家はどの言葉で書くかに意識的であらざるをえない。

イギリス在住のシリア人ザカリヤー・ターミルは高等教育を受けた後に移住し、移住後も「母語」のアラビア語で書き続けることを選択する作家である。一方、ドイツ在住のシリア人作家ラフィク・シャミは、シリアの歴史や状況を「母語」ではない「文語」（＝ドイツ語）で書いている。彼は幼少期に移民してドイツ語で教育を受けている。しかし、短編「バラーディィ」（二〇一三年、『言葉の色彩と魔法』に収録）の中で「亡命先の言葉」に「文学的故郷」をみつけた、と述べていることは示唆的である（シャミ、ラフィク〔松永美穂訳〕『言葉の色彩と魔法』西村書店、二〇一九年、一二八頁）。ほかに、カナダに移住したレバノン人作家ラウィ・ハージは英語を用いる。

二つの言語で書くことを選ぶ作家もいる。フランスで暮らすシリア人ガーダ・サンマーンは、小説はアラビア語で評論はフランス語で書いている。

グロバール化により学問や仕事のために国境を越えて外国で暮らす人々が平和時に多く存在する。内戦や政治状況の変化によって出国や亡命をせざるをえない人々であふれる状況もある。とりわけ政治状況が厳しい中東では想像を超える勢いで「越境者」は増加の一途を辿っている。

そもそも中東は古い歴史と広大な地域を含み、そこで生きる人々のアイデンティティのあり方は多様であった。それは集団的に、個人的に、重層的なアイデンティティの成り立ちをしているということである。そのうえ個人がいかに生きるかという中で言語の選択が必要とされる人々がいる。言語とアイデンティティの関係はかのように多様で多層的であり、この地域の文化の豊かさをつくる要素ともなっている。

参考文献

サイイド・カシューア（細田和江訳）「ヘルツル真夜中に消える」秋草俊一郎ほか編『世界文学アンソロジー』三省堂、二〇一九年。
岡真理『アラブ、祈りとしての文学』みすず書房、二〇〇八年（新装版、二〇一五年）。
母袋夏生『ヘブライ文学散歩』未知谷、二〇二〇年。

終　なぜ日本で中東地域を研究するのか？

西尾哲夫

（1）なぜいまガラン版なのか？

作家の二宮敦人さんと対談した時に、どうして今頃になって、一八世紀初頭にフランスで出版された『ガラン版千一夜物語』全巻を日本語に翻訳したのかという質問を受けた。答えは単純で、アラビアンナイト（千一夜物語）の原典はガラン版であるというのが本論の筆者の結論だからだ。アラビアンナイトを現象としてみると、ガラン版こそが最初の原典と呼べる。アラビアンナイトは、アラブ世界とヨーロッパという二つの文明を往復しながら、様々な訳者や写本探しに奔走した人々の間で、変幻自在にできあがってきた。その意味では、アラブ文学ではなく世界文学というよりもはや文化現象であるといえる。

これまでに出版されたアラビア語版のアラビアンナイトの主なものとしては、カルカッタ第一版（一八一四〜一八年）、ブレスラウ版（一八二四〜四三年）、ブーラーク版（一八三五年）、カルカッタ第二版（一八三九〜四二年）の四種類があり、中でもカルカッタ第二版は決定版とされて、その後ヨーロッパで出版された多くの翻訳本の底本となった。だがそれは決して正当な視点であるとはいえない。ヨーロッパを通して生み出されてきたアラビアンナイトを、真正なアラブ文学であると誤解したまま受容している現状を、改めるべきなのではないか。いま中東は、世界の諸問題の中心にあり、グローバル化した世界の中で、日本が中東をみつめる目を自己鍛錬していくためにも、アラビアンナイトの起源や成立、受容史を振り返ることで、日本の抱えた中東のイメージや、欧米を含めた世界とのつながりをみつめ直す機会になればと思う。

アラビアンナイトの研究と翻訳をきっかけに、日本の中東研究についても考えさせられることがあった。ヨーロッパの研究者と共同研究をする機会に感じるのは、ヨーロッパにとって中東は、徹底的に闘ってきた相手だということだ。彼ら／彼女らの中には中東が内面化されている。筆者も研究者として長く中東と関わってきたが、ヨーロッパの研究者たちに比べ、アラブ文化が自分の血肉となってきた感じがない。そうした事実を認識し、自らの立ち位置である国家や文化を越えて、もう一段研究を高めることができるのか。そこに、日本の中東地域研究のこれからがあると考える。

ヨーロッパは、ヨーロッパ中心主義と批判される一方で、人類文明の探究という到達点を見据えている。それを相対化して、もう一段高いところに進ませるためには、日本人に内面化されたヨーロッパ的な視点から、物の見方を変える必要がある。そこまで届けば日本の中東地域研究には、存在価値があるのではないか。

（2）今までの日本の中東研究を振り返って

イスラーム世界あるいは中東地域に関わる学際的な共同研究から現在の地域研究に至る流れの中で、東京外国語大学アジア・アフリカ言語文化研究所（AA研）における学際的共同研究とフィールドワークを基本理念とした「イスラム化プロジェクト」は、各分野に散らばっていた研究者たちのネットワーク化を目標とし、地域研究のパイオニアとなった。その成果である『イスラム世界の人びと』（一九八四年）のシリーズは、現地主義によって等身大の人々の生活や社会、その考え方を描き出そうとする野心的なものであり、当時の若手研究者はこの等身大という言葉に強く惹きつけられた。そこには、現場主義に基づく土臭いリアリズムが横溢していた。同プロジェクトが残した最大の貢献は、現地語を通した現地の研究を研究者に浸透させたことである。研究者のネットワーク化を進め、現地主義を徹底させて次世代の若手研究者を育てたという意味で、このプロジェクトの意義は大きかった。しかしながら、その後のイスラーム世界の動向に応じて、歴史学をはじめとする文献重視の学問的成果が求められるようになる。

文部省科学研究費重点領域研究「イスラムの都市性」や人間文化研究機構「イスラーム地域研究」においては、歴史学が研究を推進する役目を担った。イスラーム世界には漢籍に勝るとも劣らない量の歴史資料があり、欧米でも歴史学がイスラーム研究を牽引してきた。だが等身大の人々を描くという意味では、歴史学の記述法には大きな不備がある。歴史に法則があるのかどうかという不可知に近い問題はとりあえずおくとして、マルクスは資本主義という経済システムに法則をみようとし、ウォーラーステインは世界システム論というものを考えだした。こういったマクロな視点からではなく、個々の人間の内面まで記述しようとするミクロな視点もありうる。歴史家（歴史学者）と歴史小説家は違うが、書き手の人間観や世界観が歴史叙述に留まり続けるという意味では同じであり、それこそが歴史記述の真骨頂だともいえる。しかしながら史実の確定の前には個々の文化に裏打ちされた人間描写は不要であり、要求される条件ではない。

だが、歴史記述の基本に文化認識を置き、当該の歴史的時空間における心性（歴史心性）を描こうとした一群の歴史研究者があった。アナール学派と呼ばれる人たちだ。アナール学派は、社会という集団に埋没した個々の人間に光をあて、集団的心性としての社会の歴史を描いていこうとした。だが歴史心性は、人間存在自体に還元できる普遍性をもった何かを捉える手段とはなりえても、その時空間における人間の可能性を探ることができるにすぎない。個々の人間の認識から出発して共有化されながら、再度、個人の文化的認識へと環流されていくはずのメカニズムがみえてこない。

なぜ個々の人間は、その時空間に共通とされる歴史心性をもつようになるのだろうか。その心性は次の時空間における心性とどのようにつながり、その中で個々の人間の文化的認識はどう作用するのだろうか。現代の地域研究は、アナール学派が答ええなかった問題に向きあうことなく地域性をひたすらに探究する。地域性とは歴史心性を平面化したものであるとするならば、現代の地域研究は二極化せざるをえない。

一つは「中東地域」の研究であり、もう一つは中東の「地域研究」だ。中東のかわりにイスラームを冠しても問題の本質は変わらない。前者は限りなく学際的になっていくだろうし、後者は特定の地域の特性つまり地域性を析出するために地域間比較やその類型化など従来の方法論を駆使するだろう。等身大の人間を描くことが地域研究にも求められるのだとすれば、人間的普遍と文化的特殊を同じ位相の中で捉える人間論や文化論に挑戦することであり、異文化あるいは他者をどう記述するのかという古くからの難問と対峙せざるをえない。

（3）「現代中東地域研究」プロジェクトの目指したところ

『ベルリンは晴れているか』（二〇一八年）で戦争末期から直後を描いたミステリー作家の深緑野分さんとの対談で、外国を舞台にして外国人を主人公にすることの問題点について質問したことがある。彼女のスタイルは現地取材や関連書をもとに事実関係を精査してから、ある殺人事件の謎を主人公が解く筋だての中で、主人公がいる社会空間や関わる人を絵画のように描写し、さらに個人的な経験（動機）と国家や民族というより大きな状況との関係性が紡がれている。質問への彼女の答えは実に明快だった。異文化の中の等身大の他者を解明するのは専門家の仕事であり、作家の領分はその橋渡しをすること。この答えはミステリーにおける動機（因果関係による謎の解明）という本来の問題だけでなく、私たちが生きてきた近代や現代における個人の経験と地球的規模の状況との間でどう折り合いをつけながら生きていくかという、今の私たちが置かれた境遇にも関わってくる。

本書の企画の母体となった「現代中東地域研究」プロジェクトの研究テーマは、「地球規模の変動下における中東の人間と文化──多元的価値共創社会をめざして」である。既成の学問の枠組みをはるかに超えてしまった現実世界を面前に、比較し定義し体系化するという近代科学の方法の有効性すらもあやうくする世界の変動を学問はどう捉え直せばいいのだろうか。

中東地域研究が、「中東地域」の研究ではなく、中東の「地域研究」であるためには、「独自のタイムスパンと運動法則」を、中東地域固有の問題として矮小化するのではなく、グローバルな（あるいは比較地域研究的な）視点からの人類の近未来に係る問題群の一つとして設定し直さなければならない。その上で、「イスラーム」という現象を観察可能なものとして実体化するのではなく、中東に暮らす人々の生活の中の日常的実践の一局面と考えることによってのみ、人間的普遍と文化的特殊を同じ位相の中で捉える人間論あるいは文化論が可能である。そのような新たな世界理解の方法を模索し、地球規模の変動の中における中東の人間と文化に関する個別の研究を通じて、未来の人類社会へのビジョンとして普遍のテーマである「多元的価値共創社会」の可能性を探ることが、「現代中東地域研究」に課せられた最大の課題である。

中東地域研究が、人間文化や人類の普遍性への地平を拓くことで新たな価値を創出できるような研究の現場であるためには、①グローバル化という視点から中東地域を再定位し、②同時に中東地域の視点からグローバル化を再定位する複眼的な分析ベクトルをもちながら、③なおかつ「個」と社会（共同体）のあり方、つまり中東世界の人々の世界のつながり方の現代的動態を、フィールド調査による現地の人々の視点に立って解明するとともに、人類や人間文化という普遍的な価値をも視野に入れた研究となる必要がある。個々の人間が社会化する過程で起きる動員作用が資源化されている現代的動態に焦点をあて、人々の世界の構築方法を解明する。個人が生きるローカルな生活空間とグローバルな社会空間を接合する問題系を

①文化資源（文化遺産、個人と世界観、宗教とマテリアリティなどの問題群）
②自然資源（生態系と生活空間、環境問題と人間、資源と環境ガバナンスなどの問題群）
③知的資源（情報環境、コミュニケーションと社会空間、伝統知と教養などの問題群）
④人的資源（高齢化、障害者、女性・子ども・若者、経済的弱者やマイノリティ、難民などの問題群）

として整理した上で、自然・社会環境と言語メディア環境に係る地球規模の変動下において個人がいかに情報を入手し、それを知識としてストックし、さらにそれを資源として活用しているかという観点から、従来の研究では無標の社会的対立項としてのみ扱われてきた民衆や大衆、あるいは地域住民という概念を再構築し、文化的には世俗的中間層、社会経済的には都市部中流層、宗教的には穏健派、政治的には中道派、公共政策的には市民階層としてそれぞれの学問的関心にそって別個に扱われてきた人々が、個人としていかにグローバル化されたコミュニケーション空間に感応しながら生きているかということに具体的な分析の焦点を当てることで、個人の再社会化ならびにそれらの相互作用の中に多元的価値を包摂／排除する形で共創される社会空間の実相を捉え直し、個から世界を構想するための地域研究の新たな方法論を開拓してきた。

（4）地球社会とグローバル地域研究の可能性

風土的文化類型論を構築した和辻哲郎、イスラーム神秘主義の中に普遍性を探り、東洋的哲学を構築した井筒俊彦、また「中洋」という文明圏の発見から地球的規模の文明論を構築し、中東・イスラーム世界を対象とする地域研究体制を創り、従来型の国益に沿う地域研究を、地球規模の人類的課題に係る問題群にアプローチする学問的営みへと発展させた梅棹忠夫は、既存の世界認識を覆すような地球社会の認知地図を描く学問的パ

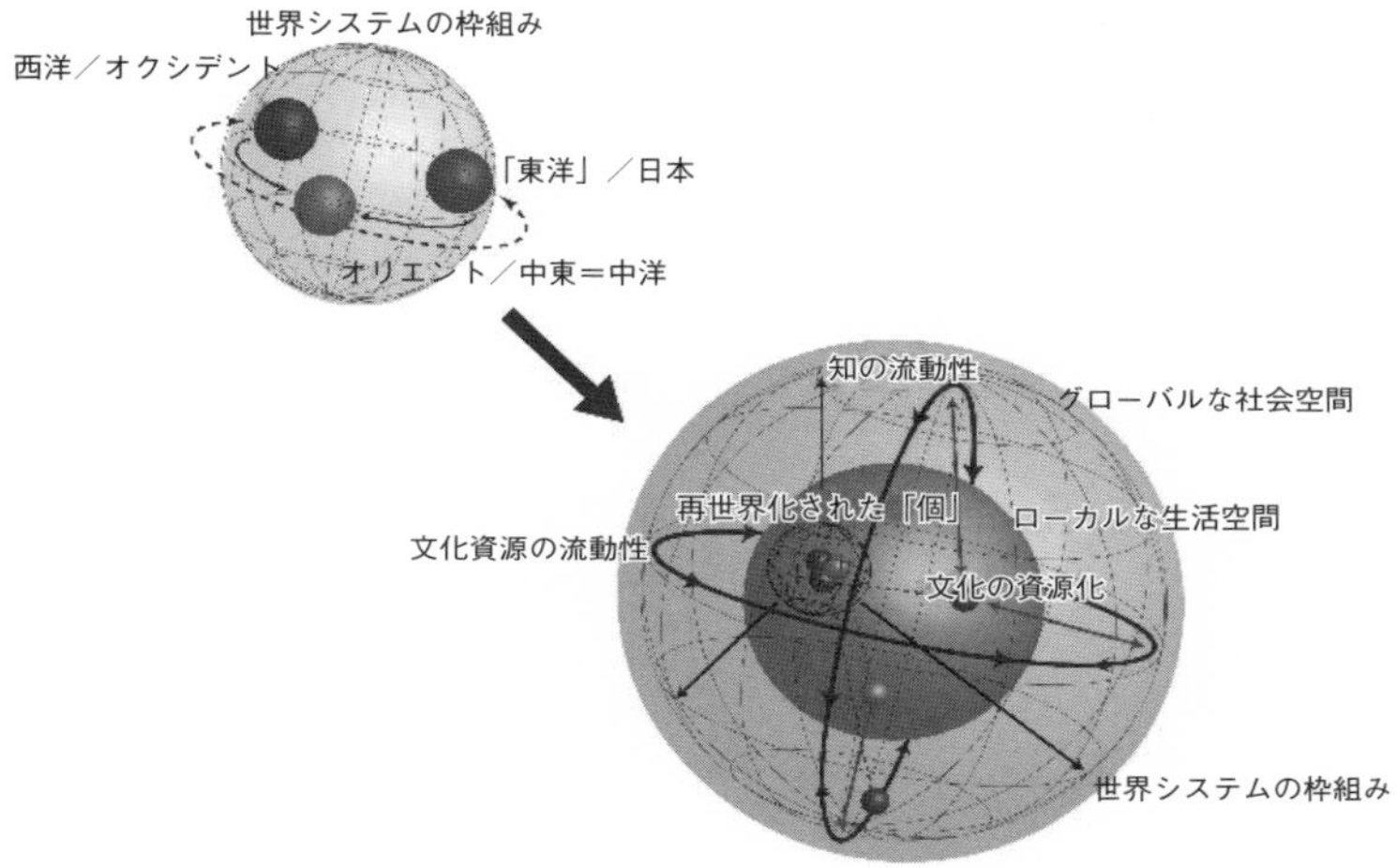

図１　グローバル地域研究と地球社会

ラダイムを築こうとした。今日的状況で学問が新たな価値を創出するためには、普遍的な価値を視野に入れた上で、文化人類学・歴史学・地域研究といった既存の学問を発展させ、「グローバル地域研究」の名の下に、現代における「文明」を再定義するような新たな地球社会の認知地図をめぐる知のパラダイムを創出する意義がある。

個人がアクセスできる知識と公共的コミュニケーション空間の関係の激変は、文化が資源化されて公共性を獲得するプロセス、そしてローカルな生活空間とグローバルな社会空間が接合し、個人の社会的動員作用として働くメカニズムにも影響を及ぼしてきた。自然・社会環境と言語メディア環境に係る地球規模の変動下において、個人がいかに情報を入手し、それを知識としてストックし、さらに資源として活用し、個人が生きるローカルな生活空間とグローバルな社会空間をどのように接合しているかという観点から、個人の再社会化ならびにそれらの相互作用の中に多元的価値を包摂／排除する形で共創される社会空間の実相を捉え直すことが、喫緊の現代的課題である。

近年注目を集めてきたローカルな文化や歴史性を基軸と

した方法論という非西洋世界での学問的発展と思考の発見が、これまで支配的であった近代西洋の認識枠組みを相対化し西洋近代の再考を促した。非西洋世界では西洋近代の批判的再検討が行われた一方で、他の非西洋近代のパラダイムは相対主義化された。非西洋世界の学問や思考を現代世界の知の体系として統合させていくためには、非西洋世界との相対主義化を克服しながら理論的に再構築することが望まれる。西洋近代と非西洋近代、非西洋近代と非西洋近代との往還を、例えば日本と中東の文化的事物が近代西洋を介してなされたことに着目すると、「遠い異郷」としての相互認識と文化的仲介者／場としての西洋の役割について理解できるだろう。文化的に隔てられた地域を仲介した西洋への再検討は、グローバル文化としての知の環流が起こる現代的状況を解明することにもなりうる。

(5) 人間・社会・自然の全体理解に向けて

文化人類学者の川田順造は「文化の三角測量」を提唱し、日本からアフリカへの視点にヨーロッパを加えて相対的な異文化認識を試みた。しかし日本文化にはヨーロッパ的視点が潜在しており、アフリカとの歴史的経験の内在化が不均衡であることへの内省が欠如していた。客観的観察による人類文化の普遍性への視座を可能にした同研究を批判的に継承し、同研究の課題であった三者間の相関的な異文化認識（多元的に共在する認知地図）の理論化を行うことが求められている。

従来の研究は「個人」の周囲に「社会」「地域」「世界」を設定し、「個人」を包摂する価値体系としての「文化」「文明」「世界システム」を解明してきた。個人と社会や文化の関係を解明してきたのが文化人類学である。構造主義から文化記号論を経て文化相対主義に至る。グローバル化論ではグローカル空間を設定し、個人の実践的動態としての社会空間が「文化資本」を介して近代システムに接合する。「文化資源」という分析概念へと展開し、人類史・文明誌的視座から人間と文化の関係性を地球規模で捉え、人類社会の現代的課題にフォーラム（協働・共創）的に関与することを可能にしてきた。しかし、異文化（他者）のテクスト化に係る倫理的問題が存在論的次元の隘路に入り込み、個人の内面領域を保留してきた点で課題が残る。

歴史学は史料から事実関係を確定し、個人の動機やローカルな状況や世界的潮流に因果を求める。マクロな視点からは世界システム論が考案された。ミクロな視点は歴史小説に近くなり、個人の動機から自然環境まで物語性が拡大される。物語性を可視化したのが歴史心性である。歴史認識の併存を可視化することで、世界史を構築する機構の相対化への視座をもつグローバルヒストリーの新領域が生まれた。しかし、個人の内面領域を社会動態に接合した反面、その発生や変容のプロセスは保留したままである。

社会科学である地域研究は、個体差が統計処理的思考によって有意とされず、歴史的実体性が自明な地理空間に遍在する地域性の析出モデルを提供する。空間軸の地域性は時間軸の歴史心性に対応するが、前者では個人と社会の関係性が等閑視される。グローバルな要因に対処する連関的モデルへと展開し、文理融合の学際的総合領域を目指すことで地球社会が直面する問題への局所的な課題解決型万能ツールとなってきた。しかし、再帰的な地域類型化から離脱できずに全体的な理論的視座の構築には至っていない。

二〇二〇年には、地球社会における個人と共同体のつながりを根底から揺るがす現象が進行し、個人の実践が、地域社会や国家シス

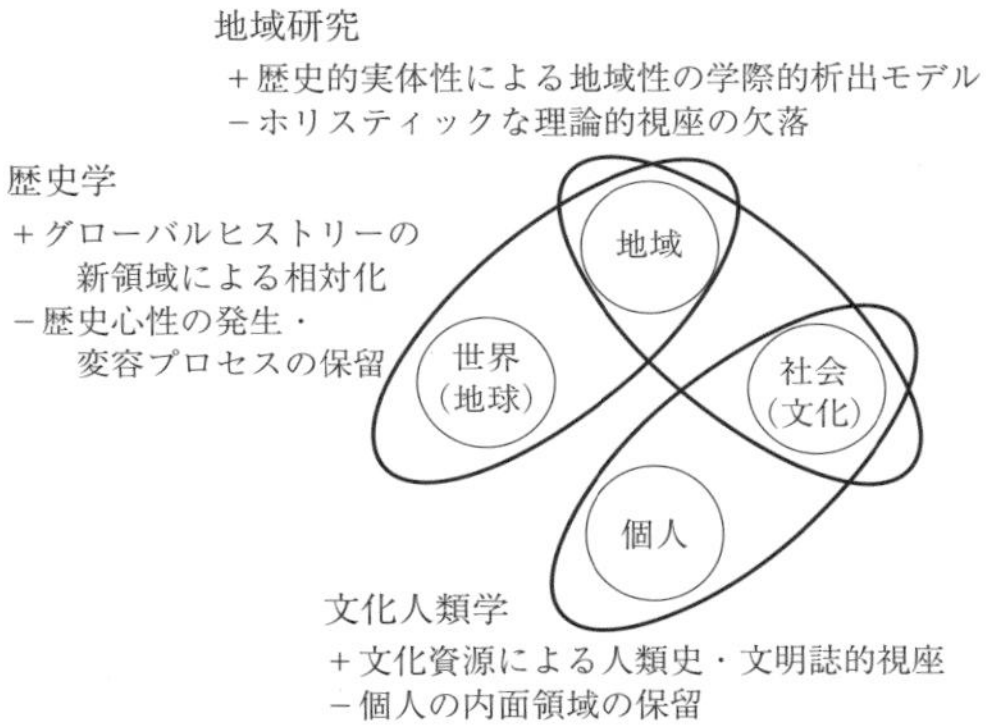

図２　方法論的視座の方向

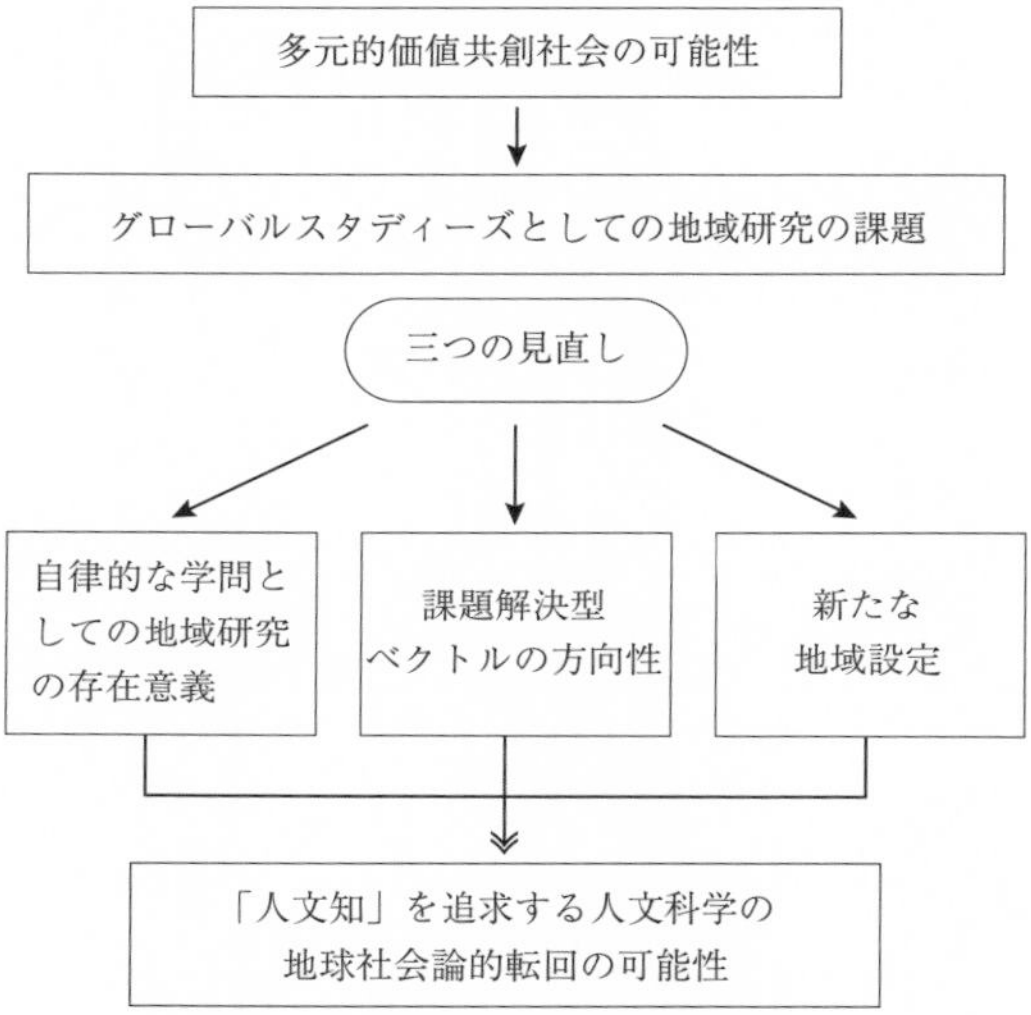

図3　人文科学の地球社会論的転回

テムを超越して地球社会へと直截に影響を与え、地球社会と個人が対峙した。人々の皮膚感覚である「地球社会」の実相を捉えるには特定の地域に係る問題を、人類の近未来に係る問題群の一つとして再設定し、現地に暮らす人々による日常的実践の一局面と捉えて、人間的普遍と文化的特殊を同じ位相の中で捉える「グローバル地域研究」が必要となる。新たな世界理解の方法を模索しつつ、地球規模の変動下にある人間と文化に関する個別の研究を通じて人類の普遍的テーマである「多元的価値共創社会」の可能性を探ることが、今日的学問にとっての最大の課題である。

現在の地域研究は学際性を強め文理融合の象徴的領域となり、国家の地政学的戦略を補完する学問から脱皮する一方で、人類の普遍性を追求するベクトルと、人類が直面する課題解決を志向するベクトルという両極的展開の中で、自律的な学問領域としての理念が希薄になりつつある。グローバル地域研究は、自然科学系学問との文理共創可能な普遍性を追求し、地域研究の学問的存在意義を問い直す。

人類が経験したことのない速度と規模で、個人空間とグローバルなコミュニケーション空間が接続している状況において、例えば、文化衝突の次元で捉えられてきた人種問題という事象は、地域性や歴史心性を包摂しながら個人の生きる尊厳の問題へと拡大・深化している。グローバル地域研究は、地球規模の変動現象に係る認知地図を可視化することで課題解決型のベクトルの方向性を問い直す。

地球社会を構成するグローバル地域の重層的存在を可視化することで、それがフラグメント化しているのか、再編成されているのかという実態を把握することが可能となり、新たな地域設定を通じて従来型の予定調和的地域概念とは異なる研究領域を開拓できる。地中海世界やイスラーム世界という慣習的な地域概念についても新たな研究が期待できるだろう。日本研究にしても国際発信や国際共同という形式的な国際化とは別次元の展開が要請されることになり、ひいては「人文知」というものを追求する人文科学を認知論的転回から地球社会論的転回へとつなげる可能性もある。

参考文献

西尾哲夫「イスラームの語源は『平和』か——中東地域における文化資源の現代的変容と個人空間の再世界化の研究に向けて」『民博通信』一六三号、二〇一八年。

索　引

（＊は人名）

ア　行

カ　行

サ　行

タ　行

ナ　行

ハ　行

マ　行

ヤ　行

ラ　行

ワ　行

欧　文

松永泰行（まつなが・やすゆき） **22章**

東京外国語大学大学院総合国際学研究院教授（専門は政治学，イラン研究）

松本　弘（まつもと・ひろし） **19章**

大東文化大学国際関係学部教授（専門は中東の民主化，イエメン地域研究，エジプト近代史）

三沢伸生（みさわ・のぶお） **3章**

東洋大学社会学部教授（専門は日本＝イスラーム世界関係史）

村上　薫（むらかみ・かおる） **27章**

日本貿易振興機構アジア経済研究所主任研究員（専門はトルコ地域研究）

モハッラミプール・ザへラ（Moharramipour Zahra） **コラム2**

東京大学大学院総合文化研究科博士課程（専門は比較文学，比較文化）

森　伸生（もり・のぶお） **26章**

拓殖大学イスラーム研究所所長・教授（専門はイスラーム学）

八木久美子（やぎ・くみこ） **コラム4**

東京外国語大学大学院総合国際学研究院教授（専門は宗教学，イスラーム研究）

安田　慎（やすだ・しん） **16章**

高崎経済大学地域政策学部准教授（専門は中東観光研究）

山口　匠（やまぐち・たくみ） **コラム9**

東京大学大学院総合文化研究科博士課程，在モロッコ日本国大使館専門調査員（専門は文化人類学，中東・北アフリカ地域研究）

山本健介（やまもと・けんすけ） **21章**

静岡県立大学国際関係学部講師（専門は中東政治，パレスチナ／イスラエル研究）

渡邊　駿（わたなべ・しゅん） **コラム10**

日本エネルギー経済研究所中東研究センター専門研究員（専門は現代ヨルダン政治，中東君主制論）

千葉悠志（ちば・ゆうし）　**10章**
　公立小松大学国際文化交流学部准教授（専門は中東地域研究，メディア研究，政治学）

椿原敦子（つばきはら・あつこ）　**4章**
　龍谷大学社会学部准教授（専門は文化人類学）

＊東長　靖（とうなが・やすし）　**はじめに・25章**
　編著者紹介欄参照

長岡慎介（ながおか・しんすけ）　**18章**
　京都大学大学院アジア・アフリカ地域研究研究科教授（専門はイスラーム経済論，ポスト資本主義論）

縄田浩志（なわた・ひろし）　**13章**
　秋田大学大学院国際資源学研究科教授（専門は文化人類学，資源管理学）

＊西尾哲夫（にしお・てつお）　**終章**
　編著者紹介欄参照

錦田愛子（にしきだ・あいこ）　**23章**
　慶應義塾大学法学部准教授（専門は中東地域研究）

藤本悠子（ふじもと・ゆうこ）　**コラム8**
　片倉もとこ記念沙漠文化財団事務局主事（専門は社会学）

二ツ山達朗（ふたつやま・たつろう）　**12章**
　香川大学経済学部准教授（専門は文化人類学，中東地域研究）

保坂修司（ほさか・しゅうじ）　**2章**
　日本エネルギー経済研究所理事・中東研究センター長（専門はペルシア湾岸地域近現代史）

細田和江（ほそだ・かずえ）　**30章**
　人間文化研究機構総合人間文化研究推進センター研究員，東京外国語大学アジア・アフリカ言語文化研究所特任助教（専門はイスラエル文化研究）

細谷幸子（ほそや・さちこ）　**29章**
　国際医療福祉大学成田看護学部教授（専門はイラン地域研究）

堀拔功二（ほりぬき・こうじ）　**15章**
　日本エネルギー経済研究所中東研究センター主任研究員（専門は湾岸地域研究）

遠藤　仁（えんどう・ひとし）　コラム7

人間文化研究機構総合人間文化研究推進センター研究員，秋田大学大学院国際資源学研究科客員研究員（専門は民族考古学，南・西アジア地域研究）

岡井宏文（おかい・ひろふみ）　**6章**

共愛学園前橋国際大学専任講師（専門は社会学）

岡戸真幸（おかど・まさき）　コラム5

人間文化研究機構総合人間文化研究推進センター研究員，上智大学研究機構イスラーム研究センター客員研究員（専門は人類学，地域研究）

小布施祈恵子（おぶせ・きえこ）　コラム1

神戸市外国語大学客員研究員（専門は宗教学）

北澤義之（きたざわ・よしゆき）　**7章**

京都産業大学外国語学部教授（専門は中東地域研究，国際関係論）

黒田賢治（くろだ・けんじ）　**1章・17章**

人間文化研究機構総合人間文化研究推進センター研究員，国立民族学博物館特任助教（専門は中東地域研究，イラン研究）

小杉　泰（こすぎ・やすし）　**20章**

立命館大学立命館アジア・日本研究機構教授（専門はイスラーム学，中東地域研究）

小林　周（こばやし・あまね）　コラム11

元・日本エネルギー経済研究所中東研究センター主任研究員（専門はリビアを中心とした北アフリカの現代政治）

末近浩太（すえちか・こうた）　**24章**

立命館大学国際関係学部教授（専門は現代中東政治，イスラーム主義思想・運動）

高尾賢一郎（たかお・けんいちろう）　コラム14

中東調査会研究員（専門は宗教学，現代イスラーム思想・社会史）

高見　要（たかみ・かなめ）　**17章**

ブルネイ国立スルタン・シャリーフ・アリー・イスラーム大学ハラーラン・タイイバン研究センター博士課程（専門は文化人類学）

ダニシマズ・イディリス（Danışmaz İdiris）　コラム13

人間文化研究機構総合人間文化研究推進センター研究員，京都大学大学院アジア・アフリカ地域研究研究科客員准教授（専門はイスラーム思想）

執筆者紹介（執筆分担・所属・専門，＊は編著者）

相島葉月（あいしま・はつき） **5章**

国立民族学博物館准教授，総合研究大学大学院准教授（専門は社会人類学，中東研究，現代イスラーム思想）

青柳悦子（あおやぎ・えつこ） **コラム3**

筑波大学人文社会系教授（専門は文学理論，北アフリカ文学）

足立真理（あだち・まり） **28章**

日本学術振興会特別研究員（PD），京都大学東南アジア地域研究研究所連携研究員（専門は東南アジア地域研究，インドネシア宗教社会論，イスラーム経済）

新井和広（あらい・かずひろ） **8章**

慶應義塾大学商学部教授（専門は歴史・地域研究）

飯塚正人（いいづか・まさと） **コラム12**

東京外国語大学アジア・アフリカ言語文化研究所教授（専門はイスラーム学，中東地域研究）

池端蕗子（いけはた・ふきこ） **コラム15**

日本学術振興会特別研究員（PD），立命館大学衣笠総合研究機構プロジェクト研究員（専門は中東地域研究，イスラーム世界論，宗教の国際政治学）

石山　俊（いしやま・しゅん） **14章**

国立民族学博物館プロジェクト研究員（専門は文化人類学，環境人類学）

井堂有子（いどう・ゆうこ） **コラム6**

日本国際問題研究所研究員（専門は開発学，中東地域研究）

稲葉奈々子（いなば・ななこ） **9章**

上智大学総合グローバル学部教授（専門は社会学）

岩﨑えり奈（いわさき・えりな） **7章**

上智大学外国語学部教授（専門は北アフリカ社会経済）

鵜戸　聡（うど・さとし） **11章**

明治大学国際日本学部准教授（専門はフランス語圏アラブ＝ベルベル文学研究）

《編著者紹介》

西尾哲夫（にしお・てつお）

人間文化研究機構・国立民族学博物館教授（専門は言語学，アラブ研究）
主著に，『ガラン版千一夜物語』（翻訳，岩波書店，2019～2020年，全六巻），『ヴェニスの商人の異人論――人肉一ポンドと他者認識の民族学』（みすず書房，2013年），『アラビアンナイト――文明のはざまに生まれた物語』（岩波新書，2007年），ほか。

東長　靖（とうなが・やすし）

京都大学大学院アジア・アフリカ地域研究研究科教授（専門はイスラーム学，中東地域研究）
主著に，『イスラームとスーフィズム――神秘主義・聖者信仰・道徳』（名古屋大学出版会，2013年），『岩波イスラーム辞典』（共編，岩波書店，2002年），『イスラームのとらえ方』（山川出版社，1996年），ほか。

中東・イスラーム世界への30の扉

2021年7月20日　初版第1刷発行　〈検印省略〉

定価はカバーに
表示しています

編著者　西　尾　哲　夫
　　　　東　長　　　靖

発行者　杉　田　啓　三

印刷者　坂　本　喜　杏

発行所　株式会社　ミネルヴァ書房

607-8494　京都市山科区日ノ岡堤谷町1
電話代表　(075)581-5191番
振替口座　01020-0-8076番

冨山房インターナショナル・藤沢製本

ISBN 978-4-623-09178-2

Printed in Japan